JN192047

不利益分配の政治学

地方自治体における政策廃止

柳　至 著

Politics of Policy Termination:
The Case of Japanese Local Government

有斐閣

目　次

第2章 土地開発公社　69

◆ 本文中および注・図表における引用・参考文献は，巻末の「引用・参考文献」欄に一括して掲げ，本文中では，「著者名または編者名 刊行年：引用頁数」を（　）に入れて記した。
◆ 本文中の図表は，特に注に出所を示したもの以外は，すべて筆者が作成したものである。
◆ 調査年によって実施した政府機関等の名称が異なる調査が存在する。「引用・参考文献」欄には，本書で直接引用した年の調査実施機関名のみを記した。

序章　本書の目的

どのようにして不利益を分配するか

1　政策廃止という不利益の分配

2007年3月に準用財政再建団体[1)]に指定された夕張市では，多くの政策が廃止された。夕張市では炭鉱の閉山と観光事業への投資に伴い財政赤字が膨らんだが，一時借入金を用いた不適切な会計処理によって表に出ないようにしていた。しかし，2006年6月の北海道新聞による報道を契機として，事態が明るみに出る（北海道新聞取材班 2009）。夕張市は自力での財政再建は難しいとして，準用財政再建団体として国の監視下で財政再建を行う方法を選んだ。準用財政再建団体指定に際して策定された財政再建計画では，18年間で約353億円を返済することが定められた。巨額の赤字を解消するため，夕張市は市税や使用料を引き上げるとともに，多くの政策を廃止した。市立図書館や市立美術館を廃止した。市内に3校あった市立中学校は1校に，6校あった市立小学校は1校に統廃合した。土地開発公社といった市の外郭団体も廃止した。その他にも，多くの公共施設を廃止し，高齢者等の生活に関する補助事業，産業振興のための事業，地域活動への補助事業等を廃止した[2)]。

夕張市ほど極端でないにせよ，他の地方自治体でも政策廃止は起こっている。

行政サービスの供給主体としては，地方自治体の一般会計以外にも地方公営企業や第三セクター等がある。行政サービスの供給主体の一つである地方公営企業の事業数や第三セクター等の数は減少傾向にある。

地方公営企業や第三セクター等は，一般会計における事業や組織とは異なり，その数を把握しやすい。地方公営企業は，地方公営企業法に基づく自治体所有の公企業である。サービスの生産は地方自治体が直営で行うが，サービス自体は私的なものであるため，料金によって財源を賄うことを基本としている。第三セクター等とは，地方自治体が出資する第三セクターや，特別法の規定に基づいて設立された住宅，道路，土地開発の地方3公社，地方独立行政法人の総称である。第三セクターは，社団法人や財団法人，会社法の規定に基づく法人である。公共性と効率性の両立を図ったり，民間企業のみに任せたのでは十分な供給が確保できなかったりするために，地方自治体が民間企業と協力して供給している（林 2008：304-322）。

地方公営企業の事業数は，2000年代初頭をピークとして減少している。図序-1は，地方公営企業の事業別の事業数を1960年から5年ごとにみたものである。事業数は，2000年代初頭までは下水道や上水道の事業数増加によって右肩上がりで増加していた。最も事業数が多かった2002年には1万2613に達した。しかし，2003年以降は減少傾向にある。自治体病院など，すべての種類の事業で事業数の減少が続いており，総務省の『地方公営企業年鑑』（平成16年度）では，この減少は市町村合併や事業譲渡等によるものとしている。

第三セクター等の数も2000年代初頭をピークとして減少している。図序-2は，第三セクター等の数を1996年から3年ごとにみたものである[3)]。第三セクター等の数は，2000年代初頭までは右肩上がりで増加した。地方3公社のうち大半を占めるのは土地開発公社であり，1972年に「公有地の拡大の推進に関する法律」（以下，公拡法と記述する）が施行されると，74年までに多くの自治体で設立され，その後も増加した。しかし，2000年代初頭以降は減少傾向にある。社団法人・財団法人や会社法法人にしても2000年代初頭以降は減少傾向にある。

減少の主な理由は，第三セクター等の廃止，統合，地方自治体の出資引き揚げである。1993年以降の第三セクターの廃止数，統合による減少数，出資引

図序-1　地方公営企業の事業数の推移

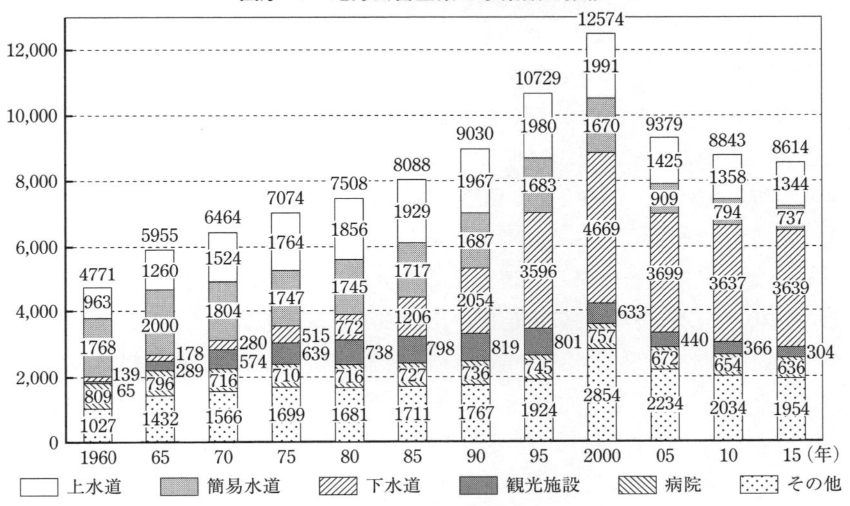

［出所］　自治省，総務省『地方公営企業年鑑』より筆者作成。

図序-2　第三セクター等の数の推移

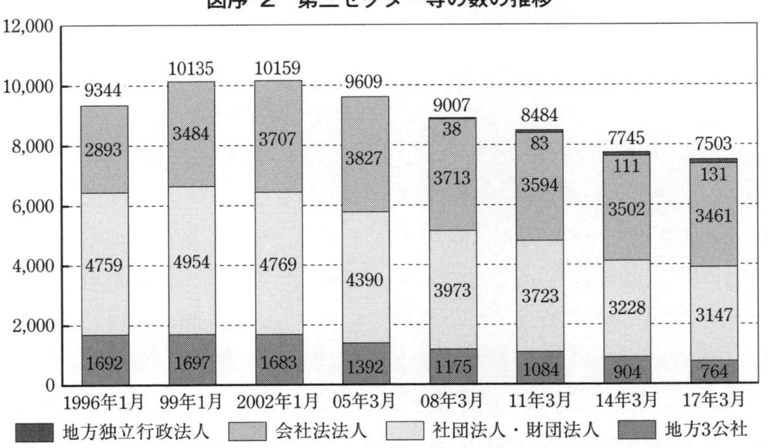

［出所］　地域政策研究会，地域企業経営研究会『地方公社総覧』および総務省『第三セクター等の状況に関する調査結果』より筆者作成。

き揚げ件数を折れ線で示すとともに，廃止理由を積み上げで示したものが図序-3である。廃止，統合，地方自治体の出資引き揚げの中では廃止による減少数が最も多い。その廃止理由をみると，多くの年で法人の目的を達成したために廃止したとする理由が多くなっている。近年になると，経営難による廃止も増加している。また，2004年度から05年度にかけては市町村合併による廃止も目立っている。こうして，組織の廃止によって第三セクター等の減少が生じているのである。

行政サービス供給に際して地方自治体が果たす役割は大きい。2015年度の目的別の国・地方の純計歳出規模を比較すると，国の割合が42%であるのに対して，地方自治体は58%となる。国が多くを支出している費目は全体の21.3%を占める公債費，6.6%を占める年金関係，3%を占める防衛費などである。その他の生活に直接関連する衛生費や学校教育費などで地方自治体が多くを支出している。

地方自治体が提供する行政サービスは住民の生活に密着したものが多いため，その廃止は住民に大きな影響を与え，住民はその廃止に反対することがある。多くの政策を廃止した夕張市においても，財政再建計画の枠組みが示された後の住民説明会では，住民からの不満が相次いだ[4)]。巨額の財政赤字が発覚した2006年6月以降，夕張市では人口減少のペースが加速している（梅原 2009）。政策廃止といった不利益の分配から逃れる住民が増えたために，2006年6月に1万3165人だった人口は，2018年1月には8344人となった[5)]。

こうした住民への不利益分配には，2種類の形態がある。高瀬淳一は，不利益分配にはこれまでの利益分配をなくす不利益分配と，新たに負担を課す不利益分配という2種類があることを示す。前者は政策廃止といった形で，これまで利害関係者に対して分配していた利益を止めることを指す。後者は増税や公共料金の値上げといった形で，新たに不利益を分配することを指す（高瀬 2006：32-33）。財政資源の制約が厳しい状況下において，政府がとりうる財政再建の選択肢はこの2つとなり，いずれも「現状維持点」からの変化である（砂原 2011）。本書で取り上げる政策廃止は，政策からの利益を享受している関係者からみれば，政策が廃止されることにより現状の利益を手放すという不利益を被る変化となる。

図序-3　第三セクター等の減少理由の推移

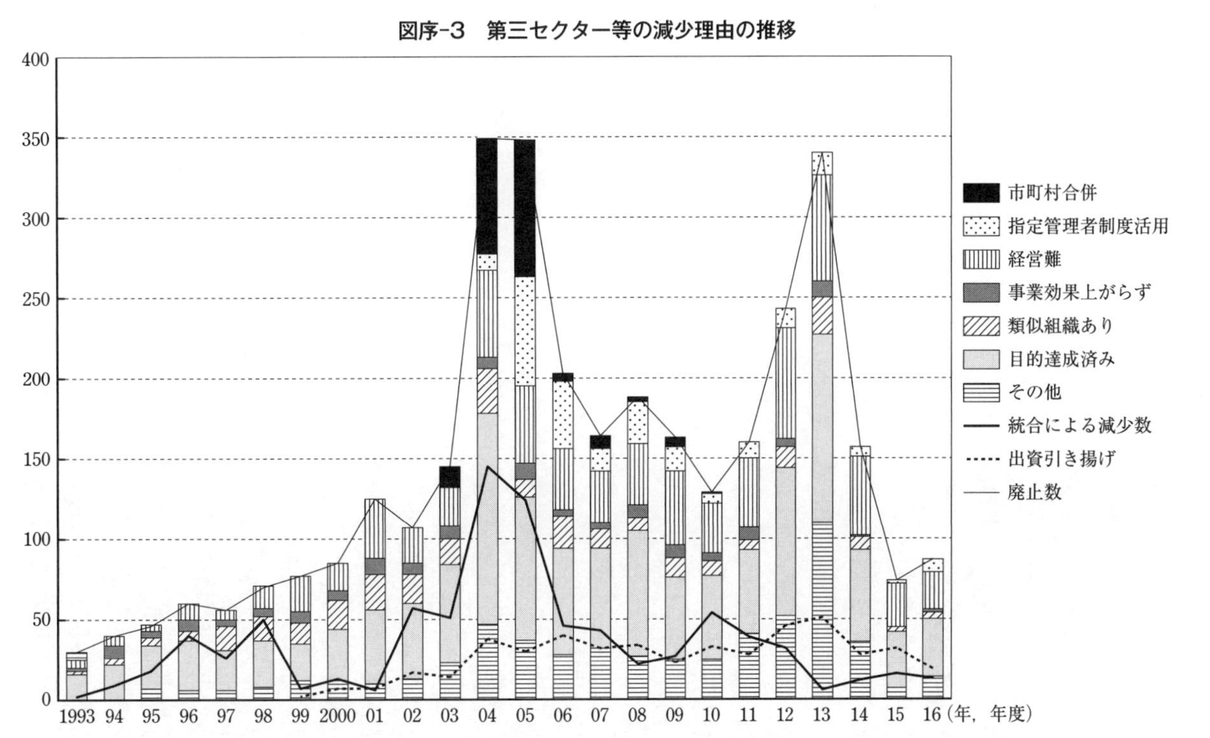

［注］ 1993～2003 年までは 1 月 1 日～12 月 31 日までの集計結果。2004 年以降は 4 月 1 日～翌年 3 月 31 日の集計結果。また，廃止理由は 1998 年までは複数回答可となっている。

［出所］ 地域政策研究会・地域企業経営研究会『地方公社総覧』および総務省『第三セクター等の状況に関する調査結果』より筆者作成。

日本政治においては，これまで不利益ではなく，もっぱら利益を分配してきた。K. カルダーは，戦後の日本政治は，他の西側工業諸国と比べて，きわめて強い利益分配志向をもってきたことを指摘する。利益として公共事業と補助金を地方に分配する政治は，自民党が危機を乗り切り，長期政権を維持するために生み出された（カルダー 1989）。この利益分配政治を代表する政治家が田中角栄である[6)]。田中は，『日本列島改造論』を旗印として，地方に公共事業や補助金の分配を行うシステムを構築した。もっとも利益分配は利益をむき出しにして行われたわけではない。田中は，「都市改造」，「農村工業化」，「工業再配置」といったシンボルを巧みに使いこなし，民間の利益が公益達成に直結するとして，利益の分配を正当化した（下村 2011）。

この地方への利益分配は，地方自治体からの要求に応じたものでもあった。村松岐夫は，日本における国と地方自治体の関係を考察し，地方自治体が自らの政策を行うために，国の協力を求め，政治ルートを通じた圧力をかけていることを指摘した（村松 1988）。地方自治体にもたらされた利益は，地方自治体自らが影響力を行使した結果でもある。

これまでの利益を分配するという政策は財政赤字を生み出した。斎藤淳は，自民党による地方への利益分配は，経済効果の高いインフラ事業を推進した場合には支持基盤が弱体化し，経済的に非効率的な土地改良，ダム，干拓といった公共事業を集票目的に推進した場合には財政基盤が弱体化するというジレンマに陥っていたことを指摘する。前者で支持基盤が弱体化するのは，経済効果の高い事業が完成した場合には事業完成を誘因とした有権者からの支援を受けることができなくなるからである。さらにインフラ整備は都市化を加速させることにつながるため，地縁を活用した従来型集票マシーンの機能が弱体化する。そこで，再選をめざす政治家は，次第に後者の政策をとるようになった。ただし，これらの事業は経済効率の面で問題を抱えており，後世に膨大な財政赤字と，生産性向上に貢献しない負の社会資本を残した（斎藤 2010）。

利益の分配によって積み上がった財政赤字は膨大な額となっている。2017年度末には国と地方自治体の長期債務残高は合わせて 1093 兆円に達する見込みである。国は 1990 年代初頭のバブル崩壊以降，税収が減少する中で公共事業への投資を増加させ，その収支ギャップを埋めるために大量の国債を発行した。中でも，日米構造協議に端を発した公共投資基本計画では，1991年から10カ年で430兆円の公共投資を計画した（のちに95年から13カ年で630兆円）。地方自治体においても，公共投資基本計画に基づいた公共事業が大々的に行われ，地方債が増加していった。近年では公共事業への投資は減少しているものの，高齢化の進行等に伴う社会保障関係費の増加によって，長期債務残高は年々増えている。

膨大な財政赤字や人口減少を背景として，政策廃止という不利益の分配がなされようとしている。夕張市の鈴木直道市長は，「夕張の姿は50年後の日本の姿であり，夕張が抱えている『人口減少』，『少子・高齢化』，『財政難』という3つの課題は，そのとき日本全体が抱えることになる共通の課題なのである」と指摘する（鈴木 2014：8）。つまり，夕張市において行われた不利益の分配は，今後は他の地域でも行われかねないものである。

しかし，先行研究では政策廃止は起こりにくいとされてきた（Bardach 1976）。政策廃止が起こりにくい要因として，E. バーダックは5つの要因を提示している。1点目は，政策は継続するように設計されているという点である。2点目は，廃止をめぐって大きな対立が生じるため，政治家はその対立から逃避しようとする点である。3点目は，政治的指導者は過去の決定を誤りとして認めたがらないため，過去に導入した政策を廃止することをためらうという点である。4点目は，廃止を支持する潜在的な改革支持者も，廃止による失業などにより既存の組織が損害を受けることを好まないという点である。5点目は，そもそも政治家に廃止を行う政治的なインセンティブ（誘因）が生じないという点である（Bardach 1976：128-130）。バーダックは，政治家にとっては政策廃止を提案するインセンティブもなければ，実現させるインセンティブもないことを示唆している。

有権者は自らに分配されてきた利益を止めることに反対し，ひいては有権者から選ばれる政治家も嫌うことが多いため，政策廃止は起こりにくいのである。政策はいったん開始されると，その政策から恩恵を受ける有権者が現れる。選挙での当選をめざす政治家としては，有権者に不利益を与え，有権者からの支持を失いかねない行動をとることを躊躇（ちゅうちょ）するのだろう。

しかし，夕張市ほど極端な形でないにせよ，政策廃止という不利益の分配が現に行われている地域もある。これまでは，地方自治体自らが望んだ結果として利益分配がなされてきた。それでは，その利益分配を止めるという不利益分配は地方自治体において，どのようにして行われているのであろうか。

本書では，これまで起こりにくいとされてきた政策の廃止がいかなる過程を経て実現したかを，地方自治体を対象に明らかとする。地方自治体を対象とするのは，日本では行政サービスを供給する際に，地方自治体が大きな役割を果たし，多くの利益が分配されてきたためである。分析対象は都道府県における政策となる。都道府県を対象とするのは，市町村を対象とした場合は2000年代に行われた「平成の大合併」が廃止の要因となることが多いため，市町村合併以外のより一般的な廃止要因を考察するためである。こうして，本書では都道府県における政策廃止の過程を明らかにし，日本の地方自治体において政策廃止という不利益分配がどのように行われているかを示す。

2 民意と専門性

政策廃止という不利益の分配については，利害関係者や有権者からの反発を恐れる政治家が廃止に否定的であることが予想される。バーダックは，政策から恩恵を受けていた利害関係者だけではなく，潜在的な改革支持者も不利益を分配する政策廃止には反対することを指摘していた（Bardach 1976：128-130）。つまり，政治家が民意を反映させることを目標とするのであれば，廃止を議題に上げたり，廃止を決定したりする行動は想定しにくい。地方自治体の政策過程において拒否権を有している首長や議会議員といった地方政治家が反対しては，政策廃止は実現しない。しかし，前節でみてきたように，実際に政策廃止という現象は起こっている。

どのようにして政策廃止が起こっているのかという問いを明らかにするうえで，本書では行政職員や審議会委員が有する専門性に着目する。より具体的にいうと，政策廃止の決定過程では，政策の存在理由（raison d'être）がなくなったとする政策知識が示されるかが，政策廃止が起こるか起こらないかを左右すると考える。日本の地方自治体において，政策知識は政治家ではなく，行政職員や審議会委員が有していることが多い。政策知識は政治家と共有されることにより政策決定に効果的な影響力を及ぼす（加藤 1995）。こうした行政職員が有する専門性は，行政職員の影響力の源泉とみなされてきた（ウェーバー 1970：29；大嶽 1996；加藤 1995）。その時々の民意とは異なる政策的帰結をもたらす専門性を，政治家が重視した結果として，政策廃止という帰結が生じたのである。

これは，代議制民主主義では，政治家がその時々の民意を反映しない局面がありうるためである。早川誠は，代議制民主主義の特質と意義は，直接民主制と比較して，民意を反映しないことにあるのであり，民意を反映しないことによって民主主義を活性化させることにあると指摘する（早川 2014：194）。待鳥聡史も，代議制民主主義において，短期的あるいは個別の課題については有権者の意向とは異なっていても，中長期的あるいは政治社会の全体にとってはプラスになると政治家が判断し，その判断に基づいた政策決定が容認されるとする（待鳥 2015：252）。つまり，有権者が廃止に否定的な民意を有していても，廃止が社会全体によって有益であり，公益に沿っていることが示されたときには政治家も廃止を容認しうる。

政治家がその時々の民意に反した行動をとることは，再選に不利であるようにも思えるが，必ずしもそうではない。なぜなら，有権者は事後的に政治家を評価して票を投じているからである。短期的な民意に反している行動を政治家がとったとしても，それが中長期的には公益に沿っていると有権者が判断すれば，有権者はその政治家を評価する。J. マンスブリッジは実証的なアメリカ政治研究の進展を参照し，代表の新たな形として「予測的な代表」を提示した[7)]。マンスブリッジは，伝統的な代表のあり方を「約束型の代表」とする。この代表のあり方においては，政治家は選挙で選ばれた時点の有権者の意向に拘束される。これに対して，新たな代表のあり方の一類型として挙げた「予測的な代表」では，政治家は選挙で選ばれた時点の有権者の意向には必ずしも拘束されず，任期後の選挙で任期中の実績を評価されることになる。政治家は任期後の選挙における有権者の意向を予測して行動するため，任期後の選挙で評価されると考えれば，その時点の有権者の意向に反する行動をとる（Mansbridge 2003）。

政治家は，自らの行動が公益に沿っていると説明することによって，有権者から評価されようとする。そもそも，アクター（行為主体）は政治過程で自らの利益に基づいて行動している。現代社会においては個人やグループの利益の分化が進行した。政治過程では，分化した利益を統合していくために，妥協や買収，討論や説得など人間を動かすためのあらゆる手段を用いる（永井 1965：6）。この統合の過程で，私的利益の調整に役立ちうるものが公共の概念となる（阿部 1991：136）。佐々木毅は，政治が諸アクターによる私的利益を実現するための相互作用という側面があることは認めつつも，政治とは公益にかかわる活動であり，前者のみによって説明しようとすれば，政治を公的活動と考える視点を見失わせるとする（佐々木 1999）。第二次世界大戦後の日本政治において利益分配を行っていた代表的な政治家である田中角栄も自らの政策が公益に沿っていることを主張していた。つまり，政治的アクターは自らの利益を追求しつつも，「政治的議論の場においては，自己の側の利益を明らさまに主張するものではなく，たとえ自己の利益を追求しながらも，それを公共の利益あるいは社会福祉に合致する」と主張する（三輪 1972：138）。これは，政治家が有権者から評価されるには，自らの利益に基づいて行動していると認識されるのではなく，公益に沿って行動していると認識される必要があるためである。

ここで，政治家が有権者から公益に沿って行動しているとみなされるために，専門性に基づいた行動をとることが求められるようになっている。待鳥は，現代の民主主義が専門性との親近性を高めているとし，今日の有権者は大統領や首相に対して，有権者の意向を忠実に政策決定に反映させることよりも，専門能力をもつ官僚やスタッフを駆使して，迅速かつ的確な政策決定を行うことを求めるようになっていることを示す。そして，日本の地方自治体でも，首長が有識者や専門家の意見を重視して政策を打ち出し，議会を軽視あるいは無視する例がしばしばみられるが，有権者はそのような首長に対して好意的であることを指摘する（待鳥 2015：209-210）。このため，政治家が，その時々の民意よりも，専門性を優先した行動をとることがある。

政策廃止に際しても，政治家は自らの行動が専門性に基づいておらず，公益に沿っていないと有権者から判断されることを避けようとする。本書の第3章で取り上げる自治体病院事業の事例で示すように，政治家は当初は廃止に反対したとしても，政策の存在理由がなくなっていることが示され，廃止に反対することが公益に沿っていないと有権者から認識されかねないと考えると，廃止を容認する。つまり，行政職員が政策知識に基づいて示した存在理由の有無が地方政治家と共有され，地方政治家が行動を変えるのである。

なお，本書で取り上げる政策廃止に際して，必ず多数の有権者（以下，一般有権者と記述）が不利益を分配されるわけではない。例えば，第2章で取り上げる土地開発公社の廃止に際して，不利益を被るのは土地開発公社の職員や土地開発公社所管部署の職員であり，一般有権者はむしろ公社の廃止を行政改革の一環としてとらえて，廃止に肯定的となる。また，第4章で取り上げるダム事業の廃止でも，建設業者といった利害関係者以外の多くの有権者は廃止に肯定的となる。こうした，民意が廃止に肯定的な場合であっても，政治家は当初は廃止に賛成したとしても，政策の存在理由がまだあることが示されると，存続を容認する。一概に不利益分配といっても，誰にとって不利益となるかはさまざまであり，多様なアクター間関係が想定されるが，どのようなアクター間関係であれ，専門性はアクターに影響を及ぼし，政策廃止という政策的帰結を左右する。

本書では，政策の廃止がどのようにして行われるのかを明らかにする中で，廃止を進める側や廃止に反対する側が，政策の存在理由の有無を提示して，自らの主張の正当性を示せたかどうかが廃止の帰結を分けたことを指摘する。廃止の決定過程では，政策の存在理由の有無という，専門性に基づいた，いわば「合理的な要因」を示すことが重要であるということである。これに対して，公共政策学研究においては，政策は必ずしも合理的には決定されないことが指摘されてきた（秋吉 2017）。本書でも，政策の存在理由だけではなく，政治状況や政策の性質も重要であったと考える。政治状況や政策の性質は特に廃止の前決定過程で重要となり，これらの要因の影響を受けて，廃止が議題に上らないことがある。ただし，いったん廃止が議題に上ると，政治状況や政策の性質だけではなく，政策の存在理由の有無を示せるかが帰結を左右することになるのである。

3　本書の構成

第１章では，政策廃止の定義を示すとともに，先行研究の検討を行ったうえで，政策廃止モデルとその検証のための分析枠組みを提示する。本書では，廃止を「意図的な終結」と定義し，政策の中でも具体的な行政活動である事業と，その実施主体である組織を分析対象とする。そして，政策廃止を前決定過程と決定過程に分けて，廃止がどのようにして行われているかを包括的に明らかにするモデルを提示する。新たに提示する政策廃止モデルでは，前決定過程においては政治状況や政策の性質が重要となるが，決定過程では先行研究で等閑視されてきた政策の存在理由が重要となることを示す。本書では，このモデルを事例過程分析と事例比較分析を用いて検証することによって，廃止過程を明らかにする。

第２章から第４章では，政策廃止モデルを土地開発公社，自治体病院，ダム事業を対象として検証する。これらの３つの事業・組織は，異なる首長と議会議員の政策選好の組み合わせであるため，分析対象とした。首長と議会は先行研究でその重要性が指摘されていたアクターである。首長と議会議員の政策選好の組み合わせは論理的には４つに分類される。しかし，第１章で詳述するように日本の地方自治体の選挙制度からは首長が廃止に否定的となり，議会議員が廃止に肯定的となる分類は稀(まれ)であると考え，本書では３つの異なる事業と組織を対象とした。

第２章では，首長と議会議員が廃止に肯定的となることが想定される土地開発公社の存続と廃止の過程をみる。事例過程分析で，埼玉県では行政職員によって政策の存在理由が提示されたことにより，首長や議会議員が廃止に肯定的であっても，公社が存続したことを示す。一方で，公社が廃止された神奈川県では，存続を主張するアクターが政策の存在理由がまだあることを示す場がなかったために廃止となった。また，群馬県では行政職員も廃止を主張するアクターとなり，政策の存在理由の欠如を示したことにより，廃止という帰結が生じた。廃止の決定過程において，政策の存在理由の有無を示すことができたかが帰結を左右する。続く事例比較分析では事例過程分析による知見を一般化するために質的比較分析を行い，前決定過程では政治状況や政策の性質が影響するものの，決定過程では政策の存在理由の有無が影響し，特に行政職員によって政策の存在理由の欠如が示せるかが重要となることを述べる。

第3章では，首長と議会議員が廃止に否定的となることが想定される自治体病院の廃止過程をみる。事例過程分析では，県立病院が民間移譲された福岡県と，府立病院が閉鎖された京都府の事例をみる。福岡県と京都府では，病院の廃止に首長と議会議員は積極的ではなかったものの，政策の存在理由の欠如が示されたことによって，廃止された。事例比較分析では，そもそも政治的アクターが廃止に否定的であるため，土地開発公社やダム事業と比較して廃止が議題に上るケースが非常に少ないことと，いったん廃止が議題に上がった際には，政策の存在理由の有無が影響することを述べる。

第4章では，首長が廃止に肯定的となり，議会議員が否定的となることが想定されるダム事業を事例とする。事例過程分析では，首長がダム事業の廃止を主張し，議会の多数派が存続を主張した長野県の事例をみる。長野県では，廃止を主張する側と存続を主張する側のどちらが，一般有権者が納得する政策の存在理由の有無を提示できたかが帰結を左右した。また，埼玉県でも首長がダム事業の休止を主張したが，政策の存在理由の欠如までは示せなかったため廃止には至らず，その後に社会経済状況の変化を受けて政策の存在理由の欠如を示せたことによって廃止された。事例比較分析では，前決定過程では事業の性質や政治状況が影響し，決定過程では事業の存在理由の有無の提示が重要となることを述べる。

終章では，結論と含意を示す。第2章から第4章にかけての分析をまとめて，政策廃止がどのようにして起こっているのかという問いに対する答えを示す。そして，政策廃止という不利益の分配を行う際の課題として，前決定過程から民意と専門性が融合することの重要性について言及する。

1）準用財政再建団体とは，地方財政再建促進特別措置法（2009年に廃止）の規定を準用した指定を受け，国の監視と支援のもとで財政再建を行う団体である。

2）夕張市『夕張市のこれまでの取組みについて』。

3) 調査対象法人は，地方自治体が出資している①一般社団法人および一般財団法人に関する法律等（2008年度調査までは民法）の規定に基づいて設立されている社団法人，財団法人および特例民法法人，②会社法（2006年度調査までは商法および有限会社法）の規定に基づいて設立されている株式会社，合名会社，合資会社および特例有限会社，③地方3公社，④地方独立行政法人である。

4) 『朝日新聞』2006年11月22日付，2面。『読売新聞』2006年11月24日付，31面。

5) 夕張市『人口・世帯数（住民基本台帳ベース・月別）』。

6) NHKが2014年11月に行った「戦後70年に関する意識調査」によると，日本の戦後を象徴する人物として挙がった割合は田中角栄が25%と一番多く，13%であった2位の吉田茂を大きく引き離した（https://www.nhk.or.jp/bunken/summary/research/report/2015_08/20150801.pdf　2018年2月16日最終閲覧）。

7) マンスブリッジの議論および訳語については，早川（2014：129-133）を参照。

第1章　理論的枠組み

1　政策廃止の定義

ここまで，政策の廃止という言葉を使ってきたが，どのような現象を分析対象とし，廃止と定義すればよいだろうか。政策廃止に関する先行研究では，P. ドレオンによる定義がよく引用される[1)]。ドレオンは，政策廃止を，「特定の政府の機能，プログラム，政策または組織の意図的な終結もしくは中断」とする（deLeon 1978：370）。もっとも，一概に「政策」や「廃止」といっても，ドレオンの定義に示されているように，政策にはさまざまな段階があり，廃止にもさまざまな形態がある。そこで，本節では政策と廃止，それぞれの概念について検討を行い，分析対象を明確にする。

▶ 政策の定義

研究者は公共的問題に関する政策を幅広くとらえてきた。宮川公男は，「公共政策とは，社会全体あるいはその特定部分の利害を反映した何らかの公共的問題について，社会が集団的に，あるいは社会の合法的な代表者がとる行動方針」とする（宮川 2002：92）。橋本信之は，「政策は，政府の諸活動およびそれらを方向づける方針の両者を含めた総体」としている（橋本 2003：135）。秋吉貴雄は，公共政策を「公共的問題を解決するための，解決の方向性と具体的手段」とする（秋吉 2010a：4）。山川雄巳は，政治学者による政策の定義を参照したうえで，「政治学者たちの概念規定は区々であるが，公共政策が政府の行動に関係するものであること，政策が個人や集合体の行動の仕方や方法に関係する概念であることについては，おそらく合意が成立するものと思われる」としている（山川 1983：7）。このように定義は必ずしも同じではないものの，先行研究では，具体的な活動のみならず，指針や目標をも政策の構成要素としており（岡本 1996：19），政策という概念を幅広くとって理解している。

本書でも同様に，政策を幅広くとらえ，「公共的問題を解決するための政府による方針と諸活動」と定義する。公共政策については政府以外に，非営利組織（NPO）などのアクターも実施主体として考えられるが（秋吉 2010a：4），本書では政府による政策を分析対象とする。

もっとも，上記の定義では政策の範囲が広すぎ，実際には分析できない事象までをも含むことになる。例えば，政府の方針といった抽象度が高い段階の政策については，実際に政府による活動が行われていないので観察が難しい。そこで，分析にあたっては観察可能な政府の諸活動を政策として取り上げる必要がある。政策廃止に関する先行研究では，どのような政府の諸活動を分析対象として取り上げてきたのだろうか。

ドレオンは，廃止を分析対象として，機能，政策，プログラム，組織の4つを提示する（deLeon 1978）。機能とは，政府による市民へのサービスの供給のことを指し，政策やプログラムを包括する概念である。政策やプログラムはその下位概念であり，政策とは機能を実現させるためのアプローチのことである。プログラムは，政策を具体化した行政活動である。そして，組織とは政府機構を構成する集団のことを指し，プログラムや政策を担うものを指す。このうち，機能，政策，プログラムは「政府による公共的問題を解決するための方針や諸活動」であり，3つの階層から形成されている。

ドレオンは，政策を3つの階層で示したが，日本の行政実務でも政策，施策，事業という3段階が示されている。政策とは，行政機関の方向性を示す意思・判断であり，方針や指針といった抽象的な表現形式である（行政管理研究センター 2005：42-43)。例えば，医療というサービスを市民に供給するという方針を指す。施策とは，問題を解決する行政活動のまとまりやその方向性のことであり（行政管理研究センター 2005：39)，市民に医療サービスを供給するという方針を実現するために医療施設の整備を行うことが施策となる。事業とは，具体的な行政活動のことであり（行政管理研究センター 2005：42)，施策をより具体化した自治体病院のことを指す。

本書では，この事業を分析対象とする。これまでの政策廃止研究でも，事業の段階を対象とした研究が多かった。これは事業が政府の具体的な活動であるため可視性が高く観察がしやすいことや，事業廃止が施策廃止に比べて起こりやすいことが影響している。本書でも，分析対象を先行研究と同様にすることで，先行研究を参照することができる。

また，事業と組織は区別して分析対象とする。事業と並んで組織も分析対象となることが多い。ただし，かつての政策廃止研究では，事業と組織の廃止を同一視した研究が多かった。ドレオンは，これまでの研究では，特定の組織の廃止をもって，それが実施していた政策やプログラムが廃止されたとみなす傾向があったと指摘する（deLeon 1987：173)。しかし，組織が廃止されたとしても，その組織が行う業務は移管する場合も多く，政策と組織を区別して分析する必要がある。岡本哲和は，組織が消滅したとしても，それはその組織が担っていた機能の消滅あるいは実施していた作業の中止をそのまま示しているわけではないことを指摘する（岡本 1996：21)。本書では，事業と組織を区別する。

このように，本書では，政策を「公共的問題を解決するための政府による方針と諸活動」とし，政策の中でも具体的な行政活動である事業と，その実施主体である組織を分析対象とする。組織を分析する際には，事業廃止とは異なる組織廃止特有の廃止過程をみるために，組織がなくなっても業務自体はなくならない組織を分析対象とする。

▶ 廃止の定義

廃止には，その状態や範囲についてさまざまな形態が考えられる。前述したようにドレオンは，廃止を「意図的な終結もしくは中断」としている。また，バーダックは，廃止の状態には一度に起こる場合と，徐々に起こる場合があるとする。一度に起こる場合は単一の決定によって行われ，徐々に起こる場合は政策の予算や人員が段階的に削減されて行われる（Bardach 1976：125）。廃止の範囲については，岡本が，政策の全体が終了する場合と，その一部が終了する場合に大きく分類する[2)]。

以上のように，廃止の形態を考える際には，廃止の状態と範囲を考慮しなくてはいけないが，本書では，廃止を「意図的な終結」と定義し，その状態は一度に起こるもので，範囲としては全体がなくなる場合を廃止とする。まず，状態について，一時的に動きを止める「中断」については，復活が容易であるため廃止とはみなさない。また，徐々に起こる場合も廃止とするとすれば，廃止の時期については分析者の主観に大きく影響されることになる。そこで，本書では廃止が一度に起きた場合に廃止が起こったとみなす。廃止の範囲については，岡本が指摘するように，一部を廃止するものも廃止とすれば，廃止と削減の区別が困難となるため（岡本 1996：23），事業や組織のすべてがなくなった場合に廃止が起こったとみなす。

2　政策廃止研究の課題

▶ 政策廃止の先行研究

政策廃止は，どのようにして起こっているのか。この問いに対して，政策の存在理由の欠如，政治状況，政策の性質という要因が影響を及ぼしていることが先行研究で指摘されてきた[3)]。

(1) 政策の存在理由に着目する研究

政策廃止の要因として，まず考えられるのが，政策の存在理由がなくなったという合理的な要因である。しかし，岡本が政策の合理的終了が現実には少ないことを指摘するように（岡本 2003），政策の存在理由の有無が政策廃止に影響することを指摘する研究は多くない。また，これらの研究はどのようにして政策の存在理由が重視されるに至るのかについては詳しい分析を行っていない。

政策の存在理由の欠如に着目した研究としては，E. トルンハウトの研究が存在する。トルンハウトは，オランダの地方自治体の生態的回廊政策の廃止過程を分析し，科学者たちが政策の効果が限定的であり，費用が高額であることを指摘したことが政策廃止の決定要因となったことを明らかにした。生態的回廊政策とは，生物の孤立や絶滅を防ぐために，生息地の間に回廊を設けて生物の移動路とする政策である。トルンハウトは，政治的・感情的要因よりも，政策の科学的な効果と効率性が重視されたことを指摘した（Turnhout 2009）。ここで，政策の存在理由とは，単にその必要性がないと指摘されたことではなく，科学的な政策知識に裏づけられた主張のことを指す。

その他にも，R. クラウスらや I. ジェバ・メイの研究が存在する。クラウスらは，アメリカの市における温室効果ガス排出を削減する気候保護イニシアティブを対象に，その廃止要因を計量分析した。分析の結果，廃止には政治状況とプログラムの非効率性が影響していたとする（Krause et al. 2016）[4)]。また，ジェバ・メイは J. キングダンの政策の窓モデルが政策廃止研究に適用できると主張し，政策を継続するための財政負担や資源の無駄の指摘によって，政策の窓が開くことになると指摘した（Geva-May 2004）。

⑵ 政治状況に着目した研究

政策廃止研究の主流は，政策の存在理由がなくなったことにより廃止が起こるといった単純な合理的要因によっては説明できないとし，政治状況に着目するものとなっている（Bardach 1976；deLeon 1987；Frantz 1992, 2002；Daniels 1997b；Sato 2002；岡本 2012；三田 2012；James et al. 2015）。近年では，特に首長と議会に着目し，首長の交代や議会の構成という政治的要因によって政策廃止が左右されると考える研究が多い。

首長と議会に着目する研究では，二元代表制のもとで，政策廃止を進める首長が，廃止に反対する議会に政治的に勝利した帰結として廃止が実現するという枠組みで分析を行っている。D. ルイスは，計量分析を用いて，政権交代が起こることによって，アメリカの連邦政府の組織の廃止の確率が高くなることを実証した（Lewis 2002）。また，政権交代期に統一政府（大統領与党が議会において過半数を占めている状態）であれば廃止される可能性が高くなることも実証している（Lewis 2003）。C. ベリーらは，1971 年から 2003 年にかけてのアメリカの連邦政府のプログラムを対象とした計量分析を行った。分析の結果，プログラム開始時の第 1 党が議会で議席を増やすと廃止が起こりにくいことと，第

1党が交代すると廃止が起こりやすくなることを明らかにし，議会の構成という政治的要因が影響することを実証した（Berry et al. 2010）。

日本でも，砂原庸介が都道府県のダム事業を対象に計量分析を行い，事業開始時の知事とは異なる支持基盤を有する知事に交代することによって廃止が進むとともに，議会において知事に反対する勢力が多い状況下では廃止が進みにくいことを実証した（砂原 2011）。松並潤は，地方公社を対象として計量分析を行い，首長が交代することによって，地方公社の統廃合が進むという相関関係の存在を明らかにした（松並 2005）。三田妃路佳は，国の川辺川ダム事業の休止過程を分析し，事業反対派勢力が選挙での首長選出などを通じて，政治的資源を増加させたことを休止の要因として提示した（三田 2009）。

このように，二元代表制下の政治的アクター間関係に着目する研究では，政策廃止を推進する首長と廃止に反対する議会の相互作用の帰結として政策廃止を説明している。これらの研究では，政治状況によって廃止のしやすさが異なることを示している。

⑶ 政策の性質に着目した研究

次に，政策廃止研究では政策の性質によって廃止のしやすさが異なることが指摘されている。まず指摘されたのが，組織の構成員といった廃止に際して生じるコストの存在である。ドレオンらは，法に基づく適正手続きが保障されているため，組織廃止に際して構成員の解雇や待遇変更が難しいことを指摘している（deLeon 1978；Shulsky 1976；Kirkpatrick et al. 1999）。組織廃止を行う際には構成員の解雇といったコストがかかるために，廃止をしにくくなる。こうしたコストは事業廃止よりも組織廃止の際に問題となることが多い。例えば，ドレオンは事業と組織の廃止のしやすさを比較して，事業のほうが組織よりも廃止がしやすいと指摘する（deLeon 1978：375-377）。

また，H. カウフマンは，組織の「厚さ」が廃止への抵抗度を規定するとする。ここでいう組織の厚さとは，組織の構成員の活動や独立性，技術や知識のことを指し，厚さがあるほど，組織廃止が起こりにくいという仮説を提示した（Kaufman 1991：144）。M. ダニエルズは，アメリカのオクラホマ州の児童矯正訓練校の廃止を事例に，カウフマンの仮説を適用し，訓練校は労働集約型の組織で，労働従事者の教育レベルが高く，カウフマンが提示した組織の厚さがあったために，訓練校廃止後も収容施設を設けるという政策が続いたと指摘した(Daniels 1995)。

近年の研究では政策の形態や存続期間に着目し，利害関係者の違いにより廃止のしにくさが異なることを指摘する研究が多い。政策の形態に着目する研究としては，A. ボワンら，J. ハッセルスウォルトやS. スロワーの研究がある。

ボワンらは，アメリカのニューディール期に設立された連邦政府の組織を対象とした計量分析を行い，組織の多くは政権交代前に廃止されていることを指摘し，ルイスが指摘するような政権交代という要因だけでは廃止を説明できないとした。そして，組織が委員会といった複数のアクターで構成される機関によって率いられている場合は，政治的に任命されることが多い単独のアクターによって率いられている組織と比較して，設立当初は廃止される確率が上がり，時間の経過とともに確率が下がることを示した。また，同様に，既存の組織とは独立して設立された組織は，既存の組織内に設立された組織と比較して，設立当初は廃止される確率が上がり，時間の経過とともに確率が下がることを明らかにした。こうして，設立したときの組織のデザインという要因が組織廃止の確率に影響を与えるとともに，そうした要因は時間の経過とともに効果が変化することを実証した（Boin et al. 2010)。

ハッセルスウォルトは，1974年から2003年にかけてのアメリカの連邦政府のプログラムを対象とした計量分析を行った。分析の結果，政治的変数等を統制すると，伝統的な財政支出を行う政策よりも，税控除を行う政策のほうが廃止されやすいことを示した。ハッセルスウォルトは，この結果を税控除を行う政策は一般的な政策よりも狭い範囲の利益を代表しているためだと解釈する(Haselswerdt 2014)。

スロワーは，1937年から2013年にかけてのアメリカの大統領令を対象とした計量分析を行った。分析の結果，政治状況以外にも政策特有の要因が影響していたとする。政策特有の要因とは，分割政府時に発令されたかどうかや，法的根拠の強さといった要因である。スロワーは，分割政府時に発令された大統領令や，法的根拠が強い大統領令ほど廃止されにくいことを明らかとした。分割政府時に発令された大統領令はイデオロギー的に妥協した内容になるため廃止されにくくなると解釈している（Thrower 2017)。

次に，存続期間に着目したものとしてD. カーペンターとルイスの研究が存在する。組織の存続期間については，存続期間が長くなるほど利害関係者が多くなり，廃止が起こりにくくなることが予想される。ただし，カーペンターらは，アメリカ連邦政府のエージェンシーを対象に計量分析を行い，組織が廃止される確率は組織の設立直後から時間が経つほど下がっていくのではなく，設立からしばらく経った後にいったん増加し，その後に下がることを実証した。カーペンターらはこの現象を，組織廃止を行う政治家が，組織の問題を把握するのに一定の時間が必要であるためだと説明する（Carpenter and Lewis 2004）。プログラムや事業の存続期間が廃止に与える影響に関しても，同様の傾向が明らかにされている（Corder 2004；Berry et al. 2010；砂原 2011）。

(4) 複数の要因を統合するモデルを示した研究

ここまで，政策廃止研究を，政策の存在理由に着目した研究，政治状況に着目した研究，政策の性質に着目した研究に分けて説明してきた。近年では，S. カークパトリックらやK. イェがこれらの要因を統合したモデルを提示して検証を行っている。

カークパトリックらは，先行研究から，政策の存在理由の有無という要因も含めた政策の性質，政治的環境，廃止を抑制する要因という3つの要因を導き出し，これらの要因が政策廃止に影響を与えるというモデルを提示した。政策の性質とは，政策の存在理由，存続期間，不可視性，複雑性，利害関係者の範囲という5つの要因である。政治的環境とは，イデオロギー，廃止連合の大きさ，連合の強さ，妥協点の有無，廃止の速度という5つの要因である。廃止を抑制する要因とは，ダイナミックな保守主義，法的な制約，経済的コスト，廃止反対連合，廃止への恐れ・不確かさという5つの要因である。ダイナミックな保守主義とは，政策がその役割を終えても新たな役割をみつけて存続することを指す。

カークパトリックらは，このモデルを，アメリカ連邦政府においてニクソン政権下の1972年に成立して，レーガン政権下の1986年に廃止されたレヴェニュー・シェアリング法の事例に当てはめる。レヴェニュー・シェアリングとは，連邦政府の歳入の一部を州と自治体に分配する政策のことである。事例研究の結果，カークパトリックらは政策廃止の要因として，以下の5点を挙げる。1

点目は，共和党の小さな政府という方針が，ニクソン政権時の小さな連邦政府という意味合いから，レーガン政権時には全レベルの政府を小さくするという意味合いに変わるというようにイデオロギーが変化したことである。2点目は，連邦政府の財政状況が悪化したことである。3点目はニクソンらの政策の支持者が退場するとともに，政策の実施とともに新たに支持者となった地方政府のロビー活動が影響力を持てなかったことである。4点目は，レヴェニュー・シェアリング法が時限法であり，廃止の機会が法律に組み込まれていたことである。5点目は，政策が特定の市民にサービスを供給するような性質をもつものではなく，直接的な利害関係者が少なかったことである（Kirkpatrick et al. 1999）。

しかし，モデルに示されている3つの要因は先行研究で指摘されていた要因を羅列したものであり，その関連については具体的に説明されていない[5)]。モデルでは，政策に内在する要因→政治的環境→廃止を抑制する要因という方向に矢印がつけられ，3要因の関係性が一応示されている。しかし，政策に内在する要因が政治的環境にどのような影響を与えているかという点や，政治的環境が廃止を抑制する要因にどのような影響を与えているかという点についてはふれていない。また，政策廃止がどのようにして行われているかというプロセスについても明らかにしていない。

イェは，これまでの先行研究で見過ごされてきた前決定過程についても考慮し，廃止の検討と決定を分けた2段階のモデルを提示した。このモデルでは，財政環境の悪化，政策の失敗，イデオロギーの変化という政策廃止の引き金となる要因が生じて見直しが始まり，政府の意思決定者は，政策の特徴，利益団体の存在，コミュニティの特徴を考慮して，政策の維持，修正，廃止のいずれかを選択するかを決定するというものである。

イェは，このモデルをカリフォルニア州における病院事業の廃止事例に適用し，計量分析を行った。そして，財政環境の悪化（州や郡の歳入悪化），民間の供給能力（郡にある民間病院のベッド数），職員が組織化されているか（公的組織の労働組合員割合），コミュニティが当該事業にかかわりをもっているか（医療費が予算に占める割合）が影響を及ぼしていることを実証した。これらの要因のうち，財政環境の悪化は政策廃止の引き金となる要因である。また，民間の供給能力は政策の特徴，職員の組織化は利益団体の存在，コミュニティと当該事業のかかわりはコミュニティの特徴を表す要因である（Ye 2007；Graddy and Ye 2008）。

イェのモデルには，廃止の前決定過程と決定過程それぞれに不十分な点がある。前者に関する不十分な点は，廃止モデルとしては前決定過程も含んだものとなっているが，実際の分析に際しては前決定過程と決定過程を分けて分析していない点である。イェの分析は，従属変数を廃止決定とした計量分析であり，前決定過程と決定過程では影響を与える要因が異なるのではないかという疑問に答えることはできない。後者に関する不十分な点は，廃止の決定段階において，アクター間関係が描かれていない点である。イェのモデルでは，意思決定者が廃止に反対すると想定される利益団体のことを考慮して廃止を行うとあるが，意思決定者内部のアクター間関係は政策過程には出てこない。政治的アクター間関係に着目した先行研究では，首長と議会の相互関係の帰結として廃止が起こることが実証されていることを考えると，意思決定者内部のアクター間関係を分析しなければ，十分なモデルということはできないだろう。

▶ 先行研究の課題を解決する

先行研究から得た知見をまとめると，政策廃止には政策の存在理由，政治状況，政策の性質という３つの要因が影響を及ぼしている。本書でも，これらの研究で指摘されてきた３つの要因が廃止に影響を及ぼすと考える。しかし，これらの３つの要因を分析モデルに組み込んだ先行研究であっても，①アクター間関係とアクターに影響を与える要因の関連性，②廃止の段階とアクターに影響を与える要因の関連性という点に関して不十分な点がある。

１つ目は，アクター間関係とアクターに影響を与える要因の関連性に着目していない点である。先行研究の傾向として，政策過程を追跡する研究では１つの政策に注目して，どのようにして廃止が起こったかを分析する。カークパトリックらの研究では１つの政策のみを分析しており，１種類のアクター間関係が分析の対象となっている。計量分析により廃止に影響を及ぼす要因を明らかにする研究では複数の政策を分析対象とすることが多いが，アクター間関係の違いに注目しない。ルイスらの研究ではアクター間関係の違いには着目していない。ハッセルスウォルトやスロワーの研究結果からは，政策の違いによってアクター間関係が異なり，廃止のしやすさが変わってくることが示唆されるが，アクター間関係の違いを明示しない。

しかし，政策過程においてはアクター間関係の違いによって要因がアクターに影響を及ぼしたり及ぼさなかったりすることがあるだろう。例えば，政治的要因に着目する先行研究は，議会において首長与党の議員割合が高いと廃止が起こりやすいことを明らかとしている。ただし，政策の内容からして議会議員がそもそも廃止に肯定的な態度を示しているようなアクター間関係であれば，こうした政治的要因にかかわらず廃止は行われるであろう。T. ロウィは，政策内容が政策に関係するアクターを規定し，その後の政策過程を規定すると考えた（Lowi 1964, 1970, 1972）。アクター間関係の違いによって，廃止という帰結に影響を及ぼす要因も異なってくるのである。そこで，異なるアクター間関係が想定される複数の政策を分析対象とする必要がある。

これに関連して，先行研究では事業と組織を区別していなかった。その理由として，ダニエルズは，両者は区別しにくいことを指摘する（Daniels 1997a：2047）。しかし，政策廃止の分析対象として組織を対象とすることについて，疑問を呈する声もある（岡本 1996：21）。なぜなら，組織とは事業を実行する主体であり，組織が廃止されたとしても組織が担っていた業務も廃止されるとは限らないからである。そのため，組織は廃止されるが，その組織が担っていた業務が他の組織でも行われる場合，その組織の関係者は自らの組織の廃止に反対することが想定されるが，業務にかかわる外部の利害関係者については，業務自体は存続するため，その抵抗は少ないだろう。このように，業務の廃止を含まない組織の廃止と事業の廃止では，廃止をめぐるアクター間関係が異なる。先行研究では，事業か組織のどちらかのみを対象とした研究しかないが，事業と組織を区別して，双方を分析する必要がある。

2つ目の不十分な点は，廃止の段階とアクターに影響を与える要因の関連性である。先行研究の多くは廃止の決定過程に注目しており，前決定過程と決定過程を分けていない。そのため，そもそもなぜ廃止が議題に上るのかが明らかとなっていない。事業や組織の廃止から直接的な利益を受けるアクターはいない。バーダックが示唆するように，政治家にとっては政策廃止を提案するインセンティブはないのである。前決定過程と決定過程を分けたモデルを提示しているイェの研究であっても，実際には決定過程のみを分析している。そのため，廃止の段階によってアクターに影響を与える要因に違いがあるかということは明らかにされていない。

こうした不十分な点は，モデルを前決定過程と決定過程に分けるとともに，複数のアクター間関係を分析対象とすることで解決できる。本書では，複数のアクター間関係を分析対象とし，前決定過程と決定過程を分けて，政策の存在理由の有無，政治状況，政策の性質という要因との関連性を明らかにすることで先行研究の課題に取り組む。これにより，政策廃止がどのようにして起こっているかを包括的に明らかにする。

3 新たな政策廃止モデル

二重の入れ子モデル

本節では，先行研究における課題を解決し，政策廃止の仕組みを包括的に説明する政策廃止モデルを提起する。このモデルは，「政策の廃止がどのようにして議題に上るのか」という前決定過程を明らかにする問いと，「廃止が議題に上った後に，どのようにして決定されるのか」という決定過程を明らかにする問いに答えるモデルとなる。これらの問い（リサーチ・クエスチョン，RQ）は，先行研究の課題に対応して，政策廃止の前決定過程と決定過程に分かれている。

まず検討するのが，どのようにして廃止が議題に上るのかという点である。本書では，議題に上るとは，「政府内で政策廃止が具体案として組織的に検討される段階」と定義する[6)]。具体的には，都道府県庁内で廃止をその方針として組織的に検討している場合に議題に上ったものと判断する。どのようにして廃止が議題に上ったのかを明らかにするために，問いを，誰が廃止を議題に上げたのかという問いと，どのような要因が廃止を議題に上げる際に影響するのかという問いにブレークダウンする。バーダックが指摘するように，そもそも政治家に廃止を行う政治的なインセンティブが生じないのに（Bardach 1976：128-130），誰が廃止を議題に上げるのだろうか。また，どのような要因が議題設定の際に影響を及ぼすのかを明らかにする。

どのようにして廃止が議題に上るかを考える際に，まずはその契機となる外部環境の変動について検討する。これは，そもそも廃止は外部環境の変動が契機となり，アクターが政策の必要性がないと判断することによって動き出すことが想定されるためである。アクターはそれぞれ異なる利益を有しており，どのような外部環境の変動であるかによって，政策の必要性がないと判断するアクターも異なる。

RQ1　政策や組織の廃止がどのようにして議題に上るのか

RQ1-1　誰が廃止を議題に上げるのか

RQ1-2　どのような要因が廃止を議題に上げる際に影響するのか

▶ 誰が廃止を議題に上げるのか

政策廃止は，外部環境の変動が契機となり動き始める。政策の前決定過程もモデルに取り込んだ主な政策過程分析モデルでは，政策変化の契機として，社会経済状況の変化，他の政府における決定，有権者の態度変化が指摘されていた。主な政策過程分析モデルとしては，政策の窓モデル，唱道連携モデル，断続平衡モデルというモデルがある。これらを順にみていく[7]。

(1) 政策過程モデルを検討する

キングダンは，M. コーエン，J. マーチ，J. オルセンが示したゴミ缶モデルを修正した政策の窓モデルを提示した。ゴミ缶モデルとは，政策決定の場をゴミ缶に例えて，政策過程に参加するアクターが問題や解決策をゴミ缶の中に放り投げ，それらが結び付いたときに決定がなされることを表したモデルである。コーエンらは，政策決定の場の状況には，①政策過程に参加するアクターの選好は不確かであり，②政策過程がどのように進むのかについても不明確であること，また，③誰がいつ政策過程に参加するのかが流動的であるという特質があることを挙げ，決定の場の状況は組織化された無秩序であるとする。そして，問題，解決策，参加者，選択の機会は，それぞれ独立した流れとして決定の場に流れ込み，それらが合わさったときに決定がなされることを指摘する（Cohen et al. 1972）。

キングダンはゴミ缶モデルを修正し，①さまざまな問題の中から特定の問題が注目されるようになる問題の流れ，②問題の解決策が示されるようになる政策の流れ，③政治家や有権者が解決策を受容するようになる政治の流れが合流する機会を，「政策の窓が開いた」と表現する。そして，3つの独立した流れが合流し，この時期に政策企業家が政策を推進すべく活動することによって政策が実現することを示し，これを政策の窓モデルとして提唱した（Kingdon 2003）。

政策の窓モデルを用いた政策廃止研究として，H. サトウとJ. フランツによる日米におけるハンセン病患者の隔離政策を分析したものがある。サトウらは隔離政策の廃止を分析し，1940年代にハンセン病の治療薬が誕生して政策の窓が開きかけたが，専門家の保守性によって廃止が実現しなかったとする。その後，数十年にわたって3つの流れが合わさる機会はなく，隔離政策は科学的に必要ないと判明したあとも廃止されずに存続した。そして，1980年代以降に，政治的スキルを有する政策企業家が登場することによって政策の窓が開いた結果として，廃止が行われたことを指摘する（Sato and Frantz 2005）。

政策の窓モデルを用いた政策廃止研究では，3つの流れが合流することなく廃止がなされなかったという点に焦点を当てる。そのため，政策廃止はどのようにして起こっているのかという問いよりも，廃止はなぜ起こらないのかという問いを明らかにすることに適したモデルであり，廃止案がどのような場合に議題に上るのかを検討するには適さない。

P. サバティエとH. ジェンキンススミスは，政策志向学習という概念を取り込んだ唱道連携モデルを提示した。このモデルは長期間にわたる政策変化を説明するものであり，政策のサブシステムが主な分析対象となる。政策のサブシステムとは，特定の問題や政策分野に関心をもつアクターの集まりであり，政策分野（例えば，水資源政策）と領域（例えば，カリフォルニア州）ごとに存在する。サブシステム内のアクターとしては，政治家，利益団体，官僚以外にもジャーナリストや研究者など政策アイディアに携わるアクターも含まれており，このサブシステムには共通の信念システムを有する唱道連携グループと，それぞれのグループの主張の妥協点を見出して調整を行う政策ブローカー（仲介者）が存在する。政策のサブシステムの外には，サブシステムに影響を与える要因として，問題となっている分野の基本的特性，天然資源の基本的分布，根本的な社会的文化的価値と社会構造，基本的な憲政構造といった要素から構成される比較的安定した変数が存在する。また，社会経済状況の変化，世論の変化，政権交代，他の政策サブシステムからの影響や決定といった比較的短期間で変動する外的な出来事が影響を及ぼす。政策変化は，比較的安定した変数や外的な出来事の影響を受けつつ，政策ブローカーによる調整や，唱道連携グループ間の相互作用や政策志向学習を通じて信念システムが変わることによって行われる（Sabatier 1988；Sabatier and Jenkins-Smith 1993；Sabatier and Weible 2007）。

唱道連携モデルでは，外的な出来事として社会経済状況の変化，世論の変化，政権交代，他の政策サブシステムからの影響や決定を挙げ，これらの出来事のうち，いずれかが起こることが政策変化に必要であると述べる。唱道連携モデルは長期間にわたる政策変化を説明するモデルである。しかし，政策廃止についても長期間の前決定過程を経て廃止という帰結がもたらされることがあり，唱道連携モデルで提示された外的な出来事が契機となり，廃止案が議題に上ることが考えられる。

F. ボウムガートナーと B. ジョーンズは，断続平衡という概念を用いて，政策の安定と転換を説明するモデルを示した。断続平衡とは，もともとは生物の進化は徐々に起こるのではなく，突発的な変化によって起こるという古生物学における概念である（True et al. 2007）。ボウムガートナーらは，通常の政治過程は安定的で，増分主義に基づいているが，危機等が起こり有権者の態度が変化することによって，当該政策にかかわる利益団体の安定した関係が変動し，劇的な政策転換が生じるとする。そして，この劇的な政策転換が行われたことを，スリーマイル島の放射能漏れ事故が生じたことをきっかけに政策転換が行われたアメリカの原子力政策を例として説明する（Baumgartner and Jones 1993）。

断続平衡モデルでは，政策にメディアの注目が集まり，有権者の態度変化が生じることによって政策の独占状態が崩されることを指摘する。有権者の態度が変化することによって，政策の劇的な変化が動き出すことが示唆されている。断続平衡モデルは劇的な政策変化を説明するモデルであり，政策廃止に近い現象を分析対象としている。政策廃止に際しても，有権者の態度変化によって，廃止の検討が短い期間で行われ，廃止案が議題に上ることが考えられる。

ここまで，代表的な政策過程分析モデルを検討し，唱道連携モデルと断続平衡モデルでは，社会経済環境の変動等の外部環境の変動が契機となり，政策の転換案が議題に上ることを指摘した。唱道連携モデルは，社会経済状況の変化，世論の変化，政権交代や他の政策サブシステムからの影響や決定を挙げており，断続平衡モデルでは，有権者の態度変化を挙げていた。唱道連携モデルで挙げられている政策サブシステムは，政策分野と領域（州や国）ごとに存在するが，地方自治体における廃止決定を考えるとき，最も影響を与える政策サブシステムとしては，国が想定される。これは，国と地方自治体は相互依存的な関係にあるためである。R. ローズは，中央政府と地方政府が有する資源について，中央政府は法的資源および財政資源を多く有し，地方政府は情報資源および組織資源を多く有しており，両者は相互依存的であるとしている（Rhodes 1986）。

(2) 政策廃止に影響する外部環境の変動

これらのモデルをまとめると，外部環境の変動として，社会経済状況の変化，他の政府の決定，有権者の態度変化が政策転換の契機となることを指摘している[8)]。ここまでは，さまざまな国や政府のレベルを対象とした先行研究を検討してきたが，以降では主に日本の地方自治体を対象とした先行研究を参照しながらモデルを具体的に構築する。日本の地方自治体の政策決定に関する先行研究を参照すると，日本の都道府県における政策廃止においても，こうした外部環境の変動が契機となり，廃止案が議題に上ることが想定できる[9)]。

1つ目の外部環境の変動が，社会経済状況の変化である。社会経済状況は，必要とされる政策を規定し，アクターの政策に対する態度に影響を及ぼす。飽戸弘と佐藤誠三郎は，647市の財政支出のあり方とその地域の政治的特性および社会経済的特性との関連について計量分析を行い，市長の党派性などの政治的特性はあまり効いておらず，都市中枢性という社会経済的特性のほうが財政支出のあり方を規定していることを明らかにした（飽戸・佐藤 1986）。飽戸と佐藤は，社会経済状況の違いにより必要とされる政策が異なることを示唆している。

2つ目の外部環境の変動が，国や他の自治体における廃止決定である。日本でも，国と地方自治体は相互依存的な関係にあり（村松 2001：91），地方自治体の政策に国や他の地方自治体の資源が利用されている場合がある。例えば，地方自治体が実施する公共事業については，自治体が自らの一般財源で実施する単独事業の他に，国庫補助金を使う国庫補助事業がある。国庫補助事業は自治体が事業に要する費用の多く（概ね4分の1から3分の2）を国が支出する制度である（磯崎 2014：123）。国の財政資源を利用する政策については，国が撤退して補助金が打ち切られた場合には，費用対効果の観点から政策の効率性が低くなる。また，地方自治体の政策に共同事業者として，他の地方自治体が参画している場合もある。こうした場合，他の地方自治体が撤退した際には，費用対効果の観点から政策の効率性が低下する。こうして，他の政府による廃止決定により，廃止案が議題に上る。

3つ目の外部環境の変動が，有権者の態度変化である。大村華子は，世論調査の結果を独立変数として，政党の政策を従属変数とした計量分析を行った。分析の結果，日本の政党の政策決定は，世論に配慮したものとなっていることを実証している（大村 2012）。地方自治体でも，中谷美穂が専門職に従事する人口が多いNPC（ニュー・ポリティカル・カルチャー）的な社会経済的特性をもつ自治体では，市民参加に積極的な選好をもつNPC的市長が誕生し，NPC的市長がいる自治体では参加に積極的な制度が採用される傾向にあることを計量分析により明らかにした（中谷 2005）。また，議会議員も日常的に自らの支持者と接触し，その要望を聞いている（森脇 1984；村松・伊藤 1986）。有権者の態度変化が，政治家を媒介して議題設定に影響する。本書では，一般有権者が政策に対して否定的となった状況をもって，有権者の態度変化が起こったとする。

(3) 外部環境の変動を受けたアクターの行動

こうした外部環境の変動を受けて，政策の必要性が低いと判断する行政職員が現れることにより，廃止が議題に上る。廃止を議題に上げるにはアクターの介在が必要となる。外部環境の変動により自動的に廃止が議題に上ることはなく，地方自治体の政策過程で影響力を有するアクターが廃止を提案することにより議題に上る。ここでの提案とは，都道府県庁内での組織的な検討のきっかけとなる提案をすることを指す[10)]。本書では，都道府県庁内で廃止をその方針として組織的に検討している場合に議題に上ったものと判断する。ここで，議題に上るということが都道府県庁内における組織的な検討である以上，検討するアクターは一般的に行政職員となる。そのため，行政職員自身が提案してそのまま検討するということがまず考えられる。

行政職員以外に前決定過程において影響力を有し，廃止を提案することにより議題に上げることができるアクターは，首長，議会議員，審議会委員というアクターとなる。小林良彰らは，都道府県の知事，議会議員，職員を対象としたアンケート調査を行い，都道府県の政策立案過程においては，首長の影響力が強いことを明らかにした。また，首長以外に影響力があるアクターとしては，議会，行政職員，市民運動・世論，国を挙げている（小林ほか 2008）[11)]。辻中豊らは，市区町村の職員を対象としたアンケート調査を行い，市区町村の政策過程においては首長をはじめとする行政機構内のアクターの影響力が高いことを明らかにした。影響力が高い上位6つのアクターを順に挙げると，首長，政策を所管する部署，副首長，財務担当部署，市町村議会議員，審議会・懇談会となる（山本英弘 2010）。こうした地方自治体の政策過程における影響力が高いことを明らかにされているアクターが廃止を議題に上げる。

それでは，行政職員，首長，議会議員，審議会委員はどのような外部環境の変動から政策の必要性が低くなったと判断するのだろうか。それぞれのアクターの利益は異なっており，アクターがどのような外部環境の変動から政策の必要性が低くなったと判断するかは異なる。以下では，行政職員，審議会委員，首長，議会議員に分けてアクターの利益を仮定したうえでその目標を想定する。

まず，行政職員の利益を官僚に関する先行研究から導く。日本の公務員に関する研究では，地方公務員である場合には職員と記述し，国家公務員である場合には官僚と記述することが多い。日本の公務員の行動に関する先行研究は官僚に関するものが多くを占めているため，ここでは官僚に関する先行研究から行政職員の利益や目標を導き出す。

行政職員の利益を組織存続と仮定する。官僚については，その選好を一般的に論じることの難しさが指摘されつつも（北村 2006：202），日本の官僚については組織存続を志向していることが戸矢哲朗や上川龍之進により指摘されている。戸矢は官僚組織の目的は究極的には組織存続にあり，通常は権限の最大化を図るものの，倫理的な失敗や政策的な失敗によって評判を失墜させ，組織存続が危機に瀕したときには，公衆の支持を得るために公益の実現を目的とした政策を実施して，名声の最大化を図るという（戸矢 2003）。上川は，この戸矢の議論を非常に有益であるとしたうえで，短期的にみて組織存続にとって好ましい政策と，長期的にみて組織存続にとって好ましい公益に従った政策を区別して論じる。そして，官僚は通常は長期的な組織存続を追求するが，政治家の反発を招いて組織存続にとって致命的な制裁を科せられかねない政策については採用せず，短期的な組織存続を優先すると指摘する（上川 2005）。

ただし，行政職員が組織存続を志向するうえでどのような目標をもつかは，部署により異なるであろう。これは行政組織の特徴として，セクショナリズムが指摘されているためである。セクショナリズムとは，「組織体の内部で自分の属する部門・部局にこもって排他的になる傾向（派閥主義，セクト主義），あるいは，競合関係にある組織・集団間で見られる縄張り争いやそれに随伴する一連の行動傾向を包括的に表現する言葉」（今村 2006：7）である。今村都南雄は，セクショナリズムが日本官僚制の歴史において継続的にみられる事象であることを指摘する（今村 2006）。行政職員が優先する組織は部署により異なるため，どの部署に所属するかによって目標も異なってくる。

政策廃止にかかわる職員としては，行政改革所管部署職員，政策所管部署職員，廃止対象となる組織の職員がいる。通常の政策廃止の場合は，政策廃止にかかわる職員は行政改革所管部署職員と政策所管部署職員の２つのアクターとなる。ただし，第三セクター等の廃止の場合は，知事部局にいるこの２つのアクターに加えて廃止対象となる第三セクター等の職員が廃止にかかわるアクターとして登場する。

これらの職員はそれぞれ異なった目標をもつ。まず，政策廃止は行政改革の一環として行われることがある。地方自治体の行政改革の際には行政改革所管部署が推進主体となる（金井 2010）。行政改革所管部署職員は政策の見直しが組織の所掌事務であり，自らの部署存続のために外部環境の変動を受けて政策の廃止にも積極的に取り組むことを目標とする。これに対して，政策所管部署職員と廃止対象となる組織の職員は，廃止に反対することを目標とする。田中豊治は，地方自治体の組織改革を分析し，行政職員は現状維持的志向を有し，廃止部門は廃止の動きに対して抵抗することを指摘した（田中 1987）。政策所管部署職員は，自らが所管する政策の廃止は，自らの組織の縮小につながるため廃止に反対することを目標とする。廃止対象となる組織の職員も，廃止は自らが所属する組織の廃止を意味するため廃止に反対することを目標とする。

行政改革所管部署職員は外部環境の変動のうち，特に社会経済状況の変化と国や他の自治体における廃止決定から政策の必要性が低くなったと判断する。

曽我謙悟は，日本の官僚制は政治介入から自律性を確保するために，専門性を重視したことを指摘する。2000年代以降に政治介入の可能性は高まったものの，この際に官僚制は民意を反映した代表性を高める方向には舵を切らなかった（曽我 2016）。行政職員も政治からの介入を防ぐため，政治家が重視する有権者の態度変化という民意ではなく，社会経済状況の変化と国や他の自治体における廃止決定を重視する。これは，自らの組織存続を考えるうえで，政治家が重視する民意に直接反応した行動をとると，政治家からの介入の機会が多くなるためである。

審議会委員は，さまざまな背景をもつアクターが委員となるため，その利益と目標を仮定するのは難しいが，廃止を目標とすることがある。審議会とは，政策立案などに学識経験者等の意見を反映させるために設置する合議制の諮問機関である。地方自治体における審議会は，主に，①専門的な知識の行政への提供，②政策をめぐる利害関係の調整，③政策への住民意見の反映といった役割を果たしている（田中 1971：19；山内 1985：25；新川 1997：74；辻中 1999：60-61）。

審議会がどのような役割を果たすかは，審議会委員の構成に強く規定される（安原 1978）。政策に関する学識経験者のみで構成されている審議会では，①の役割を果たす。政策に関係する利害関係者が多く含まれる場合には，②の役割を果たす。審議会委員に公募による住民が参加している場合には，③の役割を果たすといったように，誰が審議会の委員を務めるかによって審議会が果たす役割も異なる。

政策の廃止に際しても，委員にとって何が利益となるかは異なる。政策に関係する利害関係者が委員の場合には，政策を維持することが自らの利益となる。地域住民が参加している場合も，その政策により利益を得ていることが多い場合には，政策の維持が自らの利益となる。これに対して，学識経験者が委員を務める場合には，政策を見直すことが自らの利益となることがあるだろう。大森彌は自らの専門委員としてかかわった第一次地方分権改革を振り返り，分権改革にかかわった学者は自らの学問をかけて機関委任事務制度の廃止に熱意を注いだことを指摘する（大森 1998：125）。審議会については行政の隠れ蓑といった批判もあるものの（佐藤 1962），政策廃止が政策の専門家としての自らの評判を高める際には，その廃止を目標とすることがあるだろう。

こうして，審議会委員は社会経済状況の変化や国や他の自治体の廃止決定が明らかになった場合には，廃止を提案することがある。審議会において，社会経済状況の変化や国や他の自治体の廃止決定から政策の必要性が低いことがわかった場合には，その廃止を提案することが政策の専門家としての評判を高める。そのため，審議会委員が廃止を提案することがある。

首長や議会議員といった政治家は再選を自らの利益とする。政治家の利益については，再選の他にも，昇進・出世やよい政策の実現がある（Fenno 1973)。ただし，昇進や政策の実現にしても，再選されることによって達成することが容易となるものであり，再選は昇進や政策の実現の前提条件となる（建林 2004)。例えば，地方議員にとっての昇進としては，議長や政党の地方組織のトップへの就任が考えられる。議長については，当選回数に配慮した人事慣行があることが指摘されるなど（馬渡 2010：89)，再選を重ねるほど昇進しやすいシステムがある。また，政策の実現にしても，首長や議員という身分であり続けることによって，実現が可能となる。

政治家が再選をめざす場合，首長と議会議員は選挙制度の違いから異なる目標を示すことが想定される。首長は小選挙区により，議会議員は多くの場合は大選挙区により選ばれるという選挙制度の違いから，首長は多数の有権者の利益を表出するのに対して，議員は特定の支持集団の利益を表出することが合理的であるとされている（曽我・待鳥 2007)。

小選挙区から選出される首長は一般有権者が廃止を求める政策については廃止に賛成する。再選機会の最大化を志向する政治家としては一般有権者にアピールするために，一般有権者が廃止を求めるようになった政策を見直そうと考えるのである。他方で，一般有権者からの支持が高い政策については廃止に反対することが想定される。

議会議員については，選挙区内に政策から利益を得ている利益団体が存在し，その利益団体が自らの支持団体である場合は，一般有権者が廃止を求めるようになった政策であっても政策の廃止に反対するという目標をもつ。議会議員は，再選のために選挙区内の支持母体への利益誘導に関心を示す（北村 2004：33)。議員の支持母体である利益団体も政治家に対して要求を行う（辻中 1988：110-

116)。首長のように小選挙区制ではなく，大選挙区制であることが多い議会議員の場合は，首長よりも少ない得票数で当選することができるため，一般有権者よりも特定の支持者の意向を反映して，政策の廃止に反対することが想定される。

もっとも，政策にかかわる利益団体が存在しない場合には，議会議員はその廃止に肯定的となるだろう。議会は個々の利益団体の利益を表出する機関であり，金井利之は議会に減量型の行政改革を期待することには意味がないことを指摘する（金井 2010：154)。ただし，廃止の対象が，当該組織が廃止されても組織が実施していた業務自体は他の組織が行うことになる組織である場合は，当該組織にかかわる行政職員以外に廃止による不利益を被る利益団体が現れない[12)]。また，一般有権者は行政改革を支持しており，組織の見直しを求めている。このように，政策にかかわる利益団体が存在せず，一般有権者も廃止を求めている政策であれば，再選のためにも議会議員は政策の廃止に賛成することが想定される。

ただし，利益団体が存在しなくても，一般有権者が政策の存続を支持している場合には，議会議員は廃止に反対することが想定される。これは，議会議員は再選のために一般有権者の動向も考慮するため，利益団体が存在しなくても，一般有権者が存続を支持する政策の廃止については反対するからである。

こうして，再選を利益とする首長と議会議員は特に有権者の態度変化という外部環境の変動を受けて廃止を提案する。首長は一般有権者の意向を反映させた政策目標をとることが想定される。首長であれば一般有権者が廃止を求める政策については，廃止に肯定的となる。それに対して，議会議員は一般有権者よりも自らを支持する利益団体の意向を優先するため，一般有権者が廃止を求める政策について常に廃止を志向するわけではない。一般有権者が見直しを求めていても，利益団体が廃止に反対していれば廃止に否定的となる。ただし，一般有権者が廃止を求めており，利益団体も存在しない政策については，その廃止に肯定的となる。このように，有権者の態度変化を受けて，政策の廃止を提案するアクターとしては首長と議会議員という政治家が考えられる。

⑷ 前決定過程におけるアクター

ここまでの議論を図で示したものが，図 1-1 である。社会経済状況の変化，

図 1-1　政策廃止を議題に上げるアクター

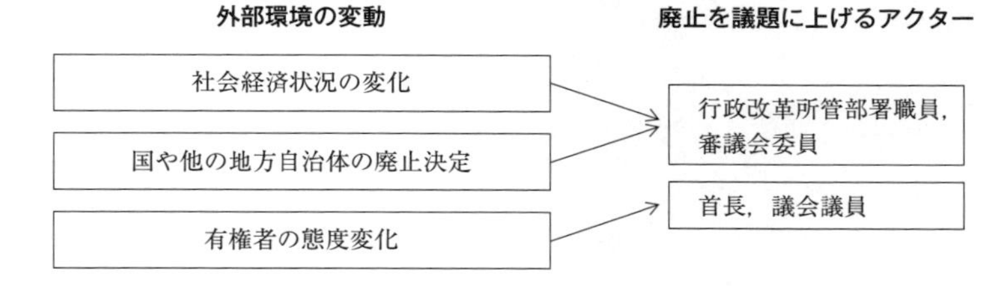

国や他の地方自治体の廃止決定，有権者の態度変化が廃止の契機となる。そして，誰が廃止を議題に上げるのかという問いについては，行政改革所管部署，審議会委員，首長，議会議員というアクターが廃止を提案する。有権者がその廃止を歓迎する政策は少ないので，政治家が廃止を提案する案件は限られている。そのため，多くの場合は行政改革所管部署や審議会委員という政治家以外の行政府のアクターが主導して廃止案を提案する。これらのアクターは，特に社会経済状況の変化と国や他の地方自治体の廃止決定という外部環境の変動を重視する。ただし，有権者の態度が変化した政策については，首長や議会議員といった地方政治家が廃止を提案することがある。

もちろん，図 1-1 に示されていないアクターが廃止を提案することもあるだろう。例えば，ダム事業をめぐってはダム建設に反対する市民団体が自治体に廃止を提案することは多々ある。ただし，議題に上げるということが行政府内で組織的に検討するということである以上，議題に上げるアクターは一般的に行政職員となる。行政職員が自ら提案しないにもかかわらず，他のアクターの提案により廃止を議題に上げるとすれば，地方自治法上，大きな権限を有する首長や議会という政治家や，実質的に自らが検討を依頼した審議会の委員が提案した場合であることが多い。そのため，図 1-1 に示されていないアクターが廃止を提案しても，議題に上らない。

▶ どのような要因が廃止を議題に上げる際に影響するのか

(1) 前決定過程における必要条件と十分条件

外部環境の変動は廃止が議題に上る際に必要条件となる。必要条件とは，廃止が議題に上った政策が必ず満たしている原因条件となる。廃止を議題に上げるアクターは外部環境の変動から政策の必要性が低くなったと判断するため，廃止が議題に上る際には外部環境の変動である社会経済状況の変化，国や他の地方自治体の廃止決定，有権者の態度変化という3つの要因のいずれかが必ず生じている。

ただし，3つの要因のいずれかが生じていれば必ず廃止が議題に上るわけではなく，政治状況や政策の性質が十分条件となる。十分条件とは，条件が生じていれば必ず結果が生じるという原因条件である。それでは，なぜ政治状況と政策の性質が十分条件となるのだろうか。廃止の前決定過程において，廃止を議題に上げるのは行政改革所管部署職員，審議会委員，首長，議会議員である。これらのアクターは，政治状況や政策の性質に鑑みて，廃止の実現可能性が高いと判断したときに廃止を提案する。一般に，新規政策の場合，地方自治体では比較的容易に政策案が議題に上る。伊藤修一郎は，情報公開，環境基本，環境アセスメント，福祉のまちづくりの4政策がマスメディアに大きく取り上げられた時期に一気に全国の自治体で検討され始めたことを指摘し，行政府が中心となる日本の自治体の政策過程では比較的容易に議題に上ることを明らかにした（伊藤 2001, 2002）。ただし，廃止案のように大きな反発が予想される政策案については，政治状況や政策の性質から実現可能性が高い場合にのみ廃止が議題に上る。これは，廃止を提案するアクターが，自らの利益を考えて行動するためである。

首長や議会議員は，提案したにもかかわらず，政策が実現しないと自らの政治的な失敗として位置づけられ，再選に不利となるため実現可能性が高い場合にのみ廃止を議題に上げる。北村亘は，地方自治体における法定外税の導入過程を分析し，条例案を提案する首長は，拒否権を有する議会や総務省から同意を得られる見込みがある場合に提案することを示した。これは，首長が提案して否決された場合には，首長の政治的な失敗と位置づけられるためである（北村 2002, 2004）。

また，行政改革所管部署職員は廃止を提案したのに実現しないと自らの責任となるため，短期的な組織存続を優先して，実現可能性が高い場合にのみ廃止を議題に上げる。廃止を提案したのに，廃止が実現しない場合は首長の政治的な失敗となる。その場合には，提案した部署の責任が問われることとなる。地方自治体の首長は組織編成や人事について広範な権能を有しているため，組織存続のために首長が望まないことが想定される政策を提案することも控えるだろう。そのため，行政改革所管部署職員は，政治状況や政策の性質から廃止の実現可能性が低いと判断した際には，廃止を議題に上げない。

審議会委員についても，実現しないのに廃止を提案すると，政策の専門家としての自らの評判を下げることにつながる。したがって，政治状況や政策の性質から廃止の実現可能性が低いと判断した際には，廃止を議題に上げない。

⑵ 十分条件として考えられる政治状況と政策の性質

前決定過程において影響を与える政治状況には，首長に関する要因と議会に関する要因がある。近年の日本の地方自治研究では，二元代表制という制度下における首長と議会の相互作用によって政策的帰結を説明する研究が盛んに行われている（曽我・待鳥 2001, 2005, 2007；北村 2002, 2004；辻 2002, 2015；加藤 2003；名取 2003；砂原 2006, 2011；久保 2009；築山 2014, 2015 など）。その包括的な研究が曽我と待鳥聡史の研究と砂原の研究である。曽我と待鳥は，1960 年以降の都道府県の政治を，60 年代から 70 年代前半までの革新自治体隆盛期，70 年代後半から 80 年代までの保守回帰期，90 年代以降の無党派知事期に分け，それぞれの期間の歳入歳出構造が知事の党派性や議会における知事与党の議席率，各党派の議席率の影響を受けていることを実証した（曽我・待鳥 2007）。砂原は，厳しい財政資源の制約下に置かれた 1990 年以降の都道府県の政策選択が，知事の支持基盤の変化や，知事の反対勢力の議席率の影響を受けていることを実証した（砂原 2011）。

政策廃止に際して影響を及ぼす首長に関する要因としては，首長の支持基盤の変化や知事の交代，無党派首長の存在がある。先行研究では政権交代が起こると廃止の確率が高くなることが明らかにされていた（Lewis 2002）。日本の地方自治体を対象とした先行研究でも，知事の交代や（松並 2005），支持基盤の変化によって（砂原 2011），廃止が起こりやすくなることが明らかとされた。政策の廃止を行うことは，その政策の失敗を認めることであるため，政治的責任を問われる。そのため，任期中に政策の状況が悪化した首長や，事業開始時と同じ支持基盤を有する首長だと，廃止という選択肢をとりにくい。首長が交代することで，新たな首長は廃止を提案しやすくなる。また，党派性も影響を及ぼすことがある。曽我と待鳥の研究では，1990年代以降の無党派知事は，地方債の発行を抑制し，歳出総額について縮小方向の傾向をもつことを明らかにした（曽我・待鳥 2007）。無党派首長は歳出総額を抑えるために，廃止を選択する。一般有権者が廃止に肯定的な政策の場合は，無党派首長はその支持を獲得するためにも廃止を提案するだろう。

議会に関する要因は，首長与党の割合である。先行研究では，首長与党が多数を占めるほど廃止が起こりやすいことが指摘されてきた（Lewis 2003；砂原 2011）。砂原は，都道府県のダム事業を対象にした分析を行い，議会において知事を支持しない勢力が大きいほど廃止される確率が低くなることを実証した（砂原 2011）。砂原は，議会はダム事業の存続を望んでおり，知事がダム事業を廃止しようとしても，議会において知事を支持しない勢力が大きいほど，廃止という政策選択を行うことが難しくなるためであると解釈する。首長与党の割合については，議会において反対勢力が多く，議会に配慮しなくてもよい首長ほど廃止を提案する可能性もあるため，一定の水準までは議会における知事への反対勢力の比率が増加するほど廃止される確率が高くなるという仮説が考えられる。しかし，分析の結果，この仮説は必ずしも妥当しないとされた（砂原 2011：118-135）。

前決定過程において影響を与える政策の性質とは，廃止のコストや政策の形態や存続期間である。特に廃止の対象が組織である場合には，廃止のコストが高いため，影響を及ぼす。廃止の対象が事業である場合でも，事業の形態や存続期間から，利害関係者の範囲が広いほど，廃止が困難となる。この政策の性質は，政策ごとに異なるものでもあるが，同じ種類の政策であっても，個別の事例によって異なるものでもある。例えば，土地開発公社，自治体病院，ダム事業は異なる種類の政策であり，政策の形態や何が廃止のコストに当たるのかという点は異なる。自治体病院には病院職員が存在するという政策の性質は自治体病院に共通の要素であり，ダム事業とは異なる要素となる。ただし，同じ自治体病院であっても，病院の職員数の違いにより政策の性質がもたらす影響は異なるであろう。この場合，職員数という政策の性質は定数ではなく変数となる。

図 1-2　前決定過程における要因の集合関係

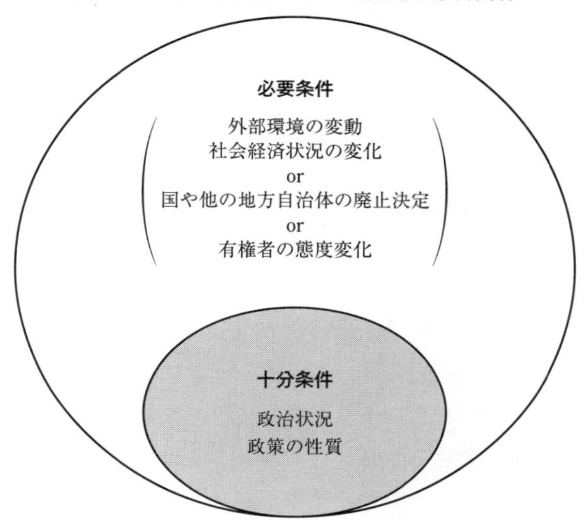

こうして，廃止の前決定過程においては，外部環境の変動が必要条件となり，政治状況と政策の性質が十分条件となる。前決定過程において影響を与える要因の関係をベン図で示したものが，図 1-2 である。まずは，社会経済状況の変化，国や他の地方自治体の廃止決定，有権者の態度変化のいずれかが必ず生じている必要がある。これにより，政策の必要性が低下しており，政策の廃止が必要だと考えるアクターが現れる。ただし，3 つの要因のいずれかが生じていれば必ず廃止が議題に上るわけではない。廃止が議題に上る際には，政治状況や政策の性質が十分条件となる。

次に検討するのが，廃止がどのようにして決定されるのかという点である。廃止が議題に上ったとしても，廃止が実現するには，廃止を主張するアクターが政府内に存在し，廃止に反対するアクターに勝利する必要がある。それでは，廃止が議題に上ってから決定されるまでの過程では，どのようなアクター間関係となるのだろうか。また，どのような要因が廃止決定の要因となるのだろうか。

RQ2　政策や組織の廃止がどのようにして決定されるのか
　RQ2-1　どのようなアクター間関係となるのか
　RQ2-2　どのような要因が廃止を決定する際に影響するのか

▶ 決定過程ではどのようなアクター間関係となるのか

(1) 登場するアクターの態度

廃止の決定過程におけるアクター間関係は多様なものとなる。廃止の意思決定にかかわるアクターは首長，議会議員，行政所管部署職員，政策所管部署職員，廃止対象となる組織の職員，審議会委員である。先に仮定したアクターの利益を考慮すると，誰が廃止に賛成し，誰が廃止に反対するかは，外部環境の変動の有無や利益団体の有無により異なる。そのため，廃止に賛成するアクターと反対するアクターの組み合わせも多様となる。

首長と議会議員は，有権者の態度変化と利益団体の存在の有無により態度を決める。首長は一般有権者が廃止に肯定的となった場合には廃止に賛成し，肯定的となっていない場合には廃止に反対する。議会議員は一般有権者が廃止に賛成するとともに利益団体が存在しない場合は廃止に賛成し，そうではない場合は廃止に反対する。

行政改革所管部署職員と審議会委員は，社会経済状況の変化，国や他の地方自治体の廃止決定の有無により態度を決める。社会経済状況の変化，もしくは国や他の地方自治体の廃止決定が生じている場合には廃止に賛成し，そうではない場合には廃止に反対する。

政策所管部署職員と廃止対象となる組織の職員は，常に廃止に反対する。これは外部環境の変動にかかわらず，廃止に反対することが自らの組織の存続につながるためである。

(2) アクター間関係の類型

ここまでの議論をまとめたものが，表1-1である。この表では，外部環境の変動の有無と利益団体の有無に応じて，各アクターがどのような態度をとるかを示している。

外部環境の変動と利益団体の有無の組み合わせは6つとなる。有権者の態度変化と，利益団体の有無と，社会経済状況の変化もしくは国や他の地方自治体

表 1-1　決定過程におけるアクター間関係

類型	外部環境の変動		利益団体の存在	アクターの態度			
	有権者の態度変化	社会経済状況の変化 国や他の自治体の廃止決定		首長	議会議員	行政改革所管部署職員 審議会委員	政策所管部署職員 廃止対象となる組織の職員
A	あり	あり	あり	廃止賛成	廃止反対	廃止賛成	廃止反対
B	あり	なし	あり	廃止賛成	廃止反対	廃止反対	廃止反対
C	あり	あり	なし	廃止賛成	廃止賛成	廃止賛成	廃止反対
D	あり	なし	なし	廃止賛成	廃止賛成	廃止反対	廃止反対
E	なし なし	あり あり	あり なし	廃止反対 廃止反対	廃止反対 廃止反対	廃止賛成 廃止賛成	廃止反対 廃止反対

の廃止決定の有無という 3 つの要素の組み合わせとしては 8 つが想定される。しかし，有権者の態度変化と社会経済状況の変化，国や他の地方自治体の廃止決定の有無のすべてが「ない」という組み合わせはそもそも廃止が議題に上がらないため，組み合わせとしては 6 つが想定される。

なお，有権者の態度変化がない場合は利益団体の有無にかかわらず首長も議会議員も廃止に反対することが予想されるため，廃止の決定過程におけるアクター間関係としては 5 つの類型が想定されることとなる。1 つ目は，首長と行政改革所管部署職員，審議会委員が廃止に賛成し，議会議員と政策所管部署職員，廃止対象となる組織の職員が廃止に反対する類型 A である。2 つ目は，首長が廃止に賛成し，議会議員，行政改革所管部署職員，審議会委員，政策所管部署職員，廃止対象となる組織の職員が廃止に反対する類型 B である。3 つ目は，首長と議会議員，行政改革所管部署職員，審議会委員が廃止に賛成し，政策所管部署職員，廃止対象となる組織の職員が廃止に反対する類型 C である。4 つ目は，首長と議会議員が廃止に賛成し，行政改革所管部署職員，審議会委員，政策所管部署職員，廃止対象となる組織の職員が廃止に反対する類型 D である。5 つ目は，行政改革所管部署職員と審議会委員が廃止に賛成し，首長と議会議員，政策所管部署職員，廃止対象となる組織の職員が廃止に反対する類型 E である。

▶ どのような要因が廃止を決定する際に影響するのか

(1) 決定過程における必要条件と十分条件

前決定過程では，外部環境の変動が必要条件となり，政治状況と政策の性質が十分条件となっていた。これは，議題に上った政策には必ず外部環境の変動が生じているが，外部環境の変動が生じていれば必ず廃止が議題に上るのではなく，政治状況と政策の性質も廃止が起こりやすいものである必要があるということを意味している。そうすると，決定過程に進んだ政策は必ず外部環境の変動があり，廃止が起こりやすい政治状況と政策の性質を有することになる。つまり，決定過程の段階では，外部環境の変動，政治状況，政策の性質は必要条件となっている。

この決定過程において重要となるのが，首長と議会議員という地方政治家である。日本の地方自治体における首長と議会の権限をみると，両者が提案権とともに[13)]，拒否権を有している。首長は議会における条例や予算案の議決などに異義等があるときは，議会に再議を求めることができる（地方自治法176条[14)]）。議会は条例案や予算案の議決権を有しているとともに（同96条），首長の不信任議決権を有しており，3分の2以上の出席，出席議員の4分の3以上の賛成で不信任を議決できる（同178条）。つまり，政策の廃止決定に際しては，首長や議会が同意することが必要となる。

決定過程では，外部環境の変動，政治状況，政策の性質が揃うだけでは廃止は決定されず，政策の存在理由の有無の提示が十分条件となる。これは，序章で示したように，地方政治家は自らの行動が公益に沿っていると有権者から判断してもらうために，専門性に基づいた行動をとることが求められるようになっているからである。政策廃止にかかわる首長，議会議員は，政策廃止に反対する際には政策の存在理由がまだ存在することを，政策廃止を進める際には政策の存在理由がなくなっていることを主張しなくてはならない。ただし，こうしたルールは法律のような公式の制度ではなく，あくまでも非公式の制度である。

(2) 非公式の制度に着目する必要性

政策廃止研究において，規範といった非公式の制度の重要性はこれまで見過ごされてきた。制度とは，アクターの行動を制約するルールのことを指す。制度に着目する研究では，制度を「ルール，手続き，取り決め」(Shepsle 1986：52）や「ゲームのルール」（ノース 1994：3）と定義してきた。D. ノースの定義に示されているように，必ずしも制度は公式の法令やそれに基づく慣行といった公式の制度に限定されない。しかし，制度に着目する新制度論におけるアプローチの一つである合理的選択制度論では，もっぱら公式の制度のみを取り上げてきた[15]。これは非公式の制度は特定が難しく，実証に向かないとされていたためである（真渕 1994：54；建林・曽我・待鳥 2008：40)。

アクターは目的合理的に行動する存在であるという前提を置く合理的選択制度論では，委員会制度のような公式の制度を取り上げることが多い。これまで多くの研究者によって指摘されてきた制度が，政策決定に際して誰の同意を得なくてはいけないかを定めた制度である。ボウムガートナーとジョーンズは，問題に関して決定する権限を有する制度的な場所を政策決定の場として，アメリカの原子力政策が変更された際には，下院小委員会という場において，原子力政策に否定的なアクターの主張が表出したことを指摘する（Baumgartner and Jones 1993：31-35, 73-75)。真渕勝は，政策過程には誰が決定に参画できるかに関する公式のルールである参加の制度があることを指摘する（真渕 1994)[16]。

こうした参加の制度を政策廃止研究に適用すると，ルイスらが分析の前提とする二元代表制という制度が，参加の制度として挙げられる（Lewis 2002, 2003)。二元代表制のもとでは，首長と議会議員が大きな権限を有していることを背景として，決定に参画して政策的帰結を左右している。このように，合理的選択制度論は，目的合理的に行動するアクターという前提を置き，公式の制度下のアクターの行動が政策的帰結をもたらすことを明瞭に示す。

ただし，アクターが公式の制度下において私利をとことん追求しているとみなしていることに対する疑問は根強い（Elster 2000；Boudon 2003；Hindmoor 2011)。D. リトルは，アジア研究においてアクターが目的合理的に行動すると想定することの有用性を述べるとともに，規範や価値といったものの働きも考慮する必要があることを指摘する（Little 1991)。K. ウェイランドは，ラテンアメリカ研究に合理的選択制度論を適用する利点を認めながらも，合理的選択制度論では見過ごされてきた非公式の慣習やアイディアの影響が強いことを述べる（Weyland 2002)。

合理的選択制度論に対する疑問は欧米諸国以外の地域研究に特有のものではなく，人間自体が私利をとことん追求してはいないと考えられていることによる。S. リードと坂本隆幸は，人間は合理仮定とは相容れない行動をとるということを示す心理学者による度重なる実験結果に反発した経済学者が，その結果の信憑性を否定するために独自に実験を行ったところ，図らずも心理学者の実験結果の主張の正しさを確認することになったという研究を紹介し，合理仮定が効果的に反証されていることを指摘している（リード＝坂本 1996：110）。こうした傾向は，政治的議論の場ではより顕著となる。T. モーは政治の世界は経済の世界とは異なることを述べ，経済学の世界で発展した合理的選択論を単純に政治学に適用するには問題があることを指摘する（Moe 1984, 1990）。

つまり，公式の制度の制約下で私利の追求のために目的合理的に行動するアクターという分析枠組みでは現実の政治事象を包括的には説明できない（Helmke and Levitsky 2004；Radnitz 2011）。鈴木基史は合理的選択制度論を評した際に，「新制度論では，定義上，制度は非公式な慣習や規範も含むとされているが，実際に，新制度論を日本政治に適用した研究では，そうした非公式なものは捨象されている」とし，「私利追及行為と公式な制度に分析視座を置く新制度論は，五五年体制における自民党内部の選挙政治や政治腐敗を有効に説明しているかもしれない。しかし，政治社会における公共空間の存在，市民による能動的な非投票的政治参加，非公式な規範や慣習等で複雑化された実際の日本政治は，これらの諸要因を軽視する新制度論によって包括的に把握することはできない」と述べる（鈴木 1996：99）。建林正彦は，合理的選択制度論の理論的な強みを強調しつつ，合理的選択制度論はあくまで部分分析であり，政治現象の一局面を説明するにとどまることを指摘する（建林 1999：80）。

それでは，政治現象をより包括的に説明するには，どのような要因を検討する必要があるだろうか。J. エルスターは，政治行動の基準となる私利が社会的規範と密接に関連していることを述べており（Elster 1989），規範のような非公式の制度もアクターの行動を制約することを示唆している。

近年では，アクターが目的合理的であるという前提を置きつつ，規範といった非公式の制度に着目して，アクターが非公式の制度に制約されるメカニズムを示そうとする研究がある。これまで非公式の制度の重要性は特に発展途上国の政治を分析するうえで指摘されてきた（Helmke and Levitsky 2004：725）。しかし，近年では，発展途上国だけではなく，公式の制度が根づいている先進民主主義国家の政治過程を分析するうえでも非公式の制度に着目する重要性が指摘されている。J. アザリらは，アメリカ政治には大統領の3選禁止（憲法修正第22条の規定により公式の制度になる以前のもの），大統領の指名ルール，上院における議事妨害，大統領が大衆に向けて直接語りかけるといった非公式の制度があることを示して，政治的アクターが「書かれていないルール」と調和するように行動を変化させていることを指摘する（Azari and Smith 2012）。T. ジェイコビは，上院議員の反対する国家公務員人事は強行しないという非公式な慣習である上院儀礼がなぜ維持され，どのようなアクターがこの慣習から利益を得ているのかを分析した（Jacobi 2005）。

このように，何を非公式の制度とするかは論者により異なるものの，違反すれば何らかの形で制裁が加えられる非公式のルールを非公式の制度とする傾向がある。D. ブリンクスは「レストランではコートを脱ぐといった非公式の行動規則ではなく，教会では脱帽するといった，破れば社会的な非難や制裁を引き起こすルール」を非公式の制度とする（Brinks 2003：4）。G. ヘルムケらは非公式の制度を，「大抵は文書にされていない社会的に共有されたルールであり，公的な制裁経路以外により生み出され，伝えられ，守らせるもの」と定義する。そのうえで，この非公式の制度は，①有名無実化した弱い公式の制度とは区別されること，②破れば社会的な非難や制裁を引き起こすルールであること，③非公式な組織とは区別されること，④文化ではないとする（Helmke and Levitsky 2004：727-728）。つまり，アクターは非公式のルールに違反すれば，何らかの形で制裁が科せられるために，ルールを守るのである。

政策廃止研究において指摘されていた政策の存在理由も，政治的議論の場においては公益に従った主張を行うという非公式の制度があることにより，その主張の有無が重要となる。こうした主張という言語的要素の重要性については，V. シュミットが提唱する言説的制度論の中でも指摘されている[17)]。言説的制度論とは，「制度的な文脈において政治変化（と持続性）をアイディアや言説を用いて説明する」アプローチのことを指す（Schmidt 2010：2）。シュミットは他の新制度論では制度を静的にとらえているため，制度変化を説明することは難しいと批判する（Schmidt 2011）。

本書では，制度がどのようにアクターを制約しているのかという側面に着目するので，言説的制度論に依拠することはしない。これは本書では変化していない規範という制度がアクターを制約するという点に焦点を当てており，言説的制度論のように制度変化を分析していないためである。シュミットは，言説的制度論に当てはまる研究の特に重要な共通点は，静態的な「古い」3つの制度論が克服困難と考える障壁を乗り越えるうえで，アイディアおよび言説を用いている点であるとする（シュミット 2009：75-76）。つまり，3つの制度論では制度を変わらないものととらえているという問題点があり，言説的制度論では制度がなぜ変化するかという問いに答えようとしていると主張する。本書では，アクターを制約する制度として，どのようなものがあるかを明らかにするために新制度論を検討しており，シュミットがいう静的な側面に着目している。

とはいえ，シュミットらが着目するアイディアという要因は，本書で取り上げる政策の存在理由と通じるものがある。アイディアとは，J. ゴールドスタインによると，「共有された信念」であり（Goldstein 1993：11），信念には，宗教などのようにアクターの認識枠組みを規定する「世界観」，善悪を判断する価値基準である「道義的信念」，特定の理論や専門的知識によってもたらされ，政策の具体的な手段を規定する「因果的信念」という3つのレベルがあるという（Goldstein and Keohane 1993：8-11；秋吉 2010b：186-187）。

しかし，秋吉が紹介するように，このアイディアには多義性や因果メカニズムの不明確さという問題が指摘されてきた。多義性とは，ゴールドスタインの定義に示されているようにアイディアには倫理的価値基準のような規範的要素を含んでおり，これを一括りとして分析概念として用いることによって生じる問題である。因果メカニズムの不明確さとは，こうした多義的なアイディアがどのように政策に反映されたかを確認することが困難であるために生じる問題である。例えば，「経済自由主義」というアイディアで説明できるのは「競争導入」といった政策の大枠だけであり，「どのように競争をさせるか」といった個々の政策手段の選択を説明することは困難となる（秋吉 2008：89）。

これらの問題点から，今日の日本政治研究では，因果的要素に限定して，「現在の政策課題を明確な形で提示し，それに対する解決法としての政策を決定する，一貫した論理や情報の体系」（加藤 1995：110）という「政策知識」に着目する研究が多い。本書でも，この加藤淳子の定義を参考とした「政策の存在理由の有無を裏付ける一貫した論理や情報の体系」に着目する。

こうした知識やアイディアが，なぜアクターの行動に影響を与えるかというと，アクターが不確実性に対応した結果であるという。アイディアがなぜアクターに共有されるかというと，アイディアが有する「適切性」が影響力の源泉になるという点は「アイディアの政治」論者の間で合意があるという（近藤 2006：43）。それでは，なぜアイディアの備える適切性がアクターを制約するのだろうか。近藤康史は，アイディアが受け手のアクター側の「選好変容」をもたらすという見方が主流となりつつあることを指摘する（近藤 2006：47）。M. ブライスは，経済危機は，アクターが自分自身の利益がどのようなものか確信をもてない状況であり，ましてやどのようにして実現すればよいのかについても不確かな状況であるとする（Blyth 2002：9）。こうした不確実性が高い状況下において，経済的なアイディアはアクターに今の状況を理解させ，自分がどのような利益をもち，行動をとればよいかを示す作用を果たす（Blyth 2002：35-37）。つまり，自らの利益や選好がわからない不確実性が高い状況下において，アイディアがアクターの利益や選好を規定するのである。

しかし，このような不確実性が高い状況は限定されており，政策廃止という現象には当てはまらない。政策廃止に際しては，政策廃止が自らにとって利益となるかならないかは比較的容易に把握できる。すなわち政策から恩恵を被っていたアクターにとっては政策廃止に反対することが利益となるのである。

政策から恩恵を被っていたアクターが政策の存在理由の有無を提示されることによって自らの行動を変化させるという現象は，単にアイディアに着目するだけでは説明できず，アクターに制裁を科す非公式の制度に着目することで初めて説明することができる。こうした非公式の制度を実証することは難しい。一般論としては，こうした規範があることを納得しえたとしても，その存在を実証することは困難である。ただし，本書では，①非公式の制度が適用されるコミュニティの範囲，②アクターに共有されている見込み，③どのようにして非公式の制度が強いられているのかということを示したうえで（Helmke and Levitsky 2004：733），公式の制度からは説明できない行動をアクターがとっていることを明らかにすれば，非公式の制度がアクターの行動に影響を及ぼしていると考える。

⑶ 政策の存在理由と非公式のルールの関係

本書で取り上げる非公式の制度と，政策廃止研究で指摘されていた政策の存在理由の関係を詳しく検討しよう。以降の記述においては，ノースの制度の定義を参照して（ノース 1994：3），新制度論における「制度」を「ルール」と記述することにする。

有権者は政策の廃止に否定的であることが多いため，首長や議会議員は，公式のルールの影響から多くの場合は政策の廃止に否定的な政策選好を当初は示す。しかし，廃止を推進する側が政策の存在理由がなくなっていることを主張した場合に，政策の存在理由を裏づける主張をせずに単に反対するだけでは，マスメディアから，その行動が再選のための利益誘導を表しているものであると批判を受けかねない。そして，マスメディアからの批判をきっかけとして，一般有権者もその政治家の行動を非難し，政治家を支持しなくなることがありうる。

その背景には，一般有権者が財政規律を重視しているという状況がある。2010 年に日本で行われた世界価値観調査では，これからの日本は，「経済成長を重んじ，公共投資や公共事業を盛んに行う社会」と「財政規律を重んじ，国や地方自治体の借金を大きくしない社会」のどちらの考えに近いかを質問した。前者に近いとしたのは 13.9％にとどまり，後者に近いとしたのは 47％を占めた[18)]。これまでの公共事業という利益を分配する政治が否定的にみられていることがうかがえる。

こうした事態を恐れて，特定の支持集団の意向に沿った行動をとると想定される議会議員も，政策の廃止に正面から反対するのを躊躇（ちゅうちょ）することがある。これは，議会議員の再選には，特定の支持者からの支持だけではなく，一般有権者からの支持も必要であるためである。過度に特定の支持者の意向を反映した行動をとると，一般有権者からの反発を受けて，落選しかねない（松田 2005：106）。例えば，政治家が地元の有権者の要望に応えて，自らの票田に鉄道を引く「我田引鉄」は利益誘導的であるとしてマスメディア等から批判される。こうした批判をみて，鉄道による恩恵を受けることがない他の一般有権者は，その政治家が公益に沿った行動をとっていないと判断して反発することが考えられる。政治家はこうした事態に陥ることを避けるために，政策課題が自治体の住民にとって重要なものと認識され，マスメディア等で取り上げられている場合にはあからさまな利益誘導を抑えるのである。

また，首長は一般有権者の意向に沿った行動をとることが想定される。しかし，一般有権者が予算増加を望んでいる分野の政策であっても，マスメディア等でその必要性や効率性に疑問符がつけられた場合には，一般有権者もその態度を変化させることがありうる。例えば，1999年2月に行われた『少子化に関する世論調査』では，75.5％が子育てにかかる経済的負担について社会的な支援を「行うべき」もしくは「どちらかというと行うべき」だと回答した[19]。こうした有権者の態度を受けて，民主党は2009年に行われた衆議院議員総選挙で，15歳以下の子どもを扶養する保護者等に対し，月額2万6000円の手当を支給する子ども手当制度の創設をマニフェストに掲げた。しかし，子ども手当については，利益誘導を意図したバラマキであるとか，保育所の充実のほうが効果的であるといった批判がなされ，一般有権者も支持しなくなった[20]。

このように，非公式のルールは，選挙という公式のルールが存在し，政治家が政策の存在理由を示さずに利益誘導的に行動すると，有権者がその政治家の行動を批判して政治家を支持しなくなることがあるために，地方政治家に強いられる。より具体的には，①廃止の是非に関して政治的議論が起こっている場において，②地方政治家は当初は公式のルールにより自らの支持者・団体の意向に沿った政策選好を示すが，有権者が納得するような政策の存在理由を入手できないと考えた場合には，当初に示した政策選好に沿った行動をとらない。③なぜなら，地方政治家が有権者の納得する政策の存在理由の有無を示すことができなかった場合には，非公式のルールを共有するマスメディアやより多くの有権者からの反発や態度変化が予想され，結局は再選するためにも不利益となるためである。政治的議論が起きている場に参加している主なアクターとしては，地方自治体における意思決定に密接にかかわっている首長，議会議員，行政職員，審議会委員が挙げられる。

本書で着目する政策の存在理由と非公式のルールの関係をまとめると，両者は次のような関係にある。非公式のルールとは，廃止の是非について議論がある際には，地方政治家は廃止を主張する場合は政策の存在理由がなくなったと主張したり，存続を主張する場合は政策の存在理由がまだ存在すると主張したりして，自らの主張が正当なものだと打ち出す必要があるという規範のことを指す。地方政治家がこの非公式のルールを破ると，選挙制度を介して制裁を科せられる。政策の存在理由は，地方政治家が非公式のルールに沿った行動をとっていると有権者から判断され，制裁を科せられないために必要となるのである。

こうした地方政治家の行動について，これは選挙という公式のルールのもとで再選可能性を高める合理的な行動をとっているだけであり，非公式のルールに着目する必要はないと解釈する見方もありうる。例えば，地方政治家が廃止に反対するという政策選好を有していたが，政策の存在理由がまだあることを示すことができないために廃止に同意する行動は，選挙における有権者からの制裁を回避するための合理的な行動である。

しかし，こうした行動をとることが，なぜ合理的となるのかについては，非公式のルールに着目しなければ説明できない。非公式のルールが有権者やマスメディアにも共有されているために，地方政治家は政策の存在理由の有無を提示しなくては，制裁を科せられてしまう。制裁を免れるために，地方政治家は政策の存在理由の有無を提示するのである。地方政治家の行動を制約する非公式のルールについても示すことにより，なぜ地方政治家が政策の存在理由の有無という専門性を考慮した行動をとっており，どのようにして政策廃止が起こっているかを包括的に明らかにすることができる。

⑷ 政策の存在理由

それでは，どのような場合に政策の存在理由の有無が提示されたと考えるのか。本書では，「政策の存在理由の有無を裏づける一貫した論理や情報の体系」が示された場合に政策の存在理由の有無が提示されたとする。トルンハウトによる先行研究でも，単に政策の必要性の欠如が指摘されただけではなく，科学的な政策知識に裏づけられていることが廃止に結び付いたとされている（Turnhout 2009）。

政策知識とは，理論的知識と経験的知識という２つの性格を有している[21)]。ここでいう，理論的知識とは「政策の原理を構築していくうえでの科学的知識」

である。経験的知識とは「政策を実施していくうえでの実務的知識」である（秋吉 2008：89)。理論的知識は，専門家と研究者のネットワークが有し，経験的知識は，実際に政策を実施している所管部署が有する。自らの主張の正当性をより説得的に示すためには，現在実施している政策の必要性がなくなっていることを示す理論的知識と，理論的知識に基づいた政策廃止といった対策が実務的に可能であることを裏づける経験的知識の2つが必要となる。

行政職員はこうした理論的知識と経験的知識を有していることが多いが，理論的知識については有していないこともある。広本政幸は，国と地方自治体における厚生行政と建設行政の部局長の経歴を比較し，建設行政に従事している職員のほうが厚生行政に従事している職員に比べて，専門知識と専門的判断力を有していると指摘する。広本は専門知識を職員の出身大学の専攻で，専門的判断能力を入庁後の異動歴で判断する。分析の結果，出身大学の専攻については厚生行政の職員は法学や経済学を専攻していたのに対して，建設行政の職員は工学を専攻している者が多く，異動歴も厚生行政の職員はいくつかの部局を異動しているのに対して，建設行政の職員は建設部局の中での異動が多いことがわかった（広本 1996-97)。このように，理論的知識については，行政組織の中でも十分に有さない部署がある。

首長や議会議員は理論的知識と経験的知識を有していないことが多い。首長は独任制の長であり，地方自治体が所管する数多い政策や組織に関する政策知識をすべて習得することは難しい。また，議会議員は，一般的に政策知識に乏しく（佐々木 2009：77)，議員の政策知識を補う議会事務局にしても，職員定数が少ないという問題がある（江藤 2009：160)。

政策知識を有していないアクターはそれを外部から調達しようとする。理論的知識については，審議会や経営コンサルタントを活用したり，他の都道府県の先行事例を参照したり，政策知識を有する有識者を外部から招聘（しょうへい）したりすることにより調達する。経験的知識については，行政職員から調達する。

政策の存在理由の有無を裏づける政策知識は，理論的知識と経験的知識の双方が備わっていると説得力が増す。藤田由紀子は，外部から調達可能な先端の科学的・専門的知見を有効な形で政策に反映させるためには，行政組織に専門的リテラシーと職務遂行上の管理的側面における能力が必要であるとする（藤

図 1-3　決定過程における要因の集合関係

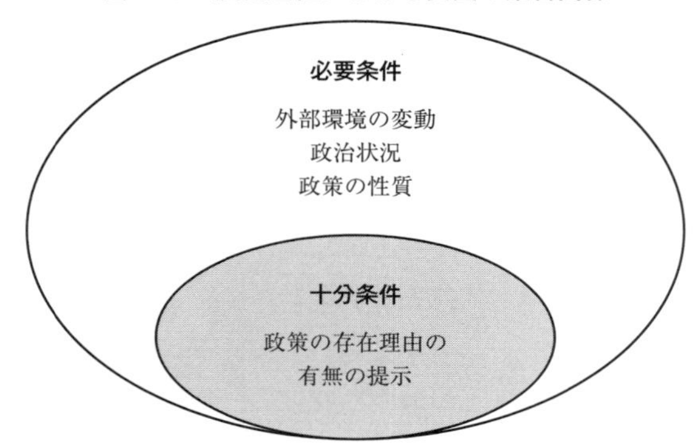

田 2008：278-280)。また，木寺元は，1990 年代以降の日本における地方制度改革を分析し，認知的次元と規範的次元からなるアイディアだけではなく，アイディアを政策に反映させるための「専門的執務知識」が揃わないと抜本的な改革に至らないことを明らかにした。この専門的執務知識は官僚が有している知識である（木寺 2012)。

こうして，廃止の決定過程においては，政策の存在理由の有無の提示が十分条件となる。この際に，理論的知識と経験的知識の双方から裏づけられていると，より説得力は増す。決定過程において影響を与える要因の関係をベン図で示したものが，図 1-3 である。まずは，外部環境の変動と政治状況，政策の性質が必要条件となる。ただし，これらの要因が生じていれば必ず廃止が決定されるわけではない。廃止が決定される際には，政策の存在理由の欠如についても提示しなくてはならない。

▶ 二重の入れ子モデルの概要

ここまでの議論を確認しよう。本書で新たに示す政策廃止モデルでは，前決定過程において，RQ1-1「誰が廃止を議題に上げるのか」，RQ1-2「どのような要因が廃止を議題に上げる際に影響するのか」，決定過程において，RQ2-1「どのようなアクター間関係となるのか」，RQ2-2「どのような要因が廃止を決定する際に影響するのか」という問いに対して答える。

まず外部環境の変動を受けて，政策過程で影響力を有するアクターが廃止を提案する。社会経済状況の変化や国や他の地方自治体の廃止決定を受けて，行政改革所管部署職員や審議会委員が廃止を提案する。また，有権者の態度変化を受けて，首長や議会議員が廃止を提案する。そのため，前決定過程において，外部環境の変動は必要条件となり，社会経済状況の変化，国や他の地方自治体の廃止決定，有権者の態度変化のいずれかが生じている。

ただし，この前決定過程において政治状況と政策の性質が十分条件となる。アクターは廃止を議題に上げる際に，政治状況と政策の性質から廃止が困難な場合には議題に上げない。P. バクラックと M. バラッツは，権力には自らの脅威となる争点を議題に上げさせないという非決定権力があることを指摘する (Bachrach and Baratz 1962, 1963)。前決定過程で影響する政治状況とは首長と議会に関するものであり，廃止が困難な政治状況にあるときは政策廃止が議題に上がりにくくなる。前決定過程における検討は非公開の場でなされることが多く，こうした非決定権力が働きやすい状況にある。

こうして，議題に上ったとしても，廃止が決定されるには廃止を推進するアクターが廃止に反対するアクターに勝利する必要がある。決定過程のアクター間関係としては5つの類型が想定される。この5つの類型は，外部環境の変動の有無と利益団体の有無の組み合わせから導き出されたものである。

決定過程においては，政策の存在理由の有無が十分条件となる。政策の存在理由が影響を及ぼすのは，アクターは公式のルールだけではなく，非公式のルールの制約下で行動しているためである。地方政治家が政策廃止を実現もしくは阻止する際に，政策の存在理由の有無という「建前」を行政職員や審議会から入手して有権者にアピールすることができなかったために，当初に示していた政策選好に沿った行動ができないことがあるのである。

政策の存在理由が決定過程ではアクターを制約する要因となり，前決定過程では制約する要因とならないのは，政策の存在理由は廃止の是非に関して政治的議論が起こっている場においてアクターを制約するためである。そのため，前決定過程という議論の前段階ではアクターを制約せず，決定過程という議論の場においてアクターを制約する。

ここまでの議論をまとめたものが図 1-4 である。2つの過程における必要条件と十分条件は入れ子の関係にあるため，二重の入れ子モデルと名づけた。前

図 1-4　二重の入れ子モデル

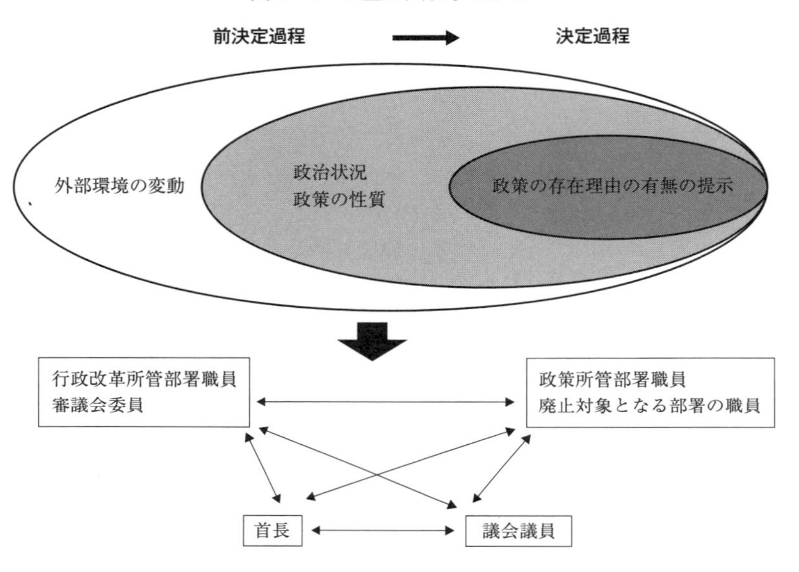

決定過程では外部環境の変動が必要条件となり，政治状況と政策の性質が十分条件となり，アクターに影響を与える。決定過程では，外部環境の変動，政治状況，政策の性質が必要条件となり，政策の存在理由の有無の提示が十分条件となり，アクターに影響を与える。

これは，前決定過程では行政職員が影響力を発揮し，決定過程では首長や議会が影響力を発揮するという一般的な理解とは逆の現象ともいえる。行政職員による影響力評価をもとに地方自治体の影響力を政策段階ごとに示した研究では，前決定過程では自治体職員が影響力を発揮し，決定過程では首長や議会が影響力を発揮することが示されていた。市区町村の部署ごとに影響力をみた辻中らによる調査では，環境，福祉，産業振興部署では，政策の前決定過程（立案段階）では，担当部署の影響力が最も高かったのに対して，決定過程では首長の影響力が最も高かった（久保 2010）[22)]。ただ，こうした調査は通常の影響力構造についてみている。通常の案件に関しては，政治家は肯定的であるため，前決定過程において行政職員が大きな役割を果たしても，政治家がこれを否定することはない。しかし，政策廃止のように政治家が否定的となる案件の場合は，行政職員は政治状況を勘案して，廃止を議題に上げるかどうかを判断する。

4　分析の枠組み

事例過程分析と事例比較分析

前節で示した二重の入れ子モデルを検証するために，本書では都道府県の土地開発公社，自治体病院，ダム事業の廃止過程を分析する。モデルは，前決定過程と決定過程に分かれているため，分析も前決定過程と決定過程に分けて行う。

分析のポイントは，前節で示した4つの問いとなる。前決定過程では，RQ1-1「誰が廃止を議題に上げるのか」，RQ1-2「どのような要因が廃止を議題に上げる際に影響するのか」という問いを明らかにする。決定過程では，RQ2-1「どのようなアクター間関係となるのか」，RQ2-2「どのような要因が廃止を決定する際に影響するのか」という問いを明らかにする。RQ1-1とRQ2-1はアクターに着目した問いであり，RQ1-2とRQ2-2はアクターに影響を及ぼす要因に着目した問いである。

第2章以降では，まず冒頭で政策の概要を示すとともに，外部環境の変動が生じているかを各種統計資料や世論調査の結果から確認する。そのうえで，4つの問いを事例過程分析と事例比較分析により明らかにする。

▶ 事例過程分析

モデルを検証する際に用いる事例過程分析とは，結果がどのようにして生じているかを明らかにするために，政策過程を分析する手法である。事例過程分析は，新聞記事，内部資料，行政刊行物，議会議事録，審議会議事録等の分析や首長，議会議員，行政職員への聞き取り調査をもとに行う[23)]。分析対象とする事例については，外部環境の変動が2000年前後に起こっているため，主に2000年度から09年度にかけての期間について行うこととする[24)]。

本書では，事例過程分析を，二重の入れ子モデルで予想していたように，政策の存在理由がアクターに影響しているかを確認するとともに，二重の入れ子モデルで示した政策の性質と政治状況を操作化して，具体的な要因として提示するために行う。これは，②と④の問いで明らかにする政治状況と政策の性質については，まだ具体的な要因として示していないためである。例えば，前決定過程では政策の性質が十分条件となるとしているが，土地開発公社の廃止に関する前決定過程で，どのような政策の性質が十分条件となるのかはまだ示していない。そこで，政策廃止の過程を明らかにする中で，どのような政策の性質と政治状況が影響を及ぼしているかを特定する。

この事例過程分析においては，公式のルールの下での首長 - 議会関係に焦点を当てている先行研究では説明し難い決定的事例を取り上げる。ここで，決定的事例とは，最も起こりそうにないが，実際に起こった事例のことを指す（Eckstein 1975：113-123）。決定的事例を分析する中で，政策廃止の決定過程では政策の存在理由の有無が重要となり，これによって先行研究では説明し難い政策的帰結が生じたことを明らかにする。

▶ 事例比較分析

ただし，事例過程分析のみでは政策の存在理由の重要性を過度に強調することになりかねないため，事例比較分析もあわせて行う。事例過程分析において決定的事例を分析することにより，先行研究では見過ごされていた要因が重要であることを確認できる。しかし，取り上げる事例は少数となるため，一般化することができるのかという疑問が出てくる。そこで，アンケート調査を基に2009年度時点で存在していたすべてのダム事業，自治体病院，土地開発公社の事例比較分析を行う。事例比較分析を行う中で，政策廃止の決定過程では政策の存在理由の有無が重要になることと，政策廃止の前決定過程では事例過程分析で操作化した政治状況や政策の性質が影響を及ぼすことを明らかにする。

(1) アンケート調査の概要

アンケート調査の概要を示したものが表1-2である。このアンケート調査では，廃止の有無，廃止案が議題に上ったかどうか，上った場合にはどのアクターが提案したのか，廃止を主張するアクターと存続を主張するアクターが政策知識を示していたかといった自治体内部における検討・決定過程を事業・組織ごとに質問している。アクターの主張が政策知識に基づいていたかどうかを判断するのは，事業や組織を所管する部署の職員である。ここで行政職員による

表 1-2　アンケート調査の概要

調査時期	2014 年 8 月～ 15 年 5 月
調査方法	郵送法（配布・回収とも）
抽出法	全数調査
配付サンプル数（部署数）	
ダム事業	79（35 部署）
自治体病院事業	184（41 部署）
土地開発公社	43（43 部署）
回収数（部署数）	
ダム事業	73（32 部署）
自治体病院事業	147（33 部署）
土地開発公社	37（37 部署）

判断としたのは，政策知識を有していることが多いとされる行政職員に，政策知識を基にした主張がなされているとみなされることが重要であると考えたためである。

この調査は 2014 年 8 月から 15 年 5 月にかけて行い，10 年 4 月から 14 年 8 月までの状況について質問をした。2010 年 4 月以降としたのは行政機関における文書の保存期間が一般には 5 年間であるためと，できるだけ事例過程分析と期間が重複しないようにするためである。調査票は各事業・組織を所管する部署宛てに郵送した。調査票は自記式であり状況を把握している担当者の方に記入を依頼した[25)]。調査は 2014 年 8 月 20 日に各部署に向けて発送し，9 月 20 日を締め切りとした。その後に未返信部署に対して督促状を発送した。最終的な調査票の回収数は，ダム事業 73（回収率 92.4%），自治体病院 147（回収率 79.9 %），土地開発公社 37（回収率 86.0%）であった。

(2) 質的比較分析の概要

アンケート調査の結果に基づいた事例比較分析を行う際には，質的比較分析（Qualitative Comparative Analysis）を用いる[26)]。質的比較分析とは，C. レイガンによって提唱されたアプローチであり，集合と論理の代数であるブール代数を用いている。ブール代数には，現象が存在している場合と存在していない場合という 2 つの状態がある。この状態は，現象が存在している場合には 1，ない場合には 0 という 2 値データで表される。ブール代数による比較分析では，ある結果が得られたときに，どのような原因条件が存在していたのか，あるいは存

表 1-3　3 つの原因条件がある場合の真理表（仮想例）

原因条件			結果	事例数
A	B	C	D	
1	1	1	1	5
1	1	0	1	2
1	0	1	1	4
1	0	0	0	3
0	1	1	0	1
0	1	0	0	2
0	0	1	0	2
0	0	0	0	5

在していなかったかを明らかにしようとする。

例えば，政策廃止の前決定過程において，廃止が議題に上るという結果が生じる原因条件を明らかにしようとする。この際，表 1-3 の仮想例に示したように，外部環境の変動（A），廃止が起こりやすい政治状況（B），廃止が起こりやすい政策の性質という原因条件（C）と，結果である廃止が議題に上る（D）という変数について 1 か 0 の 2 値を与え，真理表にまとめる。

質的比較分析では，最初に必要条件を分析することが推奨されている（Schneider and Wagemann 2012：278；森 2016：304）。ここで，必要条件とは，廃止が議題に上った政策が必ず満たしている原因条件のことを指している。真理表をみると，結果が生じた事例はいずれも外部環境の変動（A）という原因条件を有しており，A が必要条件であることがわかる。ただし，A という原因条件を有していても結果が生じていない事例が存在しており，A という原因条件があれば必ず結果が生じるということではない。

次に，質的比較分析では，ある原因条件が存在していれば必ず結果が発生するという十分条件を分析する。廃止が議題に上るという結果が生じた原因条件の組み合わせの 1 次式は以下の式となる。右辺の 3 つの項は廃止が観察された原因条件の組み合わせを表しており，廃止に結び付く原因条件の 1 次の組み合わせが 3 通りあることを示している。直前に～がある条件は，その条件が否定されていることを表している[27)]。また，「かつ」を表す論理積 AND を「×」（もしくは省略。以下の式では省略している）で，「または」を表す論理和 OR を「＋」

図 1-5　縮約化前（左）と縮約化後（右）のベン図

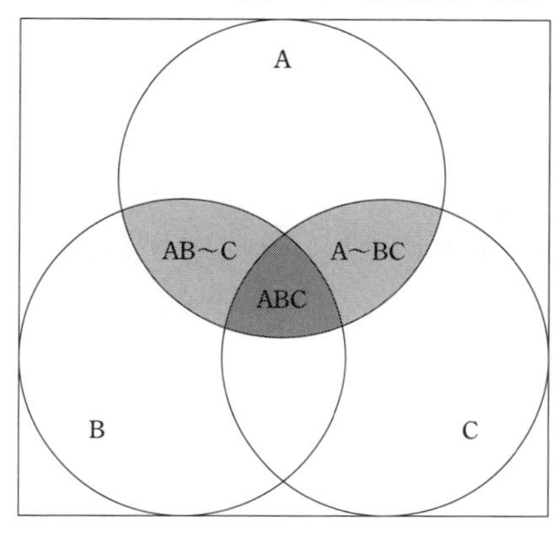

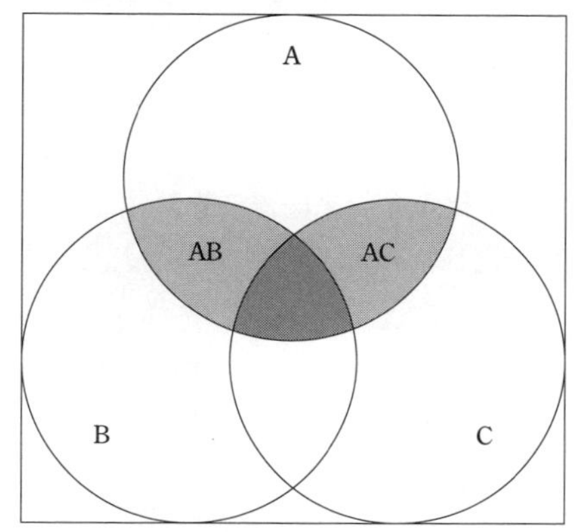

で表す。

$$D = ABC + AB \sim C + A \sim BC \quad (1)$$

Dの条件式は，図1-5に示したベン図のように表すことができる。左の図から右の図のように，すべての条件組み合わせ集合を包含するより単純な部分集合を見出している。

この（1）式について，一定のアルゴリズムを用いて，縮約化した式が（2）式となる。通常はソフトウェアを用いて縮約化するが，説明のために（1）式を手計算で縮約化してみよう。縮約化の手順として，論理式の2つの項で1つの条件のみが存在と不存在が一致しない場合はその条件を消して，2つの項を1つの項にまとめることができる。具体的には，（1）式の場合は，ABCという項とAB〜Cという項はCという条件のみが存在と不存在が一致しない。これはABCでもAB〜Cでも，結果であるDが生じるということを意味しており，Cの存在の有無にかかわらずDが生じるので，ABであればDが生じると縮約化できる。同様に，ABCという項とA〜BCという項はBという条件のみが存在と不存在が一致しておらず，ACであればDが生じると縮約化できる。こうして，（2）式のように縮約化でき，廃止が議題に上るという結果が生じるのは，外部環境の変動が生じて（A）かつ廃止が起きやすい政治状況（B）が発生しているか，外部環境の変動が生じて（A）かつ廃止が起きやすい政策の性質という原因条件（C）が存在する場合であるということがわかる。

$$D=AB+AC \quad (2)$$

事例比較分析に際して，質的比較分析を用いる利点としては，廃止という現象の多様性と因果関係の複雑性を分析できるという点にある。レイガンは，質的比較分析の利点として，①社会現象の多様性と因果関係の複雑性を分析できること，②論理的で体系的な比較ができること，③分析手続きが客観的であること，④数多くの事例が処理できること，⑤より節約的なモデルを提供できることという点を挙げる（レイガン 1993：172-175；鹿又ほか 2001：5）。これらの特徴のうち，特に計量的手法との対比で強調されるのが，①となる（石田 2010：93）。計量的手法を用いる場合には，なぜ結果が生じるかという問いを立てて，ある要因が存在する場合に結果が生じやすいと確率論的に現象を説明することが多い。しかし，こうした確率論的な手法では，ある要因が結果を引き起こすとしても，それが少数の事例にしか当てはまらない場合には，結果に反映されない。これに対して，決定論的に現象を説明することが多い質的比較分析では，計量的手法では逸脱例として扱われるような少数事例であっても，同様に評価されて，結果を導くことを明らかにするという利点がある（De Meur et al. 2009：148-159；石田 2010：93-94）。

本書においても，先行研究では見過ごされてきた政策の存在理由という要因に着目して分析を行うため，見過ごされてきた要因も含めて包括的に廃止という現象を明らかにすることができるという点で適している。例えば，表1-2に示した仮想例において，ABCの組み合わせの事例数は5であり，AB～Cの事例数は2であるが，どちらも廃止という結果を生じさせる条件組み合わせとして評価する。政策廃止という結果をもたらす条件の組み合わせが複数存在する場合，計量的手法では見落とされてきた組み合わせについても，質的比較分析で明らかにすることができるのである。

また，その他にもいくつかの利点を有する。二重の入れ子モデルは，アクターに影響を与える要因を必要条件と十分条件の組み合わせで示しており，ブール代数を用いた質的比較分析と適合的である。さらに，ロジスティック回帰分析のような計量的手法を用いて変数間の交互作用を検討する際には，多くの事例が必要となるし，多重共線性の問題が生じる（レイガン 1993：32-33；石田 2010：93)。本書で取り上げる事例数は，廃止の決定過程の分析において少ない。こうした条件下で事例比較分析をする際には，計量的手法ではなく質的比較分析を用いるほうが適当である。

質的比較分析については，方法論的にも批判がなされているが，本書の分析においては大きな問題とならない。質的比較分析特有の問題点とされる変数の2値化についてはファジィ集合を用いるといった方法論的発展により解決が試みられている。ファジィ集合を用いることにより，変数を0か1だけではなく，0から1の間の実数として表現することが可能となったのである（De Meur et al. 2009；石田 2010：93-95)。さらに，本書の分析で用いる変数の多くは，そもそも2値化が適当なものである。

なお，アンケート調査を用いた質的比較分析では，事例過程分析で取り上げた廃止事例は分析の対象としない。事例過程分析では，廃止事例を基に操作化を行い，二重の入れ子モデルをより具体的なものとして示す。その具体化されたモデルを検証するにあたって，モデルを構築するために用いた事例も対象にすると，新たな観察をしたことにはならないためである。事例過程分析では2009年度以前を対象とし，事例比較分析で用いるアンケート調査では10年度から14年度を対象としているにもかかわらず，事例の重複がありうるのは，アンケート調査では09年度以前から引き続き廃止を検討している事例についても対象としているためである。事例過程分析で取り上げた存続事例についてはこうした重複は起こらなかったため，事例過程分析で取り上げたとしても事例比較分析の対象とする。次章以降では，上述した検証を，土地開発公社，自治体病院，ダム事業を対象に行う。

▶ 分析対象とする政策

分析対象とする事業・組織は，首長と議会議員の目標の組み合わせの違いに着目して選択したものである。すなわち，土地開発公社は一般有権者が廃止を求めるとともに，組織がなくなっても業務自体はなくならないため，廃止による不利益を被る利益団体が現れない，首長と議会議員の双方が廃止に肯定的な組み合わせである。自治体病院は，一般有権者が廃止に反対し，廃止による不利益を被る利益団体が現れる[28]，首長と議会議員の双方が廃止に否定的な組み合わせである。ダム事業は，一般有権者が廃止を求めるが，廃止による不利益を被る利益団体が現れる，首長が廃止に肯定的だが，議会議員は廃止に否定的な組み合わせである[29]。本章で示したように，行政職員や審議会委員も含めた決定過程におけるアクター間関係は5つ想定されるが，首長と議会議員のアクター間関係はこの3つとなる。

首長と議会の目標の組み合わせに着目して政策を選択する理由の一つは，先行研究で見過ごされていたアクター間関係と要因の関連性を明らかにするためである。本章で指摘したように，先行研究ではアクター間関係の違いにより，アクターに影響を与える要因が異なることを検討していなかった。特に首長と議会の関係という政治状況の違いによって，アクターに影響を与える要因が異なってくることが想定される。例えば，政策の内容から考えて議会議員がそもそも廃止に肯定的な態度を示しているようなアクター間関係であれば，議会において首長与党が多数であろうと少数であろうと廃止が行われうることが予想される。首長と議会の目標の組み合わせに着目して政策を選択することで，アクター間関係の違いにより政治状況という要因がもたらす影響が異なることを示す。

もう一つの理由は，先行研究では説明できない決定的事例を浮かび上がらせるためである。先行研究では，政策廃止の決定過程における首長と議会の重要性が指摘されていた（Lewis 2002, 2003；Berry et al. 2010；砂原 2011）。そのため，首長と議会議員が廃止に肯定的であるが廃止されなかった事例や，首長と議会議員が廃止に否定的であったのに廃止された事例が，先行研究では説明できない決定的事例となる。首長と議会のアクター間関係を軸として政策を選択することにより，何が決定的事例であるかをわかりやすく示すことができる。

分析対象とする3つの事業・組織のアクター間関係の違いにより，政策廃止の過程も異なることが想定される。第2章で分析する土地開発公社や第4章で分析するダム事業は，首長が廃止に肯定的なことが想定される政策である。行政府を率いる首長が廃止に肯定的であると，政策の改革案を検討する行政職員も廃止案を検討しやすく，廃止が議題に上りやすいだろう。他方で，第3章で分析する自治体病院事業は首長が廃止に否定的となることが想定される政策である。この場合は，行政職員としても廃止案を検討することを躊躇し，廃止が議題に上りにくいだろう。

分析対象としての政策を選択する際には，それらの政策廃止に利益団体や政治家がそもそも関心を寄せていたのかという疑問が出てくることが予想される。つまり，利益団体が廃止に反対も賛成もしておらず，知事や議会議員も関心を寄せていなければ，政策が廃止されても，それは非公式のルールの影響によって，首長や議会議員の当初の意図に反した政策的帰結が生じたということにはならないのではないかという疑問である。

本書では，そうした疑問を想定して，土地開発公社，自治体病院，ダム事業という政治家が自らの再選という利益のためにはかかわらざるをえない政策を対象とした。土地開発公社は行政改革の対象となっている第三セクター等の中でも代表的な外郭団体であると同時に，多くの論者が必要性の低下とその問題点を指摘している組織である（山本 1999；駒林 2006：37；赤川 2011：447)。自治体病院は，地域社会で医療崩壊が進む中で有権者からの関心が高く，有権者が存続を支持している事業であるとともに，そこで働く職員にとっては，病院の廃止は死活問題となる。ダム事業は公共事業の代表格として有権者から「ムダ」な事業であると批判されているとともに，公共事業により生計を立てている建設業者にとっては欠かせない事業である。

このように，これらの政策は政治家が再選という自らの利益のためにはかかわらざるをえないものである。本書では，廃止という利益団体や政治家の利益が特に表出する現象に関して，政治家の政策選好として想定されるすべての組み合わせを検証することにより，政策廃止がどのようにして行われるかを包括的に明らかにする。

1） “Termination” は，正確には「終了」と訳されるが，「意図的」という定義からは「廃止」のほうがふさわしいと考え，本書では「廃止」を用いる。

2） 岡本は，“Termination” の訳語として「終了」を用いている。

3） 岡本（2003）では，合理的終了は現実には少ないことを指摘したうえで，政策終了に影響を及ぼす要因として政治的要因と政策自体に内在する性質の2つを挙げる。政策廃止に関する先行研究をまとめた論文としては，Daniels（1997a；2001），岡本（1996；2003），橋本（2009）がある。組織廃止に特化してまとめたものとして，Adam et al.（2007）を参照。

4) クラウスらは，政策の非効率性を「持続可能性をめざす自治体協議会（ICLEI）」が示した基準の達成度により判断している。これは，政策のアウトカムである温室効果ガスの排出を自治体別に把握することが困難であったためとする（Krause et al. 2016：191）。

5) カークパトリックらは，このモデルについて，廃止を説明するための手がかりとなるモデルであると説明する（Kirkpatrick et al. 1999：218）。

6) R. コブと C. エルダーは政策の前決定過程を，問題が認識されてシステム・アジェンダに至るまでと，問題がフォーマル・アジェンダに至り，実行可能性の探索が行われるまでの2つに分けている。システム・アジェンダとは，「政治コミュニティの構成員に，公的な注目を浴びるに値するとともに，現在の政府当局の適切な管轄権内にある諸問題にかかわるものと一般的に認識されているすべての争点により成り立っている」ものであり，フォーマル・アジェンダとは「権限を有する決定者が，積極的かつ真剣に考慮するための明示された項目一覧」と定義されるものである（Cobb and Elder 1972：85-86）。本書でいう「議題に上る」とは，コブとエルダーがいうフォーマル・アジェンダに至る段階のことを指しており，議題に上るまでの前決定過程を広くとらえている。

7) 本節で取り上げる政策の窓モデル，唱道連携モデル，断続平衡モデルについては，宮川（2002），安（2006），大藪（2007），秋吉・伊藤・北山（2015），Zahariadis（2007），True et al.（2007），Sabatier and Weible（2007），Nowlin（2011）を参照。

8) 政権交代や議会構成の変化については，外部環境の変化ではなく，政府の意思決定者となるアクターの変化としてとらえる。

9) 外部環境の変動が廃止の契機となるという視点は，これまでの政策廃止研究が特に廃止の決定段階に着目してきたため，必ずしも強調されてはいないものの，いくつかの研究では示唆されてきた。例えば，A. シュルスキーは，ワシントン D. C. の警察でオートバイによるパトロール隊が廃止された事例を分析し，オートバイは交通違反を取り締まるには適していたが，凶悪犯罪が増加するにつれて，オートバイよりも車のほうが任務に適するようになったことが廃止の契機となったことを指摘する（Shulsky 1976）。

10) 議会における審議についての提案とは別である。議会における審議について提案することができるのは，法的には首長か議会議員である。

11) 本書では，国や世論の動向はアクターではなく外部環境として位置づけた。

12) 職員労働組合が支持する政党の議会議員が廃止に反対することもありうるが，廃止されたとしても業務自体はなくならない組織の場合，職員は他の組織へと移籍させられることが多いため，職員労働組合は強く反対せず，職員労働組合から支援を受ける議会議員も廃止に反対しないと考える。

13) 首長は条例案と予算案の提出権を有しており（地方自治法149条），議会は条例案の提出権を有している（同法112条）。

14) ただし，出席議員の3分の2以上の同意で再議決された場合は成立するため（地方自治法176条），拒否できない場合もある。

15) 新制度論とは，アクターの行動を制約する制度に着目し，制度とアクターの関係を分析の焦点とするアプローチである。新制度論の嚆矢としてマーチとオルセンによる論文が挙げられる。マーチらは，1984年に発表した論文で，政治現象は制度によって左右されるものであることを述べ，制度の重要性を再確認した（March and Olsen 1984）。

もともと近代の政治学は，強力な国家を形成するために必要な制度について検討する学問であった。それが第二次世界大戦後は政治制度ではなく，アクターの行動に分析の焦点を当てるようになった。新制度論は，行動論では軽視されていた制度に再び焦点を当てることを試みようとしている（待鳥 2002：129）。旧来の制度論が主に制度そのものを分析していたのに対して，新制度論では制度とアクターの関係について分析しており，それをもって「新」制度論と称している。

もっとも，一括りに新制度論といっても，そこにはさまざまな潮流が混在しており，論者によって潮流の区分の仕方自体も異なっている。例えば，K. セレンとS. スタインモは，合理的選択制度論と歴史的制度論という2つに分ける（Thelen and Steinmo 1992）。ホールとR. テイラーは，合理的選択制度論，社会学的制度論，歴史的制度論という3つを挙げる（Hall and Taylor 1996）。近年では，シュミットによって第4の新制度論として，言説的制度論が提唱されている（シュミット 2009）。

16）真渕は，参加の制度の他に，「問題解決のために採択しうる選択肢の範囲を規定する公式のルール」という選択肢の制度が存在することを指摘し，この2つの制度から日本の財政赤字が拡大した要因を明らかにした。参加の制度とは，誰が公定歩合を設定するのか，誰が金融機関の監督をするのかというルールを指す。選択肢の制度とは，政府が公債を発行できるのか，中央銀行による国債の買いオペレーションはどの程度まで可能なのかというルールを指す。真渕は，1970年代の政治過程を分析し，財政を預かる大蔵省が金融機関の監督官庁でもあるという参加の制度や，財政法4条1項の但し書きで，建設国債の発行が認められていたという選択肢の制度の存在によって，大蔵省は自民党からの歳出増の圧力に抗しえなくなり，財政赤字が拡大した一因となったことを明らかにした（真渕 1994）。

17）言説的制度論については，小野（2009）や西岡（2012）を参照。

18）残りは，どちらともいえない（37％），無回答（2％）である。出所は，東京大学（池田謙一教授）と電通総研による「『世界価値観調査2010』日本結果速報——日本の時系列変化〈1981～2010年結果より〉」（http://www.ikeken-lab.jp/wp-content/uploads/2011/04/WVS2010time-series20110422.pdf，2018年2月16日最終閲覧）。

19）総理府『少子化に関する世論調査（平成11年2月）』による。

20）朝日新聞が2010年6月に行った世論調査によると，子ども手当の満額支給断念について72％が賛成と回答し，反対は21％にとどまった（『朝日新聞』2010年6月14日付，3面）。また，2011年8月に行った世論調査によると，子ども手当の廃止（児童手当の復活）について63％が賛成と回答し，反対は20％にとどまった（『朝日新聞』2011年8月8日付，4面）。

21）河野勝も，専門的知識を，特定の分野の問題をより総体的にとらえる視点をもつ「専門知」と，現場の経験に根ざした「現場知」に分ける（河野 2009）。宗前清貞も，知識を社会全体について必要な機能に関するハードな知識と行政的展開の方法などロジスティックスに関する内部の知識に分ける（宗前 2009：157）。

22）なお，市民活動部署については，前決定過程においても首長のほうが行政職員よりも影響力が高かった。前決定過程では担当部署の影響力が，環境で 87.2％，福祉で 85.5％，産業振興で 86.1％，市民活動で 81.3％であった。これに対して，首長は環境で 74.2％，福祉で 73.1％，産業振興で 78.7％，市民活動で 83.1％であり，議会議員は環境で 43.7％，福祉で 39.4％，産業振興で 41.2％，市民活動で 48.3％であった。決定過程では，担当部署の影響力が，環境で 83.6％，福祉で 92.2％，産業振興で 83％，市民活動で 77％であった。これに対して，首長は環境で 97.4％，福祉で 98.1％，産業振興で 98.4％，市民活動で 98.2％であり，議会議員は環境で 55.8％，福祉で 54.4％，産業振興で 57.2％，市民活動で 59.9％であった。値は 7 件尺度で 5 点以上（中間は 4 点）の割合である（久保 2010：63）。

23） 聞き取り調査は面接，書面，電話のいずれかの方法を用いて実施した。聞き取り調査は原則的に面接の形で実施したが，書面および電話によるものについては，その旨を記載している。

24） 2000 年以前についても，簡略な分析は行う。なお，分析対象とする時期が新しいことにより，詳細な事例研究を行うことができる。時期が古いと，事例の関係者がすでに退職もしくは引退していることが多く，資料についても入手が困難となる。

25） 回答に関して不明な点がある場合は電話およびメールによる聞き取りを行った。聞き取りを行った調査票は，事業の廃止や存続を主張するアクターが存在しないにもかかわらず廃止もしくは存続という政策的帰結が生じたとする回答である。聞き取りの結果，修正するという回答を得たものについては修正し，修正の必要がないという回答を得たものについては修正していない。

26） 質的比較分析については，レイガン（1993），鹿又・野宮・長谷川（2001），Rihoux and Ragin（2009），石田（2010），田村（2015），森（2016）を参照。また，森大輔氏のウェブサイトでも QCA ソフトウェアの日本語版マニュアルなど質的比較分析に関するさまざまな情報提供がなされている（http://park18.wakwak.com/～mdai/qca/index.html，最終閲覧日 2018 年 2 月 16 日）。本書の具体例を示す際には，特にレイガン（1993）や石田（2010），森（2016）の説明方法を参考にした。訳語については森大輔氏のウェブサイトやレイガン（1993），田村（2015）を参照した。なお，本書の分析に際しては，質的比較分析のソフトウェアである fs/QCA を用いた。

27） 「～C」は C という条件がないということを表している。

28） 自治体病院の利益団体としては，自治体病院に勤務する公務員の労働組合がある。地方公務員の労働組合にはいくつかの団体が存在するが，官公庁の労働組合の中では最大規模の全日本自治団体労働組合（自治労）は民主党や社民党を，日本自治体労働組合総連合（自治労連）は共産党を支持することが多い。そのため，これらの労働組合からの支持を受ける民主党，社民党，共産党の議会議員を中心として議会は自治体病院の廃止に否定的であることが想定される。

29） ダム事業の利益団体としては，ダム建設を請け負う建設業界があり，建設業界は自民党の有力な支援団体である。石川真澄は，ダム建設などの公共事業は自民党の集票を支える最大の基盤であると指摘する（石川 1983）。このため，建設業界からの支持を受ける自民党系の議会議員を中心として議会はダム事業の廃止に否定的であることが想定される。

第2章　土地開発公社

1　土地開発公社の概要

土地開発公社が設立された背景には，第二次世界大戦後の高度経済成長のもとで都市化が進展し，社会資本整備の遅れや土地利用の混乱等が発生したという問題がある。地方自治体は，地域の秩序ある開発・整備を図るとともに，公共用地等の先行取得を行うために，1960年頃からいわゆる「地方開発公社」を財団法人として設立し始めた。しかし，地方開発公社には，設立団体である自治体との責任関係が必ずしも明確ではない，自治体等が他の土地需要者に先んじて土地を取得することを可能とする先買制度が不十分である，といった問題点があった。そのため，これらの問題に対処するために，1972年に市街化区域内の土地の先買い，土地開発公社の創設等を主な内容とする公拡法が制定された（磯崎 1997：368-369）。公拡法の制定後すぐに多くの道府県や市区町村は土地開発公社を設立し，都道府県では東京都以外の46道府県が土地開発公社を設立した。

土地開発公社の第一義的な目的は，公有地の先行取得である[1)]。1995年度における全国の土地開発公社による土地取得の状況をみると，公社の土地取得量の合計のうち，先行取得事業で取得した土地は，面積では約85%，金額で約90%を占めており中心的な業務であった（磯崎 1997：385）。公有地の先行取得とは，自治体が公共施設等の建設に際して必要となる土地を，土地開発公社が自治体に代わって買収することを指す。自治体が土地開発公社を活用するのは，土地開発公社のほうが自治体に比べて弾力的な土地取得が可能であるからである。例えば，自治体の予算は単年度で議会の議決に基づいた執行しかできないが，土地開発公社の場合にはそのような制約がきわめて緩やかである。そのため，地価が上がり続けた時代には，土地開発公社が金融機関から融資を受けて，できるだけ早く土地の先行取得を進めていくことによって，自治体は安上がりな公共施設の整備を行うことができた（森 2004：144）。

しかし，バブル経済が崩壊し，地価が下落し続ける状況下では前述した利点を活かすことができず，先行取得事業の必要性は低下した（駒林 2006：37；赤川 2011：447）。また，土地開発公社が有する最大の問題として長期保有土地（塩漬け土地）の累積が挙げられる。土地開発公社は地価が非常に高かった時代に，金融機関から資金を調達して，多くの土地を購入した。これらの土地が自治体により買い戻されないと，借入金の利息が累積していくことになり，負担が重くのしかかる（森 2004：144-147）。こうした土地開発公社の借入金は自治体が債務保証をしている事例も多く，自治体財政にとっても大きな負担になっている。

大量の土地保有は土地開発公社を廃止する際に大きなコストとなり，公社が大量の土地を保有している場合は公社の解散も困難なものとなる。なぜなら公社が解散する際には，公共用地のために先行取得した土地は，自治体がただちに再取得する必要があるためである。多くの土地を保有している公社については，自治体に土地を購入する資金がないために，自治体が公社を解散させようにも解散できない。また，公社独自事業の土地造成事業で未分譲分がある場合には，ただちに売却しなければならない。しかし，土地取得時よりも地価が下落している場合には，売却しても売却益により金融機関からの借入金を全額返済できない状況になり，その不足分は最終的には地方自治体の負担となる（駒林 2006：47-48）。

こうした廃止のコストが解散の制約とならないようにするため，国は2009

年度から13年度の時限措置として，第三セクター等改革推進債を創設した。[2)]
これは土地開発公社も含んだ第三セクター等や地方公営企業の抜本的な改革のために発行できる新規特例債である。ただし，この改革推進債については，起債条件が厳しすぎるという評価も存在する（赤川 2011：511)。

廃止の際のコストとしては，公社職員の存在もありうる。公社職員には，地方自治体職員が公社職員を兼職する者と，地方公務員の身分をもたないプロパー（生え抜き）職員がおり，プロパー職員は廃止に際してのコストとなる。しかし，公社職員は，地方自治体の用地課や企画課等の職員が兼任している場合が多いことが指摘されており（赤川 2011：21)，廃止の際の大きなコストとはならない。そのため，土地開発公社の廃止を困難とする政策の性質としては，多額の土地保有が特に重要となると考える。

2　外部環境の変動

地価下落と有権者の行政改革志向

土地開発公社については，社会経済状況の変化とともに，有権者の態度変化が生じた。他方で，国および事業に参画する他の地方自治体の撤退という外部環境の変動については生じていない。

▶ 地価下落という社会経済状況の変化

社会経済状況の変化として，バブル経済の崩壊以降，全国的に地価の下落が続いている。土地開発公社の第一義的な目的は先行取得事業を行うことにあるが，同事業は地価が下落する状況下では，その利点を十分に発揮することができず，公社の必要性が低下する。図2-1に1976年から2014年にかけての地価の対前年変動率（全国平均）を示した。バブル経済は1990年代初頭に崩壊し，92年以降は地価が下落し続けている。土地開発公社の必要性を低下させる社会経済状況の変動が生じている。ただし，2000年代においては，2006年から08年にかけて，大都市圏を中心に地価が上昇した都道府県も存在する。

実際に，地価の下落等により，土地開発公社による土地取得総額も減少している。図2-2は全国の道府県と市区町村が設立した土地開発公社が，各年度に

図 2-1　都道府県地価調査対前年変動率（全国平均）の推移

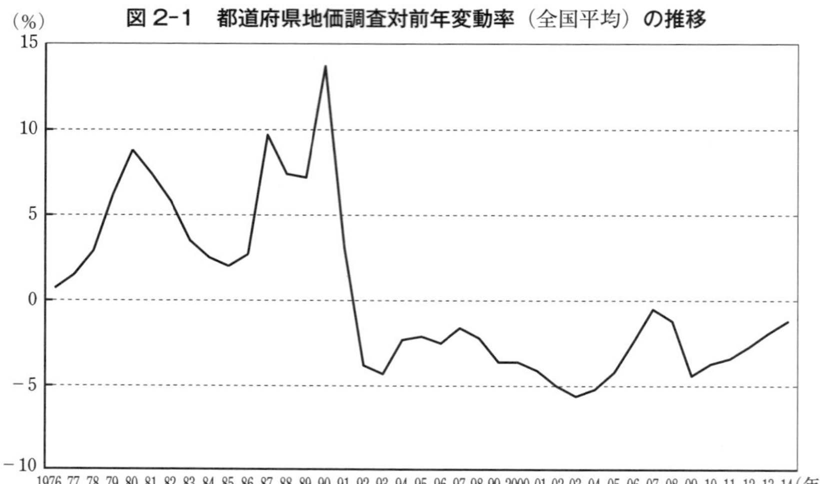

［出所］　土地情報センター『都道府県地価調査標準価格一覧』より筆者作成。

図 2-2　土地取得総額の推移

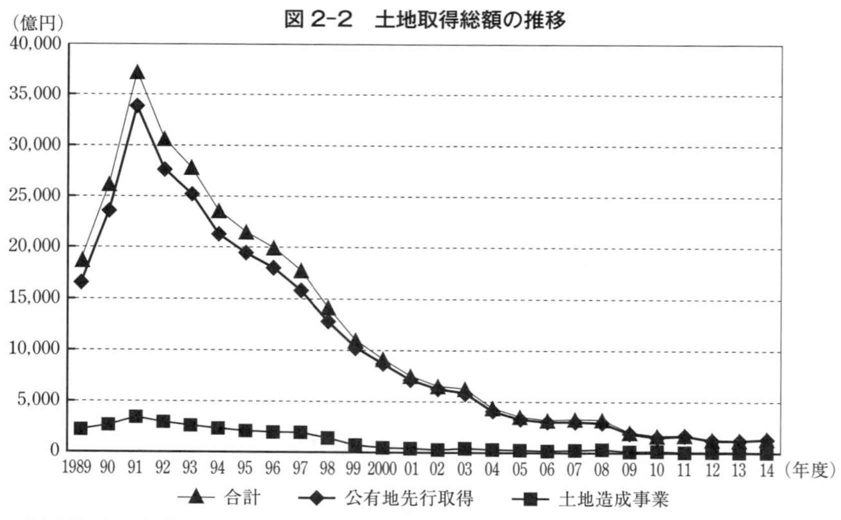

［出所］　総務省『土地開発公社事業実績調査結果概要』より筆者作成。

おいて取得した土地総額の推移である。1991 年度には公有地先行取得事業と土地造成事業を合わせて 3 兆 3795 億円分の土地を取得していた。しかし，その後は右肩下がりで減少し，2014 年度には 1405 億円分の土地を取得するにとどまっている。

▶ 廃止に直接結び付かない国や他の地方自治体の動向

土地開発公社は地方自治体が全額出資する特別法人であるため，国や他の地方自治体は参画しておらず，国や他の地方自治体の廃止決定が，土地開発公社の廃止に直接結び付くことはない。もっとも，総務省は公社の不良資産がもたらす事態を憂慮し，「土地開発公社経営健全化対策」を通知して経営改善を行うよう促すとともに，公社の経営健全化のインセンティブとして，地方債措置や特別交付税措置を講じている（赤川 2011：413-423）。これらの対策により，保有土地面積が多く，財政状況が悪化している公社を有する自治体は経営健全化団体に指定され，経営の健全化が図られている。ただし，公社の廃止に直接的に結び付く措置ではない。

▶ 有権者の行政改革志向

地方自治体の外郭団体である土地開発公社の見直しは地方自治体の行政改革の一環として行われることが多い。地方自治体における行政改革の流れは，1980 年代に自治省が国レベルの第 2 次臨時行政調査会（第 2 臨調）を受けて，地方でも行政改革を進めるという方針が打ち出されたことにより明確になった（金井 2010：143）。地方自治体における行政改革は国の意向を受けて行われていたが，1990 年代以降は，行政改革を志向する有権者が多くなったことを受けて，地方自治体により主体的に取り組まれるようになった（金井 2010：145）。

有権者は行政改革に肯定的である。行政改革に対する有権者の態度をみると，通時的に世論の変遷を追うことができる「国民生活に関する世論調査」における政府に対する要望の選択肢にはないものの[3)]，日本経済新聞社が 1994 年に実施した世論調査では，「中央省庁の統廃合など行政改革は必要ですか」という質問に対して，「是非とも必要だ」と「必要だ」を合わせた割合は 73.3％に及んでいる[4)]。地方自治体における行政改革についても同様の傾向がみられる。福島県が 1999 年に実施した世論調査によると，9 割以上の県民が行政改革に肯定的な態度を示した[5)]。このように，有権者は行政改革に肯定的であるものの，過去からの態度変化が生じているかについてはわからない。これは，行政改革に対する過去の有権者の世論がわからないためである[6]。

そこで，行政改革や土地開発公社改革についての有権者態度の変遷をみる代替的な方法として新聞記事の見出し検索を行う。伊藤修一郎は，地方自治体における公衆アジェンダの指標として日経4紙の見出しの記事件数を用いて，公衆アジェンダと政策アジェンダの関係を分析している[7]。公衆アジェンダとは，一般大衆の注目を受ける課題のリストのことである（伊藤 2001：10)。本書でも日経テレコン21を用いて，日経4紙の見出し検索を行う。検索キーワードは「行政改革」と「土地開発公社」である。この検索は，外部環境として位置づけた有権者の態度の変遷をみるために行うものであり，公衆アジェンダとあるが，誰が廃止を議題に上げるのかという問いとは直接は関係しない。

行政改革に関する件数は1990年代後半以降に大幅に増加している。1980年以降の行政改革と土地開発公社の見出しの記事件数を示したものが，図2-3である。行政改革に関する見出しは，1980年代前半には186件あったものの，その後は減少する。しかし，1990年代後半以降は大幅に増加し，2000年代後半に入ると減少している。これに対して，土地開発公社に関する見出しは，大きな変化はない。

しかし，土地開発公社についても見出しの内容を分析すると，大きな変化がみられる。図2-4は1980年以降の土地開発公社に関する見出しの内容を5年ごとに分類したものである[8]。1980年から90年代前半までは，公社による土地取得などの業務を報じる記事が多かった。地価下落が明確になった1990年代以降は塩漬け土地の増加などの公社の状況悪化を報じる記事が増えていくとともに，解散以外の公社改革が行われたことを報じる記事が増加する。そして，2000年代に入ると公社の解散が行われたことを報じる記事が増えていき，2010年代前半には過半数を占めた。見出し記事を公衆アジェンダの指標とすれば，1990年代後半から土地開発公社に否定的となったといえる。

図2-5は，知事選挙当選者がその『選挙公報』において，行政改革について肯定的にふれた割合の推移を示したものである。本書では，知事の政策選好を政策をめぐる外部環境の変動と利益団体の存在の有無から想定しているが，これが一般的な知事の政策選好として誤りではないことを示すために，『選挙公

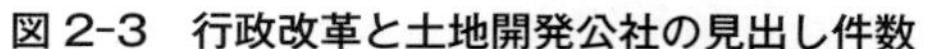

図 2-3　行政改革と土地開発公社の見出し件数

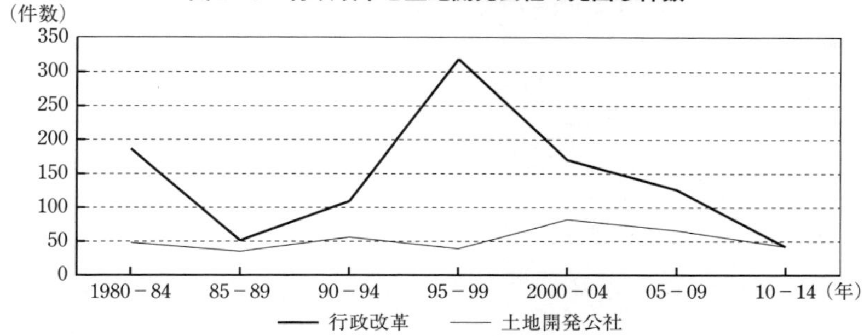

［出所］　日経テレコン 21 を用いて筆者作成。

図 2-4　土地開発公社に関する見出しの内容

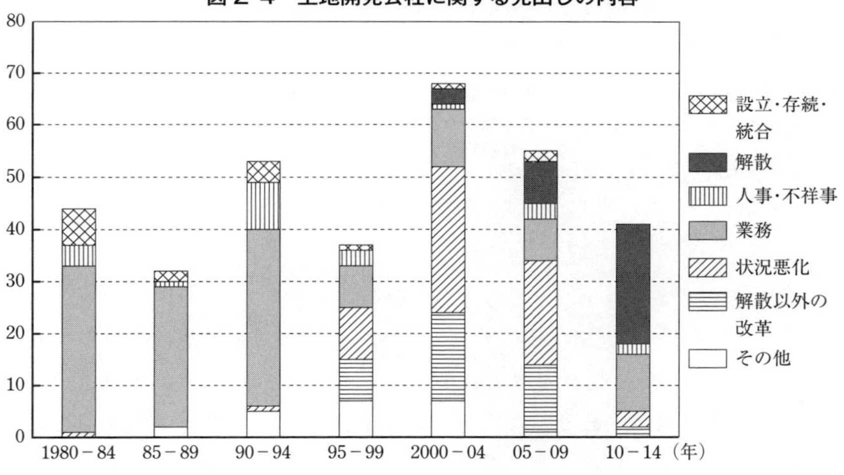

［出所］　日経テレコン 21 を用いて筆者作成。

報』の分析を行った[9)]。

行政改革を志向する有権者が増加していることを受けて，首長も行政改革に積極的に取り組む姿勢をみせている。図 2-5 をみると，1960 年代から 70 年代にかけては，行政改革について肯定的にふれた割合は 1 割に満たない数値で推移しており，首長の関心は低い。1980 年代前半には，81 年に発足した第 2 臨調の影響を受けてか 2 割に上昇するが，80 年代後半以降は低下する。割合が急増するのは 1990 年代後半以降である。図 2-3 に示した見出し検索でも，こ

図 2-5　知事選挙当選者の『選挙公報』における記載の推移（行政改革）

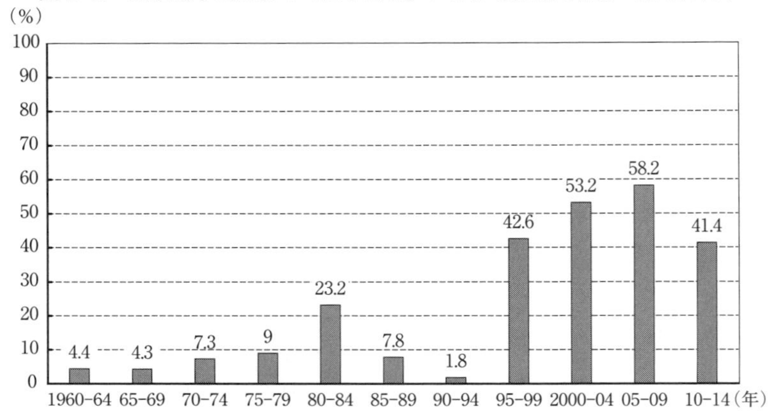

［注］ 今後の政策の記載欄において，行政の改革，効率化，能率向上，スリム化，改善，見直しについて肯定的にふれている公約の割合（%）。1960 年から 2014 年にかけて投票が行われた 652 回の知事選挙を対象としているが，そのうち 32 回の選挙に関しては『選挙公報』が入手できなかったため分析に含めていない。また，無投票であった選挙に関しては選挙公報が発行されないため（公職選挙法 171 条），分析対象に含めていない。

［出所］ 各都道府県選挙管理委員会発行の『選挙公報』から筆者作成。

の時期に行政改革を見出しとする記事件数が急増している。行政改革を求める有権者にこたえて，選挙公約に取り入れる知事が増え始めた。1999 年の統一地方選挙では，行政改革が最も重要な選挙争点の一つへと躍り出た（北原 2000：61）。その後も行政改革に肯定的にふれた割合は高い割合で推移している。

ただし，有権者が行政改革に積極的であるとはいえ，行政サービスが低下するような行政改革については否定的であるという側面には留意する必要がある。岡山県が 1993 年に実施した世論調査によると，行財政改革推進には 8 割が賛成している。しかし，その内訳をみると，「実施すべきだが，県の仕事が縮小したり，内容が変わったりすることは避けるべきだ」という条件付き賛成派が 40.5%と最も多く，「ある程度県の仕事が縮小，変更してもやむを得ない」とする容認派は 29%，「県の仕事が縮小，変更しても実施すべき」という積極派は 10.3%であった[10)]。このため，有権者の行政改革志向を受けて，知事は有権者に不利益を与えない外郭団体などの行政組織の改革には積極的に取り組むが，

表 2-1　廃止された土地開発公社一覧

土地開発公社名	県名	開始年度	廃止年度
神奈川県土地開発公社	神奈川県	1973	2006
熊本県土地開発公社	熊本県	1972	2006
群馬県土地開発公社	群馬県	1974	2009
富山県土地開発公社	富山県	1973	2010
福井県土地開発公社	福井県	1973	2010
宮崎県土地開発公社	宮崎県	1973	2010
山口県土地開発公社	山口県	1973	2011
新潟県土地開発公社	新潟県	1972	2012
香川県土地開発公社	香川県	1972	2012
石川県土地開発公社	石川県	1973	2013
鹿児島県土地開発公社	鹿児島県	1995	2013
福岡県土地開発公社	福岡県	1972	2014

次章でみていく自治体病院の廃止といった有権者に不利益を与える行政サービスの改革には必ずしも結び付かないことが予想される。

▶ 外部環境の変動と廃止事例一覧

こうして，土地開発公社をめぐっては，社会経済状況の変化，有権者の態度変化といった外部環境の変動が生じている。社会経済状況の変化としては，土地開発公社の第一義的な目的である先行取得事業の必要性を低下させる地価の下落が 1990 年代に起こっていた。また，土地開発公社改革は行政改革の一環として行われることが多いが，有権者は 1990 年代以降，行政サービスの低下に結び付かない場合には行政改革を積極的に支持するようになっていることがわかった。有権者の態度変化を受けて行動する首長は，1990 年代以降に行政改革に積極的な姿勢を示している。また，土地開発公社に関しても 1990 年代後半から否定的となっている。なお，国および他の地方自治体の廃止決定は起こっていない。

このように，土地開発公社の外部環境の変動が生じているため，廃止を議題に上げるアクターが登場する。具体的には，外部環境の変動を受けて，首長，議会議員，行政改革所管部署職員，審議会委員が組織廃止を提案することが予想される。

表 2-1 は 2014 年度までの道府県における土地開発公社の廃止事例一覧であ

る[11]。必要性の低下が指摘され，知事と議会は行政改革の一環として公社の廃止に積極的であるにもかかわらず，46 公社中 12 公社のみが廃止されている。それでは，どのような場合に公社は廃止され，どのような場合に廃止されないのであろうか。

3　事例過程分析

第 1 章で示した二重の入れ子モデルを検証するために，決定的事例について過程分析を行う。土地開発公社は首長と議会議員の双方が廃止に肯定的であると想定される事例である。首長と議会議員の双方が廃止に肯定的であるにもかかわらず存続している土地開発公社が，先行研究からは説明し難い決定的事例となる。事例過程分析を行う中で，どのような政治状況と政策の性質が廃止に影響を及ぼしているかについても確認する。

▶ 事例の選択

決定的事例として，土地開発公社が存続している埼玉県を分析するとともに，廃止が行われた神奈川県，群馬県の過程も分析する。事例過程分析を行う期間は 2000 年度から 2009 年度にかけてである。この期間中に廃止された公社は，神奈川県，熊本県，群馬県の 3 公社となる。そこで，神奈川県や群馬県と比較的類似した社会経済状況にあるが，廃止されていない埼玉県を分析するとともに，廃止過程を分析するために廃止された神奈川県，群馬県の事例についても分析を行う[12]。

取り上げる事例が，二重の入れ子モデルで，どのように説明されるかを事前に紹介する。いずれの事例も，決定過程において公社の存在理由の有無を提示できるかが重要となり，帰結を左右した事例となる。

埼玉県では，廃止に積極的であった審議会委員や知事がいたことによって廃止が議題に上った。決定過程では，廃止を主張するアクターに対して，公社所管部署職員や行政改革所管部署職員が公社の存在理由がまだあることを主張し，廃止を主張したアクターを説得した結果として公社が存続した。

他方で，神奈川県では，公社改革に積極的な知事が廃止を議題に上げたが，決定過程において廃止に反対する行政職員が公社の存在理由がまだあることを主張する場がなかったため，そのまま廃止された。決定過程において，存続を主張することが予測されるアクターに，その場が与えられなかったために，公社の存在理由がまだあることを主張できなかったのである。

群馬県も，決定過程において公社の存在理由の有無が影響した事例であるが，埼玉県とは異なり，行政改革所管部署職員が公社の存在理由がなくなっていることを主張し，公社所管部署職員を説得した結果として公社が廃止された。

▶ 埼玉県——行政改革所管部署職員による巻き返し

埼玉県では，2003年度から土地開発公社の経営形態の見直しが検討されたが，09年度時点ではまだ公社は存続している。以下では，埼玉県土地開発公社の概要を示したうえで，事例過程分析の対象期間となる2000年度から09年度の埼玉県土地開発公社の見直し過程を追う。

(1) 埼玉県土地開発公社の概要

埼玉県土地開発公社は，1972年9月に公拡法に基づいた埼玉県土地開発公社として設立された。公社の事業は主に，①道路，河川，公園，教育文化施設，社会福祉施設等の公共用地の先行取得，②国，地方公共団体等の委託に基づいて行う土地等の取得の斡旋（あっせん），③都市計画区域内の土地の先買いにかかわる土地の取得，管理および処分であった。

しかし，2000年代に入ると，公社を活用した県の事業が減少し，公社の事業量も少なくなった。これは「長期にわたる景気の低迷等から財政状況が悪化し，公共事業が量的に抑制されて」いることと，「地価の下落傾向の長期化により，先行取得のメリットが失われたことも大きい」という[13]。改革が行われた2004年度の公社の事業量は12億円（4.2ha）であった[14]。埼玉県の平均地価は，バブル経済崩壊以降は，2006年まで下がり続け，07年からはいったん上昇するも，09年にはまた下がっている。2000年代の主な事業は国の直轄事業である圏央道および上尾道路の用地取得の斡旋となっている。見直しが行われた2004年度時点の土地保有額は185億円，保有土地面積は39haであり，保有土地面積に占める5年以上保有土地額は108億円，面積は23haであった[15]。2004

年度の道府県の平均土地保有額は336億円，平均の5年以上保有土地額は157億円であるため，平均値よりは少ない土地保有額である。

⑵ 2000年以前の状況

埼玉県は，土屋義彦知事在任中である1997年前後から県の外郭団体の改革を断続的に行っていたが，土地開発公社については経営改善を促すにとどまっていた。1997年には，県の外郭団体53団体中39団体を見直しの対象とし，検討を行った[16)]。1999年には「県出資法人経営管理委員会」が開かれ，土地開発公社については「代替地として利用が見込めない用地は処分すべきだ。営業活動を積極的に」という提言をしている[17)]。

この時期は，土屋知事の3期目に当たり，1996年の知事選挙で自民党や新進党からの推薦を受けた土屋知事は知事与党多数の状況で県政を運営していた。財政状況は，畑和前知事時代の大規模開発を受けた歳出増と，バブル経済崩壊による歳入減を受けて，厳しい財政運営を強いられていた。

⑶ 上田知事の就任と検討委員会における議論

2000年以降も，埼玉県は断続的に土地開発公社の経営改善を図った。2001年9月には埼玉県が出資する法人の経営基盤の確立と自立した経営をめざして，県と出資法人が一体となった新たな改革を進めるための「県出資法人の『さらなる改革』推進基本方針」を定め，具体的な取り組みとして，「経営基盤確立計画（中期経営計画）」を策定した。この出資法人の中には，県が100%出資する法人である土地開発公社も含まれている。2002年度には，すべての出資法人に公認会計士等による外部監査を導入し，会計書類の正確性と経営の透明性を確保し，経営の健全化を図ることとした。埼玉県は，2003年には，経営基盤確立計画の達成度，成果などを経営評価委員会が評価し，公表するという経営評価制度を導入し，「県出資法人経営評価委員会」を設置した。

そうした中，土屋知事の辞任を受けて行われた2003年8月の知事選挙で上田清司知事が誕生する。上田知事はマニフェストに「指定出資法人の削減を行います」と記載し，公社改革に積極的な姿勢をみせていた[18)]。上田知事は前職である衆議院議員時代には，民主党のネクストキャビネット（次の内閣）で行政監視担当大臣を務めていたという経歴をもつ。上田知事は無党派を掲げて選挙戦を戦い，自民党が過半数を占める県議会において，知事与党少数の状況で県政を運営することになった。

当選後の9月16日には，土屋県政時に設置された「県出資法人経営評価委員会」が経営評価報告書をまとめた。この報告書は県の出資比率が25%以上の26法人を対象として，経営評価委員会が前年度決算を基に，計画性，採算性などを2段階で評価したものである。経営評価委員会は，報告書の中で土地開発公社の経営内容は良好であるものの，「廃止または類似法人との統合も含め検討」とした[19)]。

報告書を受けて，上田知事は自らの公約に記載した通りに，26法人の整理・統合をめざす指定出資法人改革プロジェクトチームを発足させ，新たに検討を行うこととした[20)]。新たに設置された「埼玉県出資法人あり方検討委員会」（以下，検討委員会と記述する）の委員は，政策研究大学院大学教授の横道清孝（委員長），公認会計士の寺山昌文，構想日本（政策シンクタンク）政策担当ディレクターの冨永朋義，株式会社しまむら代表取締役社長の藤原秀次郎という民間の有識者4名であった。委員の選定は，基本的には事務局である行政改革所管部署が知事に対して提示したが，最終的には知事が決定したため，知事の意向を反映して全員が民間人という人選となった[21)]。計12回にわたって開催された検討委員会では，公社の必要性をめぐり激しい議論が展開された[22)]。

2003年1月に開催された第1回会議では，前の県出資法人経営評価委員会の位置づけと検討委員会の方向性が話し合われた。位置づけについては，横道委員長から経営評価委員会の報告書で示された改革の方向性は参照するものの，本検討委員会で修正することは構わないという認識が示された。また，事務局からも経営評価委員会の報告書に基づいて廃止ということで話がついているのは，勤労者福祉事業財団と県民健康センターだけであるという話も出て，土地開発公社については，まだ話がついていないことが示された。検討委員会の方向性について話し合った際には，寺山委員，冨永委員，藤原委員の3氏は民間でできることは民間に委ねるという考えを有しており，公社の存続について厳しい見方をしていることが明らかとなった。

2003年12月に開催された第2回会議では，事務局から委員に対して公社の概要についての説明がなされた。このときの資料として提出された「平成16年度予算編成及び施策に関する各政党からの要望事項（出資法人関連）」をみると，自民党，公明党，民主党など各政党が出資法人改革を進めることを促す意見を出している。県議会においても，県議会議員は改革を進めるよう県を促す発言をしている。自民党の深井明県議は，2004年2月定例会において「指定出資法人の改革は，前知事も意欲的に取り組んでいた課題であります。これに手を加えることなしに財政再建が果たせないことは申し上げるまでもありません」と述べた[23)]。公明党の畠山清彦県議も，2003年9月の定例会において指定出資法人改革に関連して，「我が党としては，組織をスリム化する点から，出先機関の在り方も含め，県の役割分担を明確にし，本庁を徹底的にスリムにし，出先機関も成果主義で見直すというような大胆な構造改革をなすべきことを提案いたします」と述べていた。もっとも各公社の具体的な改革のあり方に関する要望はなかったという[24)]。

2004年2月に開催された第4回会議では，公社をめぐって，公社を所管する県土整備部用地課および土地開発公社と委員との間で公社のあり方について議論が交わされた。用地課と土地開発公社は，先行取得の必要性がなくなってきており，人件費の縮減などの改革は不可避であるものの，国の事業である圏央道および上尾道路事業の完成を，県としても協力するために公社を活用したいという意見を述べた。用地課職員は，国直轄事業への協力は制度上は県本体でも可能だが，現実問題としては県の事業を展開するだけで精一杯であり，公社が長年培ってきたノウハウを有効に利用したいとした。行政改革を所管する企画財政部改革推進課としても，この時点において，土地開発公社のノウハウを活用するために，公社は必要であると考えていたという[25)]。

これに対して，委員からは厳しい意見が出された。冨永委員からは，公社職員のノウハウを活用することは否定しないが，公社自体については先行取得のメリットがなくなったのだから廃止してもいいのではないかという意見が述べられた。寺山委員からは他の県には公社を廃止している県もあるが，埼玉県で残すとすれば，それはどのような理由によるのかという質問が出された。この用地課および土地開発公社と委員の間の議論をみるに，公社存続の積極的な理由はあるのかと迫る委員たちと，国の事業である圏央道および上尾道路事業への協力を理由として公社の存続を図りたい用地課と土地開発公社のせめぎ合いがみてとれる。なお，このときに土地保有額については議論されなかった。

第8回から第12回にかけての会議では，それまでの会議での議論を受けて各公社の統廃合や事業の見直しを検討し，報告書がまとめられた。第8回から第12回までの会議は非公開となっているが，会議においては「過激な発言もあった」ということで激しい議論が行われたことがうかがえる[26)]。

検討委員会は，2004年8月30日に検討結果をまとめた報告書を上田知事に提出した。この中で土地開発公社については，公共事業の削減や地価の下落により，先行取得をする意義が著しく低下していると指摘し，県事業の公社による用地買収は中止し，公社がすでに保有している土地の買い戻しが終了した後に廃止すべきとした。なお，国直轄の事業である圏央道と上尾道路の用地買収に関しては公社で行うこととし，廃止までの当面の措置として道路公社と土地開発公社の事務局統合を提言した。報告書を受け取った上田知事は，「廃止や統合など個別具体的な提言をいただいた。まさに「わが意を得たり」と感じている」と述べた[27)]。そしてこれらを「行財政改革プログラムに組み込み，任期中に片付けられるようにしたい」と公社の廃止に積極的な姿勢をみせた[28)]。

⑷ 報告書を受けての行政内部での検討

その後，報告書の内容を企画財政部改革推進課が主体となって，所管の課と擦り合わせながら，2005年2月に策定した行財政改革プログラムの一部として指定出資法人改革プログラムに落とし込んだ。この改革プログラムにおいては，2005年4月に道路公社との事務局を統合し，05年度から07年度にかけては職員の削減，給与制度の見直し，コストの削減の見直しといった経営改善策を実施することになっているが，検討委員会の報告書において提言されたような土地の買い戻し終了後に廃止という表現は使われていない。

2008年8月に筆者が行った改革推進課職員への聞き取り調査によると，「大きな流れ自体は変わっておらず，土地の買い戻しは2008年度中に終わる。しかし，国や市の事業の斡旋を行っており，それらは2012年まで行う予定が入っている。もし，そこで事業が終わったということになれば解散も視野に入ってくるだろうが，とりあえずは存続」という状況にあるという。また，当時の知事も解散ということはいわなくなってきたという。「知事には廃止をするとこういう問題がある，それでも廃止したほうがベターでしょうかという話は随時させていただいた」という[29)]。

こうした改革推進課からの説明を受けて，上田知事も公社の当面の存続を志向するようになっている。2009年3月の予算特別委員会で，自民党の神尾高善県議が土地開発公社の必要性があるのかについて知事に質問したのに対して，上田知事は，検討委員会の報告を受けて当初は「いかがかな」と思ったこともあると述べたうえで，公社は圏央道や上尾道路の受託業務を行っており，「現状においてマイナスはなく，受託業務があり，この受託業務の内容は極めて県の存続のために非常に重要な問題でありますので，当面は土地開発公社を活用していこうというふうに考えております」と答弁した[30)]。この上田知事の主張は，公社の存続を志向する用地課や公社職員と同様の主張である。こうして，検討委員会による報告書における結論は大枠としては保たれたものの，2009年度時点では公社は存続している。

(5) 埼玉県のまとめ

埼玉県では審議会委員が廃止を提案して，議題に上った。行政改革を志向する上田知事の登場により，埼玉県の公社改革は進められた。上田知事は当選直後に審議会を設置して，公社改革を検討することを表明した。審議会の委員は知事の意向を反映して全員が民間人となった。検討を行う中で，審議会委員は公有地の先行取得という公社の第一義的な目的の必要性がなくなっていると指摘し，公社の廃止を提案した。その際，廃止のコストである土地保有額については議論されなかった。また，議会議員も公社改革に肯定的な意向を示していた。

審議会委員により廃止が提案されて，決定過程における検討が進められる中で，アクター間の対立が生じた。行政改革所管部署職員と政策所管部署職員，公社職員は存続を主張した。土地開発所管部署職員と土地開発公社職員は，国直轄事業への協力という公社の別の目的を示して，公社の有効性を主張した。また，行政改革所管部署職員も公社の必要性を認識していた。これに対して，検討委員会は，土地開発公社の土地買い戻し終了後の廃止と，国直轄事業への協力は公社が行うとする報告書を知事に提出した。

その後，廃止の検討は行政改革所管部署で行われ，検討を進める中で知事や議会議員は廃止を主張しなくなる。行政改革所管部署職員は，組織運営上は公社を残したほうが効率は良いという経験的知識に基づいて公社の必要性を知事に説明し，この説明を受け入れた知事も公社の当面の存続を認めている。知事は当初，廃止に積極的な姿勢をみせていたが，行政改革所管部署職員が示す根拠を覆すことなく廃止を強行すれば，かえって有権者から公社の必要性があるにもかかわらず廃止したと批判されかねないと判断したと考えられる。議会議員も公社改革に積極的であるものの，以後の県議会においては特に争点となっていない。こうして，知事やその意向を受けて選任された審議会委員は廃止を志向しており，議会議員も改革に積極的な意向を示していた。しかし，その政策知識を基に公社所管部署職員，公社職員と行政改革所管部署職員が公社の必要性を訴え，知事を説得したことにより，公社は存続している。

▶ 神奈川県——首長によるトップダウン

神奈川県土地開発公社は，岡崎洋知事在任中の2001年度に解散が表明され，松沢成文知事在任中の06年度に解散した公社である。以下では，神奈川県土地開発公社の概要を示したうえで，2000年度以降の公社の見直し過程を追う。

(1) 神奈川県土地開発公社の概要

神奈川県土地開発公社は，1973年5月に公拡法に基づいた神奈川県土地開発公社として設立された。公社の事業を大別すると，公共用地等を県に代わって取得する「公共用地先行取得」，国庫債務負担行為による国の直轄事業に協力する「さがみ縦貫道路用地取得事業」，県と債務履行引受契約を締結し，地権者への支払いを公社が行う「代行用地取得事業」，取得した用地等を処分する「用地処分事業」があり，県は施策推進に必要な用地を計画的・安定的に取得するために公社を用いていた。

公社の事業量は，バブル経済崩壊以降に減少していった。公社の設立当初は工業団地，卸売団地用地の取得・造成など県の産業施策と連動した事業を行い，1970年代前半からは県立高校100校計画との関連で主に県立高校用地の取得を実施していた。1990年代に入ってからは道路・河川等の土木事業用地の先行取得等の業務を行った。しかし，バブル経済の崩壊とともに公社の事業量は減少していく。神奈川県土地開発公社の公用地取得事業は，バブル経済が崩壊して間もない1992年度には192億7000万円（3.6ha）であったが，2000年度には19億円（0.8ha）となり，8年で10分の1にまで減少しており，組織の第一義的な目的である公有地の先行取得を行わなくなっていた。

事業量の減少理由は，道路や河川整備などの県事業が少なくなっただけではなく，土地が値上がりするから安いうちに先行取得するという，財政上のメリットがなくなったために県が依頼しなくなったことにある[31)]。神奈川県の平均地価は，バブル経済崩壊以降は，2005年まで下がり続け，06年からはいったん上昇するも，09年にはまた下がっている。県の公有地の取得が少なくなる一方で，国直轄事業への協力であるさがみ縦貫道路用地取得事業は，2000年度には27億4000万円（4.4ha）となり，代行用地取得事業は39億4000万円（3.9ha）となるなど，本来の業務である公有地取得事業以外の業務が主なものとなっていた。

見直しが行われた2001年度時点で，神奈川県の土地開発公社の土地保有額は311億円，5年以上の土地保有額は27億円であった。01年度の道府県土地開発公社の平均土地保有額は442億円，平均の5年以上の土地保有額は169億円であり，平均値と比較すると少ない額である[32)]。

⑵ 2000年以前の状況

神奈川県土地開発公社の改革の機運は，岡崎知事の就任とともに高まり始めた。岡崎知事は5期20年もの間，知事を務めた長洲一二知事のあとを受けて1995年4月に当選した。岡崎知事は，知事選挙で自民党，社会党，公明党，新党さきがけ，新進党からの推薦を受けており，与党多数の議会状況で県政運営を行うこととなった。

当選後の岡崎知事は財政状況の悪化を受けて行政改革を進めた。財政が悪化した原因は，20年にわたった長洲県政の最終5期目に大規模なハコモノが相次いで着工され，歳出が増えたにもかかわらず，歳入はバブル経済崩壊のあおりを受けて急減し，そのギャップを穴埋めするために県債を大量に発行したことにある（岡崎ひろし政策研究会 2003：250-251）。神奈川県の経常収支比率は1994年度には100％を超え，危機的な財政状況にあった。

こうした状況を受けて，岡崎知事は1996年を「財政再建スタート」の年と位置づけて（岡崎ひろし政策研究会 2003：165），行政改革をはじめ，県本体や第三セクターの改革を行った。1997年には神奈川県対がん協会とかながわ健康財団を統合するなど，いくつかの第三セクターを統合し，1999年10月には指導調整指針を示して，第三セクターの改善・改革を促した。

しかし，第三セクターの統廃合は進んだものの，地方3公社の抜本的な見直しはなかなか進まなかった。これは公社が形式上は自立した組織であり，土地開発公社の場合は水面下で数年かけ，財務整理などの段取りが必要であったためである（岡崎ひろし政策研究会 2003：271）。岡崎知事は土地開発公社の抜本的見直しに際して，①土地開発公社に将来果たすべき役割があるか，②財政状況が厳しい中での公と民の役割分担はどうあるべきかという2つの観点から考えていた[33)]。そして，土地開発公社の解散については，第三セクターの研究を始めた1996-97年ごろから考えており[34)]，当初の事情説明を受けた段階から，廃止，解散させるのが県政として正解であり，それを不必要な摩擦を起こさずに行うことがポイントと考えた[35)]。その布石として，1997年4月には土地開発公社の理事長に高瀬孝夫元副知事を任命し，辞令交付の際には「公社の経営改善に取り組んでほしい」と注文した（岡崎ひろし政策研究会 2003：271）。

岡崎知事は1999年4月には，2選目に臨み再選を果たす。推薦会派は自民党，民主党，公明党，自由党，社民党，改革クラブ，自由連合の7党であった。当時の県議会の構成は，定数107名のところ，自民党が47名，民主党系のかながわ清風会が28名，公明党が9名，県政21が8名，共産党が6名，神奈川ネットが4名，社民党が3名，県民の会1名，市民の党が1名であり，知事与党が多数を占めていた。

2000年2月10日には，包括外部監査人である安久寿監査人が，初の監査結果報告を岡崎知事に提出した。監査人は報告の中で，県土地開発公社が5年以上保有し含み損を抱えている土地7件は，公社が県の依頼を受けた事業の代替地として取得したが，時価は推定18億9500万円となり，取得時より4割近く下落していることを指摘した[36)]。そして，「塩漬け」となっている土地開発公社の先行取得用地の引き取り・民間への売却などの措置をとるよう求めた[37)]。県はこれを受けて改革に取り組み，この報告を契機に県民・県議会の関心も高まったが[38)]，土地開発公社の解散という具体的な提案は，まだ表には出ていなかった。

(3) 解散の検討と知事の決断

土地開発公社の抜本的な改革の動きが表に出たのは2001年に入ってからであった。県議会の6月定例会において，県政21・県民の会県議団の相原高弘県議が，国の特殊法人等の改革と同様に，第三セクターに対する県のかかわりを見直すべきであると質問した。これに対して，岡崎知事は国の特殊法人に相当する県の組織として地方3公社を挙げ，そのあり方について内部で検討していることを明らかにした。[39)]

同年の9月定例会でも，知事は土地開発公社について，公社のあり方を再検討していると述べた。自民党の星野剛士県議が，地方3公社の問題点を指摘したうえで，「こうした地方の第三セクターについて，この時点で，存在の理由，社会の成熟度，経済環境に照らし，廃止及び民営化を断行すべきだと考えますが，知事のご所見をお伺いいたします」と質問をした。これに対して，岡崎知事は土地開発公社について，「従来，土地が値上がりをしていく，それには先行的に取得しておく方が資金の効率的な活用，事業のコストという面から見ていいだろうということで，大いに活用されてきたわけですが，がらりと時代が変わっているわけでございますので，そういう時代の大きな変化を念頭に置いて，土地開発公社のあり方については根っこからもう一度再検討してみようということで，今いろいろと内部で検討させているところでございます」と答弁した。[40)]

しかし，この時点で土地開発公社を所管する県土整備部の用地課や行政改革を所管する総務部行政システム改革推進課は，土地開発公社の解散までを見据えて検討していなかった。[41)] 岡崎知事の認識としても，この時期は廃止・解散までを視野に入れた作業として公社の正確な実態の解明と，それに基づく将来のあるべき姿を模索していたが，公社や県職員の実務段階の作業は現状の正確な把握と，このままの状況や条件で推移していった場合の将来の姿の予測であったという。[42)]

岡崎知事は9月定例会の翌日である10月2日の記者会見で，住宅，土地，道路の3公社について，「事業内容の変更・縮小による経営再建に取り組むほか，あり方そのものも再検討する」と述べ，民営化や統廃合を含めた抜本的な見直しを進める考えをあらためて示した。[43)]

そして，10月以降に県上層部において解散に向けた検討が一気に進むこととなる。10月下旬には，岡崎知事が関係部課の幹部に対し，「土地が右肩上がりになる状況でない中，土地の先行取得事業を継続する意義があるか検討してほしい」と指示し，県幹部（副知事，部長等）との協議などを経て，同公社の存在理由はなくなったという最終判断をくだした[44]。このとき，行政改革を所管する総務部行政システム改革推進課は，土地開発公社の廃止を検討しておらず[45]，検討は県幹部により行われた。岡崎知事が最終判断を下すにあたっては，公社を解散する際に必要となる県議会の同意と主務大臣の認可は得られると判断していたという。これは，それまでの数次にわたる県議会質問に対する答弁のほか，県幹部が折々に県議と意見交換することにより，県議会の理解が十分に深まりつつあるとみていたことによる。また，主務官庁幹部と意見交換を行っており，事案の性格からして認可を当然得られるものと判断していたという[46]。

12月7日に開催された県議会12月定例会において，岡崎知事は，「土地開発公社につきましては，手順を追いまして清算することといたしたい，かように考えております」と述べ，土地開発公社の解散を表明した[47]。18日の記者会見では，土地開発公社の廃止を決めた理由として，「現状では土地の値上がりリスクはほとんどなく，公社が土地を先行所得しなければ仕事がはかどらないということはなくなった。公社の意味は大幅に薄れている」と述べた[48]。

これについて，土地開発公社を所管する県土整備部の用地課は，「改革を進めなくてはいけないとは承知していたが，解散という動きがあることは知らなかった。用地課としては12月7日の知事の発言を聞いて驚いたというのが正直なところ」という状況であった[49]。公社解散後に行われた座談会で，プロパー（生え抜き）職員である土地開発公社の元用地部長は，公社の解散について「惜しまれているのは事実です。県の各セクション，土木事務所からもそんな声が上がっています」と述べ，県職員OBで元業務部次長兼用地管理課長は「〔公社的な役割を担う組織が必要とされる時代は—引用者〕ここを持ちこたえたら，再び来そうな感じがします」と述べるなど，悔しさをにじませる発言をしている（神奈川県土地開発公社史編纂委員会 2006：91-92）[50]。

このように，土地開発公社の解散は知事をはじめとする県上層部のトップダウン的な決定であった。解散の検討過程においては，岡崎知事と県幹部の間では随時対話をしていたが[51]，情報は県土整備部用地課や総務部行政システム改革推進課といった課レベルまでは下りていなかった。

⑷ 土地開発公社解散の実現

知事による廃止表明を受けて，用地課は解散に向けた手続きを進めた。神奈川県の土地開発公社の解散は道府県レベルにおいては全国初の事例であり，他の道府県の事例を参照することもできないので，手探りで解散を実施することになった。この時点では解散に向けた課題は，「何が課題かすらも分かっていなかった[52]」。解散後に用地課が『地方財務』において公表した解散の経緯によると，解散の実施に際しては3つの大きな課題が生じた（神奈川県県土木整備部用地課 2007）。

1点目は，解散時に未償還である公社債等の償還の問題である。公社は事業の財源とするために公社債を発行して金融機関から資金を調達していた。公社債は満期10年の定期償還方式のものであり，2005年度末の公社債残高は元金で42億1200万円であった。他に長期借入金も元金で7億円あった。公社債の発行要項には，公社が解散した場合には期限の利益を喪失するという条項があることから，本来は解散時に一括償還することになる。しかし，満期到来前の一括償還は市場への影響が予想されることから，関係機関等と慎重に協議し，公社債償還方法を検討した。その結果，発行要項に定められた手続きに沿って行うことが最も適切であるという結論に達し，あらかじめ全保有者の同意を得たうえで，解散時に一括償還した。

2点目は，プロパー職員の処遇の問題である。公社の解散の方針が打ち出された2001年時点では公社のプロパー職員は16名いた。定年退職者や早期退職者の不補充および事業の縮小・廃止とあわせて，神奈川県道路公社の退職者の補充として公社の職員を転籍させることにより解散時には全員の処遇が行われた。1982年に道路公社と土地開発公社の管理部門を併合したことによって，両公社の給与等の条件が同一であったために，道路公社への転籍は円滑に行われた。

3点目は，保有代替地の処分の問題である。公社が県の事業用地として先行取得していた土地は，取得の翌年に県がすべて再取得していたため，公社が保有していた土地は少なかったが，公社が自己資金により取得した事業用代替地を2001年時点で約1.3ha保有していた。こうした土地は県の買い戻しのめどが立たなかったため民間等への売却を行い，解散時には0.2haを残すのみとなった。

解散表明後，2年ほどはこうした課題を解決し，解散の準備作業を進めていくことになった。解散が決まってからは主務官庁の総務省と年に4，5回打ち合わせをして，解散の準備を進めた。なお，公社では，国直轄事業であるさがみ縦貫道路建設に協力をしていたが，解散の支障とはならなかった。財務状況については，最終的に資産が負債を上回っており，用地課職員は神奈川県で先行して解散ができた一番の理由として，財務状況が良好であったことを挙げる[53)]。準備を進める間に，2003年に岡崎知事が退任して松沢成文知事が誕生した。松沢知事は選挙の際に政党からの推薦を受けず無党派で戦い，県議会では知事与党少数の状況にあった。

知事が交代しても土地開発公社の解散に向けた動きは着々と進行し，2003年度には土地先行取得に関して新規の用地取得を停止した[54)]。2004年3月には県が，県議会総務企画常任委員会において土地開発公社について2006年度をめどに解散する考えを表明した[55)]。2005年9月には，松沢知事が定例記者会見で，国の委託を受けて先行取得した，さがみ縦貫道路用地などが06年4月に最終処分することが見込まれることから，土地開発公社の解散決議案を2006年の県議会2月定例会に提案すると発表するなど，解散に向けた具体的なスケジュールも示した[56)]。県によると，これまでに取得した土地の購入額と売却額では赤字が出ているが，それ以上の余剰金があるため債務超過にはならない見通しであったという[57)]。2006年1月には，土地開発公社理事会において解散の同意を得て，県議会の2月定例会に解散議案を提案し，3月に解散の議決を得た。4月には主務官庁に公社解散の認可申請を行い，6月には解散が認可され，道府県レベルで初めて土地開発公社が解散された（神奈川県土地開発公社史編纂委員会 2006：78-81）。

(5) 神奈川県のまとめ

神奈川県では，行政改革を志向する岡崎知事が廃止を議題に上げた。岡崎知事は，行政改革に肯定的な有権者の態度変化が生じている中で，地価の下落という外部環境の変化によって土地開発公社の必要性が低下していると考え，知事就任後すぐの1996年前後から公社の廃止を考え始めた。その際，検討委員会は設置されず，土地開発公社所管部署や行政改革所管部署にも廃止の検討を指示しなかった。組織の必要性がなくなったと判断した知事は，関係部課の幹部に対し解散に向けて検討するよう指示した。このとき，神奈川県の土地保有額は多額ではなかったため，廃止のコストは制約要因になっていなかった。

決定過程では，知事によるトップダウンによって廃止が進められた。知事は県幹部との協議を経て，公社の必要性はなくなったという最終判断を下し，2001年12月に県議会において公社の廃止を表明した。知事が廃止を表明するまで，行政改革所管部署や公社所管部署や土地開発公社は蚊帳の外に置かれ，知事が公社所管部署職員や行政改革所管部署職員から政策の存在理由の欠如に関する政策知識を調達することはなかった。公社の存続を主張するアクターに公社の存在理由がまだあることを示す機会が与えられなかったのである。廃止後の座談会で土地開発公社の元職員は悔しさをにじませる発言をしている。公社の廃止決定に際しては，知事の他に議会と主務官庁の同意が必要となる。議会議員も行政に対して改革を推進することを促しており，廃止に反対することはなかった。また，主務官庁である総務省も土地開発公社改革を促しており，廃止に同意した。廃止表明後に，土地開発公社所管部署と公社は解散に向けた手続きを進め，松沢知事の任期中である2006年6月に神奈川県土地開発公社は解散した。

▶ 群馬県——行政改革所管部署職員による説得

群馬県では，2004年に行政改革所管部署が土地開発公社の抜本的な見直しを検討していることを表明し，土地開発公社所管部署と土地開発公社との交渉の末に，09年度に公社は廃止された。以下では，群馬県土地開発公社の概要を示したうえで，2000年度から09年度にかけての群馬県における見直しの過程を追う。

(1) 群馬県土地開発公社の概要

群馬県土地開発公社は1973年11月に公拡法に基づいて設立された。公社の主な事業は，①公有地取得事業と②斡旋事業であった。公社の事業量は，高速道路の建設が終了し，公共事業が削減されるにつれて徐々に減少し，見直しが行われた2004年度の事業量は5.5ha（うち先行取得事業は0ha）であった。群馬県の平均地価は，バブル経済崩壊以降，下がり続けている。事例研究で取り上げた他県と比較すると，2004年度の土地保有額は23億円，保有土地面積は8haであり少なかった。また，公社の土地は4年以内に県が買い戻すことにしていたため，長期保有土地はなかった。2004年度の道府県の平均土地保有額は336億円，平均の5年以上の保有土地額は157億円であるため，平均値より少ない土地保有額である[58)]。

⑵ 2000年以前の状況

群馬県土地開発公社の組織形態の見直しは，1998年に土地開発公社と住宅供給公社の事務機能の統合を協議したことから始まった[59)]。しかし，なかなか統合されずに，2001年の外部監査時にも外部監査人から両公社の統合が提言されている[60)]。

群馬県では，小寺弘之が1991年から4期連続で知事を務めており，いずれの選挙でも自民党から推薦を受けていた。1999年の知事選挙では，自民党，民主党，公明党，自由党，社民党，さきがけ，自由連合からの推薦を受け，4選目を果たした2003年の選挙では，自民党，公明党，社民党，保守党からの推薦を受けている。県議会は，1999年度には定数57名のところ，自民党が43名を占めるなど，自民党が圧倒的多数の状況にあり，知事与党多数の状況が続いていた。財政状況に関しては，2000年代に入ると経常収支比率は90%近くに達し，公債費比率も10%台後半で推移するようになるなど，悪化していた。

⑶ 公社廃止の検討の始まり

群馬県において，土地開発公社の廃止も含めた検討が始まったのは，2004年に入ってからとなる。2004年2月19日の県議会定例会で，小寺知事は，「公社事業団にメスを入れる『公社事業団改革』を進め」ることを表明した[61)]。また，同月27日の定例会において，自民党の中村紀雄県議が，「時代が大きく変化する今日，これら公社・事業団の存在意義も変わっていると思われます。それにもかかわらず，同じような形で存在し続けることは許されない」と公社改革の必要性を訴えたのに対して，総務部長は，公共事業の縮小や社会経済状況の変化によって公社の役割が変化しているとして，見直しを検討していることを明らかにした[62)]。

そして，行政改革所管部署で検討が進められた。総務部総務課をはじめとする総務部の総務・財政・人事課職員は，県が25%以上出資する公社・事業団の統廃合を含めた見直し方針を2004年度内に決めた。2004年夏から現地調査や財務状況の調査を行うなどして，各公社の業務内容を調べ上げ，10月から公社の所管部署である県土整備部用地課と交渉を始めた。この見直しの際の「存廃の判断基準は役割を終えたか否か」（総務課）であり，経営上問題のない団体の解散もありえた。[63)]

交渉の場では，公社の必要性の有無をめぐって総務部総務課と県土整備部用地課の間で議論が交わされた。総務課は，公社が実施してきた北関東自動車道の用地買収などの大型事業が終わり，事業量が減少していることと地価の下落が生じていることを指摘した。また，県本体が土地を購入する場合と比較しても効率的ではなくなっているとして，公社の役割は終えたと主張した。これに対して，用地課は，公社のノウハウを活用して，より効率的な事業ができると指摘し，早急な結論を出すべきではないと，当初は主張した。[64)] 土地開発公社も，蓄積したノウハウを生かし，県より低コストで業務が可能であると反論していた。[65)] しかし，総務課と用地課の交渉は，年に1，2度行われ，次第に用地課としても解散の方向にいかざるをえなかったという。用地課職員は，公社の事業量が減少し，2003年度から単年度赤字になるなど，公社がジリ貧になる中で，公社の存続を主張する根拠がなくなってきたと振り返る。[66)]

⑷ 公社の解散に向けた手続き

2005年2月には，県は同年3月に策定する行政改革大綱の案を発表した。この中で，土地開発公社については，解散を検討中とされた。[67)] このとき，知事に対しては，総務課が庁議で行政改革大綱の内容を説明する中で，土地開発公社についても言及した。また，議会に対しても，委員会で行政改革大綱の内容を説明する中で言及したが，いずれのアクターからも反対されなかった。[68)]

そして，2005年8月に公社の廃止も含めた抜本的な検討を行うために，「群馬県土地開発公社検討委員会」が県土整備部内に設置された。委員は県庁職員と公社職員で構成されていた。検討委員会では，解散の際の課題が検討された。用地課が公社の解散にあたって最も苦労したのはプロパー職員の処遇であった。プロパー職員には30代，40代の職員もいたため，組合との協議や法律家への相談を経て，在職の職員は住宅供給公社に身分を移す方針が決まった。[69)]

2006年2月には，集中改革プランが公表され，土地開発公社の解散が検討されていることがあらためて述べられた。この集中改革プランは2005年3月に策定された行政改革大綱に沿って定められたものであり，小寺知事は「県政のスリム化，効率化を目指し，厳しく改革をしていきたい」と述べた[70]。

2006年12月には，検討委員会において，07年度末までの土地開発公社と住宅供給公社の統合と，10年末までの土地開発公社の解散が内部決定された[71]。2007年3月には，土地開発公社の理事会において，2007年度末までに土地開発公社と住宅供給公社を統合することが決まった[72]。

2007年7月には，自民党と公明党から推薦を受けた大沢正明が5選目をめざした小寺を破り，初当選を果たした。県議会において，自民党が多数を占める状況は変わらずに，知事与党多数の状況にあった。

知事交代後も解散の手続きは進み，2009年2月には大沢知事が記者会見を行って解散を表明した。4月には土地開発公社の理事会で解散が決まり，6月には，県議会において解散の議決を得た。議会での議決の前には，公社の理事が説明したが，議会議員からの反対はなかった。8月には主務大臣から解散が認可された。主務官庁である総務省には，2008年に説明に行ったが，粛々と手続きを進めてくれといわれただけであった。こうして，群馬県土地開発公社は，09年8月に廃止された[73]。

⑸ 群馬県のまとめ

群馬県では，2004年に小寺知事が公社改革を進めることを表明し，行政改革所管部署職員が土地開発公社の廃止を議題に上げた。行政改革所管部署職員は公社の状況を調べ上げ，土地開発公社所管部署職員との交渉の場において，公社の事業量が減少していることと地価の下落が生じていることを指摘して，公社の必要性がなくなったことを主張した。

これに対して，公社所管部署職員と公社職員は当初，経験的知識に基づき，公社のノウハウを活用して，より効率的な事業ができると主張した。しかし，公社の事業量が減少していることは事実であり，公社所管部署職員は公社の必要性を主張することができなくなった。

このように，廃止を主張する行政改革所管部署職員が公社の状況を調べ上げ，公社所管部署職員が反論できない事実を行政改革所管部署職員が提示した場合には，公社を所管する公社所管部署職員であっても廃止を受け入れざるをえなかった。その後，公社所管部署職員は廃止に向けた手続きを行い，2009 年度に群馬県土地開発公社は廃止された。公社の廃止に際しては，知事，議会，主務官庁の同意が必要となるが，いずれのアクターも廃止に肯定的であった。なお，群馬土地開発公社では土地保有額は少なく，廃止の妨げとはならなかった。

4　事例比較分析

次に，2009 年度までの事例過程分析を踏まえて，土地開発公社が廃止された過程を，全公社を対象として行ったアンケート調査を基に明らかとする。アンケート調査を基にした質的比較分析を行う際には，事例過程分析を基に影響を及ぼす政治状況と政策の性質を操作化したうえで，分析を行う。

このアンケート調査は，2009 年度時点で存続していた 43 公社を対象として行い，37 公社から回答を得た。事例過程分析で分析対象とした神奈川県や群馬県は廃止済みであるため対象となっていない。37 公社中，2010 年 4 月から 14 年 8 月にかけて公社の見直しを検討しているのは 23 公社であり，そのうち廃止についても検討中であった公社は 13 公社であった[74)]。公社の見直しをした事例の 57％が廃止の検討をしている。外部環境の変動を受けて，多くの公社が見直しにおける選択肢として廃止を検討している。廃止を検討した 13 公社については，廃止の決定過程についても尋ねているが，そのうち 4 公社は過程が不明という理由から無回答であったため[75)]，決定過程において分析対象とする公社は 9 公社となる。

▶ 誰が廃止を議題に上げるのか

廃止を提案するアクターとしては，行政改革所管部署職員，審議会委員だけではなく，首長や地方議会議員といった地方政治家も想定される。これは，土地開発公社は，社会経済状況の変動と有権者の態度変化が起こり，利益団体が存在しない組織であるためである。

事例過程分析でも，行政改革所管部署職員や審議会委員だけでなく，地方政治家が廃止を提案しようとしていた。事例をみると，有権者の行政改革志向を受けて，神奈川県，埼玉県，群馬県で，知事は土地開発公社を含む外郭団体の改革に積極的な姿勢をみせていた。知事が公社改革に積極的な姿勢をみせた事例の中には，神奈川県のように知事が廃止を提案した事例もあった。埼玉県や群馬県では，行政改革所管部署職員や審議会委員が廃止を提案していた。

アンケート調査でも，行政改革所管部署職員や審議会以外に，知事や県議会議員が廃止を議題に上げたケースがあった。廃止を検討した県に対して，誰が廃止を提案したために廃止が議題に上ったかを尋ねたところ（複数回答[76]），回答があった10公社のうち，知事（奈良県と香川県の2件），議会（福井県，福岡県，宮崎県の3件），公社所管部署（奈良県と長崎県の2件），行政改革所管部署（石川県，福井県，山梨県，奈良県の4件），審議会（山梨県，静岡県，福岡県の3件），土地開発公社（奈良県の1件）であった。事前の予測とは異なり，一部の県では公社所管部署と公社が廃止を提案している。

▶ どのような要因が廃止を議題に上げる際に影響するのか

二重の入れ子モデルでは，前決定過程では，外部環境の変動が必要条件となり，政治状況と政策の性質が十分条件になると予測していた。第2節で確認したように，土地開発公社の外部環境の変動としては，地価の下落という社会経済状況の変化と有権者の態度変化が生じており，外部環境の変動が生じていた。政治状況と政策の性質については操作化していないので，事例過程分析を基に具体化していく。

1つ目の十分条件と考えられる要因として，政治状況がある。政治状況としては，知事に関する要因と議会に関する要因がありうる。

政治状況に関する知事側の要因として，支持基盤の変化や知事の交代，無党派知事の存在が考えられるが，このうち支持基盤の変化については，土地開発公社の廃止には影響を与えない。これは，土地開発公社は公拡法の施行とともに設立された公社が多く，特定の政党が支持したために組織が設立されたわけではないためである。公社設立時の知事の支持基盤から変化が生じなかったとしても，廃止を議題に上げにくくなるわけではない。他方で，知事の交代や無党派知事の存在は影響を与える。新たに誕生した知事は，それまでの公社の状況悪化に責任を有さないため，知事交代とともに廃止が議題に上りやすくなる。

事例過程分析でも，知事が改革の中心となっていた神奈川県や埼玉県では，知事交代と同時に公社改革が進展した。また，無党派知事は財政縮減を志向することが指摘されているため（曽我・待鳥 2007），無党派知事の存在により，廃止が議題に上りやすくなる。事例過程分析でも埼玉県では無党派知事が公社改革に積極的に取り組んだ。

政治状況に関する議会側の要因としては，知事与党の割合が考えられるが，土地開発公社の廃止には影響を与えない。これは，事例過程分析で確認できたように，公社の廃止に反対する議会議員がいないため，知事野党であっても廃止に賛成するからである。実際にアンケート調査でも，知事与党の割合と廃止検討の有無の関連は見出せない[77)]。37 公社のうち，知事与党多数の政治状況があった事例は 33 公社であり，なかった事例は 4 公社であった。知事与党多数の 33 公社中，12 公社で解散が検討された（36.4％）。これに対して，知事与党多数の状況がなかった 4 公社中，1 公社で中止が検討されており（25％），カイ二乗検定では統計的に有意な差はない。

2 つ目の十分条件と考えられる要因として，政策の性質がある。土地開発公社改革において，最も大きな影響を与える政策の性質としては，保有する土地の存在がある。事例過程分析でも，廃止が議題に上った埼玉県，神奈川県，群馬県の土地保有額は少なく，改革の際に保有土地面積の存在が廃止の制約要因として言及されることはなかった。

また，外部環境を統制するために，地価の回復についても原因条件として加える。事例過程分析では，廃止を議題に上げた知事や審議会委員は地価の下落という外部環境の変動を，先行取得事業の必要性がなくなった理由として挙げた。地価については 1990 年代に全国的に下落しているが，2000 年代後半以降に大都市圏を中心として回復傾向にある都道府県もあるため，原因条件として加える。

こうして，知事交代，無党派知事，土地保有額，地価の回復の有無を原因条件とし，解散検討の有無を結果として質的比較分析を行う。分析対象となった 2010–14 年の間に 1 期目の知事が存在していた事例には，知事交代ありとして 1 を与えた[78)]。同期間に無党派知事が存在していた事例には，1 を与えた[79)]。土地保有額については，自治体の財政状況と比較して多額の土地保有をしているか

表 2-2　土地開発公社の前決定過程の真理表

知事交代	無党派知事	土地保有額少	地価回復なし	事例数	見直し		廃止	
					整合度	検討	整合度	検討
1	0	1	1	18	0.667	1	0.444	0
0	0	1	1	9	0.556	0	0.333	0
1	1	1	1	3	0.667	1	0.667	1
0	0	1	0	3	0.667	1	0	0
1	0	1	0	2	1	1	0	0
1	1	1	0	1	0	0	0	0
0	0	0	1	1	0	0	0	0

どうかが問題となる。標準財政規模を保有土地の簿価総額で除した比率が高いとして公社経営健全化団体に指定されなかった場合に，1を与えた[80]。地価の下落については，2005年から09年にかけて地価が回復しなかった場合に，1を与えた[81]。いずれも1であれば，廃止が議題に上りやすいことを想定している。

まずは，解散検討の必要条件について分析する。ここで，必要条件とは，解散を検討した公社が必ず満たしている原因条件のことを指している。

必要条件を分析すると，土地保有額と地価の回復の有無という原因条件が必要条件であった。これは，公社の解散を検討した県の公社は，いずれも土地保有額が多額ではなく，地価の回復がなかったということを意味している[82]。ただし，これらは必要条件であり，こうした原因条件が存在していれば，必ず土地開発公社の解散を検討するというわけではない。そこで，次に条件が存在していれば必ず結果が生じるという十分条件を分析する。

原因条件の組み合わせと結果を真理表にしたものが，表2-2である。真理表には，現実に生じたすべての組み合わせが記載されている。結果については，廃止検討の有無だけでなく，見直し検討の有無についても記載した。1行目の組み合わせは，知事交代があり，無党派知事がおらず，土地保有額が多額ではなく，地価の回復がないという条件組み合わせである。この組み合わせの事例数は多く，18ある。ただし，この組み合わせには矛盾が生じている。矛盾とは，同じ条件組み合わせでも異なる結果となっていることを意味している。この矛盾の程度を示した数値が整合度であり，廃止検討に関する0.444という数

表 2-3　土地開発公社の前決定過程の廃止検討に関する中間解

中間解の項	素被覆度	固有被覆度	整合度
知事交代×無党派知事×土地保有額少×地価回復なし	0.154	0.154	0.667

表 2-4　土地開発公社の前決定過程の見直し検討に関する中間解

中間解の項	素被覆度	固有被覆度	整合度
～無党派知事×土地保有額少×～地価回復なし	0.174	0.174	0.800
知事交代×土地保有額少×地価回復なし	0.609	0.609	0.667

値は，この条件組み合わせの事例のうち 44.4％の結果が 1（解散検討がなされた）であったことを意味している。質的比較分析では，矛盾が生じており，事例数が少数の場合には，分析者が整合度から結果を判断する。本書では，0.65 を基準として，0.65 を超える場合に結果に 1 を与え，超えない場合に 0 を与えた。0.65 という基準は，通常は十分条件といえる頻度基準となる（Ragin 2000：109-115；田村 2015：142-145）。

廃止検討の有無と見直し検討の有無を比較すると，見直しに関しては結果が 1 となるものの，廃止に関しては結果が 0 となる組み合わせが存在する。すなわち，見直しについては廃止が起こりやすい政治状況や社会経済状況の変化がなかったとしても，検討がなされているが，廃止についてとなると，知事交代・無党派知事・土地保有額少・地価回復なしというすべての条件を満たす組み合わせでなければ検討が行われない傾向にある。

標準分析を行った結果，廃止検討の中間解は表 2-3 に示した論理式となった。[83] これは知事交代があり，無党派知事であり，かつ土地保有額が多額ではなく，かつ地価の回復がない場合に，廃止が検討されることを意味している。ただし，整合度が 0.667 であることに示されているように，この論理式には矛盾も含まれている。そのため，あくまでもこうした条件組み合わせをもつ場合には，解散が検討されやすいという傾向を示すにとどまっている。また，素被覆度は 0.154 と低い。素被覆度とは結果が 1 の全事例の中での割合を示した数値である。[84] この中間解以外の組み合わせで解散を検討した事例のほうが多いことを意味している。

廃止検討との比較のために，見直し検討についての標準分析を行った結果が表2-4に示した論理式となる[85)]。1行目の中間解のように，土地保有額が少なければ，無党派知事でなく地価回復があった組み合わせでも見直しが検討される。また，2行目の中間解のように，知事交代があり土地保有額が少なく地価回復がない組み合わせであれば見直しが検討される。特に2行目の中間解の素被覆度は0.609と高い。この中間解には，廃止検討の中間解にはあった無党派知事の存在という条件がない。廃止検討と比べて，必要とされる原因条件が少ないことがわかる。

これらの質的比較分析からは，政治状況と政策の性質と外部環境の変動が廃止検討の十分条件となっていることがわかる。知事交代があり，かつ無党派知事であり，かつ土地保有額が多額ではなく，かつ地価の回復がない場合に廃止が検討される傾向にあった。これらは事前に想定していた通りの結果である。見直しに関する分析との比較からわかるように，見直しよりも解散が検討される組み合わせは少なく，見直し検討と比べると廃止検討は無党派知事の存在が結果を左右する傾向がある。

ただし，この条件組み合わせであれば常に解散が検討されるというわけではないし，この条件組み合わせ以外の事例でも解散が検討されている。これは，これらの条件が結果に与える影響が小さかったり，他にも結果に影響を及ぼす原因条件があったりすることを意味している。表2-2をみるとわかるように，知事交代がなかったとしても解散を検討し，無党派知事でなくとも解散を検討することがある。事例過程分析で，4期目の知事のもとで解散の検討が進んだ群馬県や，相乗り知事であった神奈川県知事が廃止をトップダウンで決めた事例のように，知事の交代がなかったとしても任期中に公社の状況悪化がなかった事例があることや，党派性に関係なく政治家が廃止に肯定的であるということが理由として考えられる。政治家が廃止に反対することが想定されない事例であるため，外部環境の変動を受けて，廃止のコストが低い場合には，比較的容易に解散が検討されるのであろう。

▶ 決定過程ではどのようなアクター間関係となるのか

事前の予想では，首長と議会議員，行政改革所管部署職員，審議会委員が廃

表 2-5　土地開発公社の

知事提案	県名	廃止を主張したアクター						
		公社所管部署	行革所管部署	審議会	知事	議会	公社	なし
あり	奈良県	0	0	0	0	0	0	1
	香川県	0	0	0	0	0	0	1
なし	石川県	0	1	0	0	0	0	0
	福井県	1	1	0	0	1	0	0
	山梨県	0	1	0	0	0	0	0
	静岡県	0	0	1	0	0	0	0
	福岡県	0	1	1	0	1	0	0
	長崎県	1	0	0	0	0	0	0
	宮崎県	1	0	0	0	0	1	0

［注］ アクターが存在した場合に 1，存在しなかった場合は 0。

止に賛成するのに対して，公社所管部署職員と公社職員が廃止に反対するアクター間関係を想定していた。これは，土地開発公社は有権者の態度変化が起こり，利益団体が存在せず，社会経済状況の変化が生じた組織であるためである。

決定過程のアクター間関係を示したものが表 2-5 である。アンケート調査では，廃止を主張したアクターと存続を主張したアクターを尋ねており[86)]，それらのアクターの有無と帰結を示している。廃止を主張したアクターが存在する 7 件をみると，行政改革所管部署職員 4 件，審議会委員が 2 件，議会議員が 2 件，公社所管部署職員が 3 件，公社職員が 1 件ある。事前の予想とは異なり，公社所管部職員と公社職員が廃止を主張した事例も存在する。存続を主張したアクターがいた 4 件をみると，公社所管部署職員が 3 件，公社職員が 4 件となる。

次に，アクター間関係と帰結の関係をみていこう。知事が廃止の提案者に含まれる場合と含まれない場合に分けてみる。事例過程分析でも，廃止を提案するアクターが首長である場合と行政改革所管部署職員や審議会委員の場合があった。アンケート調査では，知事が廃止を提案したアクターに含まれる事例は，奈良県と香川県の 2 件あった。その他の 7 件では知事ではなく，行政改革所管部署職員，審議会委員，公社所管部署職員，議会議員が提案している。

決定過程のアクター間関係

存続を主張したアクター							帰結
公社所管部署	行革所管部署	審議会	知事	議会	公社	なし	
1	0	0	0	0	1	0	存続
0	0	0	0	0	0	1	廃止
0	0	0	0	0	0	1	廃止
0	0	0	0	0	0	1	廃止
0	0	0	0	0	0	1	将来的廃止
1	0	0	0	0	1	0	存続
1	0	0	0	0	1	0	廃止
0	0	0	0	0	1	0	将来的廃止
0	0	0	0	0	0	1	廃止

まず，廃止を提案するアクターに知事が含まれる場合をみていく。香川県の場合は，廃止を主張するアクターも廃止に反対するアクターもおらず，廃止という帰結となった。新聞報道によると，浜田恵造知事が，行政改革所管部署と公社所管部署からなるプロジェクトチームを立ち上げさせるとともに，審議会が解散しかないという答申を出したことにより廃止となった[87)]。奈良県では，知事も含むアクターが廃止を議題に上げたが，廃止を主張するアクターがおらず，公社所管部署職員や公社職員が存続を主張して，存続となった。

次に，廃止を提案するアクターに知事が含まれない場合をみる。この場合，廃止を主張するアクターが存在するのに対して，存続を主張するアクターがいない事例がある。石川県，福井県，山梨県，宮崎県の4件であり，いずれも廃止もしくは将来的な廃止という帰結となった。存続を主張するアクターがいる事例は残りの静岡県，福岡県，長崎県となる。このうち，静岡県では審議会委員が廃止を主張したのに対して，公社所管部署職員と公社職員が存続を主張し，存続という帰結となった。福岡県と長崎県では，行政改革所管部署職員や審議会委員もしくは公社所管部署職員が廃止を主張したのに対して，公社所管部署職員と公社職員が存続を主張した結果，廃止もしくは将来的な廃止となった。

▶ どのような要因が廃止を決定する際に影響するのか

決定過程では，政策の存在理由の有無が十分条件となる。アンケート調査では，廃止と存続を主張するアクターがいたかという質問とは別に，政策の存在理由の有無の提示があったかと誰によって提示されたかを質問している[88]。廃止を主張するアクターによる存在理由の欠如の提示という原因条件と，存続を主張するアクターによる存在理由の存在の提示という原因条件を示す。

ただし，土地開発公社のような組織改革の場合，誰により政策の存在理由が提示されたかも影響を及ぼすことが想定される。廃止を主張する側と存続を主張する側の双方が政策の存在理由の有無を提示した場合，どのような存在理由の有無が示されたかによって帰結が異なる。事例過程分析において，審議会委員が廃止を主張し，行政改革所管部署職員と公社所管部署職員，公社職員が存続を主張した埼玉県では，実務実施の都合上，公社の存在理由があるという経験的知識を基にした主張によって行政改革所管部署職員が，廃止に肯定的な知事を説得した。他方で，行政改革所管部署職員が廃止を主張した群馬県では，実務を実施するうえでも公社の存在理由がなくなっていることを主張し，公社所管部署職員を説得した。組織改革は，誰がどのように政策を実施するかに関する問題であり，行政職員が有する知識が特に重要となる。したがって，行政改革所管部署職員もしくは公社所管部署職員という行政職員が廃止を根拠づけるために存在理由の欠如を提示した場合には，存続を主張するアクターを説得できる。そのため，原因条件として，行政職員による存在理由の欠如の提示を加える。

また，政治状況として，知事による廃止提案，知事交代と無党派知事という原因条件を加える。前決定過程で加えた知事交代と無党派知事という原因条件は，こうした条件を有することで，知事が廃止に積極的となり，廃止が議題に上りやすい政治状況になることを想定したものであった。実際に，知事が廃止を提案した事例はいずれも知事交代という要因が存在する。決定過程で新たに加える知事による廃止提案という原因条件は，知事交代や無党派知事という原因条件と比較すると，より直接に廃止を促進する要因である。事例過程分析でみた神奈川県でも知事が廃止を提案し，トップダウンで廃止を決定したことにより廃止という帰結が生じていた。また，知事による廃止提案ほど直接的な影響はなくとも，廃止を促進する効果があることを予測して，知事交代と無党派知事という原因条件についても加える。

政策の性質については，すでに前決定過程において必要条件となっていたので，加えない。前決定過程の分析の結果，廃止が議題に上った事例はすべて，土地保有額が多額ではないという原因条件を満たしていた。

こうして，決定過程の分析では，廃止を主張するアクターによる存在理由の欠如の提示，存続を主張するアクターによる存在理由の存在の提示，行政職員による存在理由の欠如の提示，知事による廃止提案，知事交代，無党派知事を原因条件とし，解散を結果として分析を行う。廃止を主張するアクターにより存在理由の欠如が示されている場合に1を，存続を主張するアクターによって存在理由の存在が示されている場合に1を，行政職員により存在理由の欠如が示されている場合に1を与えた。知事によって廃止の提案があった場合に1を与えた。分析対象となった2010-14年の間に1期目の知事が存在していた事例には知事交代ありとして1を与えた。同期間に無党派知事が存在していた事例には1を与えた。結果は，解散したものについては1を与える。山梨県と長崎県では公社はまだ解散しておらず，将来的な解散が決まったという状況にあるが，分析に際しては1を与える。

必要条件を分析したところ，決定過程では必要条件はなかった。これは，公社を廃止した事例に共通する要因はないということを意味している。ただし，決定過程における分析では条件として加えなかったが，前決定過程で必要条件であった土地保有額と地価回復については決定過程でも当然に必要条件である。

次に，十分条件を明らかにするために，決定過程の真理表を表2-6に示した。真理表には，現実に生じたすべての組み合わせが記載されている。今回は，組み合わせ内に矛盾は生じていない。これは，条件の組み合わせが同じであった場合には，結果も同じであることを意味している。

標準分析を行った結果，中間解は表2-7に示した論理式となった[89)]。これは原因条件の3つの組み合わせが廃止という結果となっていることを表している。いずれの組み合わせにも矛盾は生じていない。1つ目の組み合わせが，知事による廃止提案があり，存続を主張するアクターによる存在理由の提示がないという組み合わせである。香川県のように，知事による廃止提案に基づき，その

表 2-6　土地開発公社の決定過程の真理表

廃止主張の存在理由提示	存続主張の存在理由提示	行政による廃止主張の存在理由提示	知事による廃止提案	知事交代	無党派知事	事例数	整合度	解散	県名
1	1	1	0	1	0	2	1	1	福岡県，長崎県
1	0	1	0	0	0	2	1	1	石川県，福井県
1	1	0	0	1	0	1	0	0	静岡県
1	0	1	0	1	1	1	1	1	宮崎県
1	0	0	0	1	1	1	1	1	山梨県
0	1	0	1	1	0	1	0	0	奈良県
0	0	0	1	1	0	1	1	1	香川県

表 2-7　土地開発公社の決定過程の中間解

中間解の項	素被覆度	固有被覆度	整合度
知事提案×～存続主張の存在理由提示	0.143	0.143	1
廃止主張の存在理由提示×～存続主張の存在理由提示	0.571	0.143	1
廃止主張の存在理由提示×行政による廃止主張の存在理由提示	0.714	0.286	1

まま廃止が決まった事例となる。ただし，奈良県のように存続を主張するアクターによる存在理由の提示があり，廃止を主張するアクターによる存在理由の欠如の提示がない場合には存続する。2つ目の組み合わせが，存続を主張するアクターによる存在理由の提示がなく，廃止を主張するアクターにより存在理由の欠如が示された事例となる。石川県，福井県，宮崎県，山梨県のように，廃止を主張するアクターによる存在理由の提示があるが，存続を主張するアクターによる提示がない場合には廃止となる。3つ目の組み合わせが，廃止を主張するアクターによる存在理由の欠如があるとともに，それが行政職員によって裏づけられている事例となる。福岡県や長崎県のように行政職員が存在理由の欠如を示していれば廃止となる。他方で，静岡県のように行政職員による存在理由の欠如の提示がない場合には存続する。

質的比較分析からは，決定過程では存在理由の有無の提示が帰結を左右することが明らかとなった。政治状況を示す変数として取り上げた知事交代や無党派知事という原因条件は論理式には登場しない。これは知事交代がなく，無党派知事でなくとも廃止に積極的な知事が現れるからである。しかし，知事による廃止提案がある事例でも，存在理由の欠如を提示しない場合には廃止とはならない。また，廃止を主張するアクターと存続を主張するアクターの双方が存在理由の有無を提示する場合には，廃止を主張するアクターが行政職員による存在理由の欠如も提示することができるかどうかが重要となる。土地開発公社のような組織改革に際しては，行政職員が有する経験的知識も必要となることが示唆される。

5 小　括

土地保有による制約と行政職員が提示する存在理由の影響

土地開発公社の廃止は，行政改革所管部署職員や審議会委員だけではなく，知事や議会議員といった地方政治家も提案していた。土地開発公社をめぐっては，地価の下落という社会経済状況の変化だけではなく，公社改革に肯定的な有権者の態度変化も生じていた。土地開発公社は，一般有権者が廃止に肯定的であるだけではなく，公社にかかわる利益団体も存在しない組織でもある。そのため，知事や議会議員といった地方政治家が廃止に肯定的であり，廃止を提案したために議題に上ることがあった。

公社の廃止を議題に上げる際には，外部環境の変動が生じていた。有権者の態度変化と地価の下落という社会経済状況の変化が生じており，外部環境の変動は必要条件であった。

そして，前決定過程では，政策の性質と政治状況が影響を及ぼしていた。公社の廃止に際して最も大きな影響を与える政策の性質として，土地保有額がある。事例比較分析では，土地保有額が多い場合には，廃止が議題に上っていないことが明らかとなった。この政策の性質は必要条件でもあり，十分条件でもあった。例えば，土地保有額が多い茨城県では公社改革の必要性が議会議員によって指摘されたものの，一度に土地を処理して公社を廃止することが難しいため，廃止が議題に上らないということがある（柳 2011）。地方自治体は財政状況が悪化しており，廃止コストの存在により，廃止が議題に上らない。政治状況に関しては，事例比較分析によると，知事の交代があり無党派知事であるほど廃止が議題に上りやすい傾向にあり，政治状況は十分条件であった。さらに，見直し検討の有無と廃止検討の有無を比較すると，廃止を検討する際には無党派知事の存在という政治状況が結果を左右する傾向があった。

決定過程のアクター間関係は，一部の公社所管部署職員と公社職員の行動以外は想定していた通りであった。アンケート調査によると，公社の廃止を主張したアクターは，行政改革所管部署職員，審議会委員，議会議員，公社所管部職員，公社職員であり，公社の存続を主張したアクターは公社所管部署職員と公社職員であった。一部の事例で事前の想定とは異なり，公社所管部署職員と公社職員が廃止を主張していた。ただし，存続を主張するアクターが存在する場合は，公社所管部署職員と公社職員が存続を主張している。これは，公社の廃止という事態は，公社所管部署職員と公社職員に対して不利益となるためである。

決定過程では，政策の存在理由の提示の有無が重要となった。このことは事例過程分析と事例比較分析によって確認できた。

事例過程分析では，廃止が起こりやすい政治状況であっても，公社の存在理由が示されることによって存続する事例があった。例えば，埼玉県のように，知事が廃止に肯定的であっても，公社所管部署職員や行政改革所管部署職員によって政策の存在理由が示された場合には，知事が説得された事例があった。知事以外のアクターが廃止案を提示した場合も，存在理由の有無が帰結を左右し，特に行政職員によって公社の存在理由の欠如が提示されるかが重要となる。廃止を主張する側と存続を主張する側の双方に行政職員がいる場合，事例過程分析における群馬県の事例のように，外部状況の変化による存在理由の欠如を理由として，存続を主張する側を説得した。廃止を主張する側に行政職員が存在しない場合は，廃止を主張する側が説得されて存続という帰結となった。

事例比較分析においても，政策の存在理由が十分条件となっていたことが確認できた。導かれた中間解は知事提案と存在理由の有無という原因条件の組み合わせか，存在理由の有無に関する原因条件の組み合わせであった。これは，知事提案という原因条件だけで廃止となるのではなく，存在理由の有無も関連することを意味している。つまり，廃止が行われやすい政治状況であったとしても，存在理由がまだあることを示されることによって，存続しているのである。また，土地開発公社のように，地方政治家が廃止に肯定的であり，行政職員が廃止に否定的であることが想定されるアクター間関係では，行政職員は公式のルールに基づく拒否権は有さない。神奈川県のように，トップダウンで廃止が決められると，潜在的に廃止に反対するアクターである公社所管部署職員や公社職員は，公社の存在理由がまだあることを主張することができずに，影響力を行使できなくなる。他方で，廃止を主張する側と存続を主張する側双方が存在理由の有無を提示したとき，行政職員が廃止を裏づける政策知識を提供したかが帰結を左右していた。

こうして，公社廃止の前決定過程では公社の土地保有額という性質や政治状況が十分条件となり，決定過程では存在理由の提示の有無が十分条件として帰結を左右することが明らかとなった。公社の廃止に際して，不利益を被るアクターは，公社所管部署職員と公社職員という一部の行政職員にとどまる。これに対して，一般有権者は廃止に肯定的であり，公社にかかわる利益団体もいないため，政治家も廃止に肯定的であった。こうした民意によって，公社の土地保有額が多額でない限りは，廃止が議題に上りやすかった。ただし，決定過程では，政策の存在理由の提示という専門性の有無が重要となる。特に公社という組織改革の場合には，実際に行政組織で働く職員によって政策の存在理由がなくなっていることを示すことができるかが重要となっていた。

1) 土地開発公社には，公有地の先行取得事業以外にも，住宅用地や事業用地の造成を行う土地造成事業，国や自治体への用地斡旋等の役割がある。
2) ただし，経過措置対象団体は，2016 年度まで起債可能であった。
3) 内閣府大臣官房政府広報室のウェブサイトに掲載されている世論調査を確認した。
4) 『日本経済新聞』1994 年 7 月 7 日付，7 面。
5) 質問は，「あなたは，県が行財政改革を進めることについてどのように思いますか」。結果は，積極的に進めるべきだと思う（66.5%），どちらかと言えば進めるべきだと思う（24.1%），どちらかと言えば進める必要はないと思う（2.3%），進める必要はないと思う（0.6%），無回答（6.5%）であった。内閣府『全国世論調査の現況 平成 12 年版』155頁。

6) 国が実施した1950年代と60年代の世論調査には，行政改革の是非を問う質問項目はない。1950年代と60年代に地方自治体が実施した世論調査の質問と結果については，総理府が編集した『全国世論調査の現況』に掲載されている。国立国会図書館に所蔵されている『全国世論調査の現況』に掲載されている限りでは，1950年代および60年代に地方自治体が実施した世論調査で，行政改革の是非の結果を示すものは存在しない。

7) 日経4紙とは，日本経済新聞，日経産業新聞，日経MJ（流通新聞），日経金融新聞の4紙である。地方経済面を含めているため，記事の重複もありうる。各紙で見出しを収録するようになったのが1975-76年であるため，対象期間は1980年以降とし，5年ごとに分類する。

8)「設立・存続・統合」とは，公社の設立・存続・統合が行われたことを報じた記事のことを指す。「人事・不祥事」とは，公社の人事や不祥事を報じた記事である。「その他」とは，図表や海外の土地開発公社，用語説明や制度改正を報じた記事である。

9) 次章以降も同様。なお，議会議員については，公職選挙法によりその『選挙公報』の発行が義務づけられていないため，分析を行わなかった。議会議員の政策選好については，事例過程分析で確認していく。

10)『日本経済新聞』地方経済面（中国B）1993年12月16日付，35面。

11) 土地開発公社の廃止の有無については，総務省『平成26年度 土地開発公社事業実績調査結果概要』を参照した。

12) 類似した社会経済状況にある関東の県には，他にも茨城県，千葉県，栃木県が存在する。これらの県の土地開発公社改革の状況については，柳（2011）を参照。

13) 2つの引用は2004年2月12日に開催された「第4回埼玉県出資法人あり方検討委員会」における県土整備部用地課長の発言。『埼玉県出資法人あり方検討委員会第4回会議議事録』，31頁。

14) 埼玉県土地開発公社『埼玉県土地開発公社に係るデータ』。

15) 総務省『各道府県土地開発公社データ』および総務省『土地開発公社事業実績調査結果概要』。

16)『朝日新聞』（埼玉）1997年7月9日付，掲載面不明。

17)『朝日新聞』（埼玉）1999年11月26日付，35面。

18)（清友会 2007）。

19)『埼玉新聞』2003年9月17日付，1面。

20)『日本経済新聞』地方経済面（埼玉）2003年9月17日付，40面。

21) 筆者による埼玉県企画財政部改革推進課職員への聞き取り調査，2008年8月5日。

22) 以降の委員会における議論は，埼玉県『埼玉県出資法人あり方検討委員会会議議事録』に基づく。

23) 埼玉県『埼玉県議会会議録』2004年2月25日。

24) 筆者による埼玉県企画財政部改革推進課職員への聞き取り調査，2008年8月5日。

25) 同上。

26) 同上。

27)『朝日新聞』（埼玉）2004年8月31日付，31面。

28) 『埼玉新聞』2004年8月31日付，1面。
29) 本段落の話は，筆者による埼玉県企画財政部改革推進課職員への聞き取り調査（2008年8月5日）による。
30) 埼玉県『埼玉県議会会議録』2009年3月19日。なお，知事は公社の今後の見通しとして，「ただ，これが何か10年，20年の先の話となってくると，そうは私も思わないような気がいたします。多分，10年程度の話なのかなというふうに思っています」とも述べており，「当面」の期間としては今後10年程度の存続を予想していることが読み取れる。
31) 『神奈川新聞』2001年12月8日付，2面。
32) 総務省『土地開発公社事業実績調査結果概要』。
33) 筆者による岡崎洋氏への書面による聞き取り調査，2008年10月3日。
34) 岡崎知事は，2001年12月18日の定例記者会見において，「土地開発公社の廃止については第三セクターの研究を始めた4，5年前から考えていた」と発言した。『日本経済新聞』地方経済面（神奈川）2001年12月19日付，26面。
35) 筆者による岡崎洋氏への書面による聞き取り調査，2008年10月3日。
36) 『神奈川新聞』2000年2月11日付，1面。
37) 『日本経済新聞』（神奈川）2000年2月11日付，26面（地方経済面）。
38) 岡崎元知事の認識。筆者による岡崎洋氏への書面による聞き取り調査，2008年10月3日。また，県議会会議録によると，第三セクター等の改革を推進すべきとする県議からの質問が県議会においてよくなされるようになっている。
39) 神奈川県『神奈川県議会会議録』2001年6月20日。
40) 神奈川県『神奈川県議会会議録』2001年10月1日。
41) 筆者による神奈川県県土整備部用地課および総務部行政システム改革推進課職員への聞き取り調査。前者は2008年7月25日，後者は2008年7月31日に実施。
42) 筆者による岡崎洋氏への書面による聞き取り調査，2008年10月3日。
43) 『日本経済新聞』（神奈川）2001年10月3日付，26面（地方経済面）。
44) 『神奈川新聞』2001年12月8日付，1面。
45) 筆者による神奈川県総務部行政システム改革推進課職員への聞き取り調査，2008年7月31日。
46) 筆者による岡崎洋氏への書面による聞き取り調査，2008年10月3日。
47) 神奈川県『神奈川県議会会議録』2001年12月7日。
48) 『日本経済新聞』（神奈川）2001年12月19日付（地方経済面）。
49) 筆者による神奈川県県土整備部用地課職員への聞き取り調査，2008年7月25日。
50) この座談会で元公社職員は，1989年以降は公社独自の判断で土地を取得することはなく，県からの依頼状がある場合にのみ土地を取得していたことを述べる（神奈川県土地開発公社史編纂委員会 2006：85)。土地開発公社については，公社が独自の判断で土地を取得でき，取引の内容が人目にふれないことから，首長や議会議員の働きかけによる不正な土地取引が行われている事例があることが指摘されている（山本1999)。しかし，公社独自の判断で土地取得ができない場合は，働きかけを行う議会議員にとっても土地開発公社が存在する利点はなく，公社の廃止に反対することはないことが予想される。

51）筆者による岡崎洋氏への書面による聞き取り調査，2008年10月3日。
52）筆者による神奈川県県土整備部用地課職員への聞き取り調査，2008年7月25日。
53）同上。
54）『神奈川新聞』2005年9月13日付，30面。
55）『神奈川新聞』2004年3月2日付，2面。
56）『神奈川新聞』2005年9月13日付，30面。
57）『産経新聞』（神奈川）2005年9月19日付，25面。
58）総務省『各道府県土地開発公社データ』および総務省『土地開発公社事業実績調査結果概要』。
59）筆者による群馬県総務部総務課職員および県土整備部用地課職員への聞き取り調査，2010年11月16日。
60）『日本経済新聞』地方経済面（群馬）2001年4月3日付，43面。
61）群馬県『群馬県議会会議録』2004年2月19日。
62）群馬県『群馬県議会会議録』2004年2月27日。なお，総務部長は2003年4月に51歳で就任した。生え抜きの県職員が50歳代前半で部局長に抜擢されるのは異例のことであった。この総務部長は2005年10月には，小寺知事のもとで副知事に任命された。
63）『日本経済新聞』地方経済面（群馬）2004年11月17日付，43面。筆者による群馬県総務部総務課職員への聞き取り調査，2010年11月16日。
64）筆者による群馬県総務部総務課職員および県土整備部用地課職員への聞き取り調査，2010年11月16日。
65）『日本経済新聞』地方経済面（群馬）2004年11月17日付，43面。
66）筆者による群馬県県土整備部用地課職員への聞き取り調査，2010年11月16日。
67）『朝日新聞』（群馬）2005年2月15日付，35面。
68）筆者による群馬県総務部総務課職員および県土整備部用地課職員への聞き取り調査，2010年11月16日。
69）筆者による群馬県県土整備部用地課職員への聞き取り調査，2010年11月16日。『朝日新聞』（群馬）2007年4月5日付，30面。
70）『上毛新聞』2006年2月15日付，1面。
71）筆者による群馬県県土整備部用地課職員への聞き取り調査，2010年11月16日。
72）『朝日新聞』（群馬）2007年4月5日付，30面。
73）筆者による群馬県総務部総務課職員および県土整備部用地課職員への聞き取り調査，2010年11月16日。
74）公社見直しの検討の有無に関する質問文は，「平成22年度以降に，道府県庁内で土地開発公社の見直しが組織的に検討されたことがありますか（平成21年度以前からの継続的な検討も含む）」であり，回答欄は「ある」と「ない」の二択である。公社廃止の検討の有無に関する質問文は，「見直しの際に，土地開発公社の解散が選択肢の一つとして組織的に検討されたことがありますか（平成21年度以前からの継続的な検討も含む）。結果的に解散が決定されなかった場合についても，検討がなされた場合には「1. ある」とお答えください」であり，回答欄は「ある」と「ない」の二択である。
75）4公社のうち，1公社については，誰が廃止を議題に上げたのかについては回答があった。

76）質問文は「誰が提案したために，道府県庁内で解散についての組織的な検討がなされたのでしょうか。当てはまるものすべての番号に○をつけてください」であった。回答の選択肢は，土地開発公社所管部署職員，行政改革所管部署職員，審議会委員，知事，議会議員，土地開発公社職員，その他である。

77）2010年から14年に知事与党が過半数となる状況があった場合に，知事与党多数ありとした。議会議席数は，全国都道府県議会議長会による『全国都道府県議会便覧』に基づく。知事選挙に際して推薦・支援をした政党を知事与党とカウントした。次章以降の質的比較分析も同様である。

78）地方自治総合研究所による『全国首長名簿』により判断した。次章以降の質的比較分析も同様である。

79）推薦の有無については，地方自治総合研究所による『全国首長名簿』により判断した。さらに，2000年代は実質的に政党からの支援を受けているにもかかわらず，政党からの推薦を受けない事例が多い。そこで，さらに朝日新聞の記事データベース『聞蔵Ⅱ』を検索し，県連・県議レベルで支援があり，対立候補を出していない場合には支援を受けたものとし（ただし，県連として支援しない方針を出していれば支援なしと判断），推薦・支援を受けていない場合に無党派知事であるとした。次章以降の質的比較分析も同様である。

80）2006年度の第2次土地開発公社経営健全化対策に基づき，第1種公社経営健全化団体および第2種公社経営健全化団体に指定されなかった場合に1を，指定された場合に0を与えた。

81）都道府県地価調査では，2006年以降に平均地価上昇が起こった県が現れる。そこで，2005年と09年の『都道府県地価調査標準価格一覧』の都道府県別の住宅地平均価格を比較して，上昇した県に0を，上昇しなかった県に1を与えた。

82）土地保有額が多額であった（第1種公社経営健全化団体および第2種公社経営健全化団体に指定された）団体は，道府県では1団体のみとなる。ただし，市町村まで広げると，その数は総計で184団体となり，特殊な事例ではない。

83）標準分析とは，複雑解，簡潔解，中間解という3種類の解を出力する分析方法である。

複雑解とは，現実に存在する条件組み合わせから導き出した論理式のことを指す。しかし，この複雑解は理論上考えられるすべての組み合わせを考慮したものではない。表2-3には，現実に存在する条件組み合わせのみを示したが，理論上は他にも条件組み合わせが存在する。この理論上は考えられるが現実には存在しなかった条件組み合わせのことを論理的残余と呼ぶが，これを考慮していないため複雑解から一般的な理論を導くことは難しい。この問題を解決するために，現実には存在しなかった条件組み合わせについても，もし存在していたらどうなるかということを予想して論理式に組み込む（反実仮想）（森 2016：301-302）。

簡潔解とは，論理的残余のうち，論理式をできるだけ簡単にするような行を探して，そのような行の結果は1になると仮定した論理式となる。ただし，この簡潔解は論理式が簡単になることを目的として論理的残余を式に含めるかを決めているので，含めることがふさわしくない行も含めている可能性がある（森 2016：300-301）。

中間解とは，簡潔解に含めている論理的残余のうち，そうした含めることがふさわしくない行を除いた最終的な解となる（森 2016：300-301)。

この分析では，土地保有額小×地価回復なしではない組み合わせを0と想定した。また，土地保有額小×地価回復なしの組み合わせであっても知事交代×無党派知事でない場合は0と想定した。なお，本分析では，複雑解と簡潔解も中間解と同じ論理式であった。

84) 固有被覆度は，複数の項で重複している事件を除いた割合となる。中間解の項は1つであるため，素被覆度と同値となっている。

85) この分析では，矛盾が生じないように，論理的残余の結果をすべて0と想定した。なお，本分析では，複雑解と簡潔解も中間解と同じ論理式であった。

86) 質問文は，「道府県庁内における検討過程において，どのようなアクターが解散を主張していましたか。当てはまるものすべての番号に○をつけてください」と「道府県庁内における検討過程において，どのようなアクターが公社の存続を主張していましたか。当てはまるものすべての番号に○をつけてください」である。回答の選択肢はいずれも，土地開発公社所管部署職員，行政改革所管部署職員，審議会委員，知事，議会議員，土地開発公社職員，その他，主張したアクターは「いない」である。

87) 『朝日新聞』（香川）2011年1月20日付，27面。『朝日新聞』（香川）2011年11月19日付，33面。

88) 質問文は，「解散を主張したアクターは，以下の事項について政策知識に基づいた主張を行いましたか。当てはまるものがある場合には，当てはまるものすべての記号に○をつけて，その主張を行ったアクターの番号を記してください（例えば，土地開発公社所管部署職員の場合には「1」)。政策知識とは，解散の根拠となる理論や情報（データ）が示されているものを指します。政策知識に基づいた主張がない場合には記入しないでください」である。回答の選択肢としては，先行取得事業の必要性減少，その他の公社が行う事業の必要性減少，公社を活用することによる効率性減少，その他の政策知識に基づいた主張を示した。存続を主張するアクターによる政策等の存在理由の提示の有無を判断する際にも，同様の質問を行った。

89) 簡潔解と複雑解も同様の同じ論理式である。本節の分析では，論理的残余に関して，廃止主張の存在理由提示×～存続主張の存在理由提示の組み合わせについては1を，存続主張の存在理由提示×～廃止主張の存在理由提示の組み合わせについては0を想定した。～廃止主張の存在理由提示×～存続主張の存在理由提示の組み合わせについては，知事による提案がある場合には1，ない場合には0を想定した。廃止主張の存在理由提示×存続主張の存在理由提示の組み合わせについては，行政による廃止主張の存在理由提示があれば1，ない場合には0を想定した。

第3章　自治体病院事業

1　自治体病院事業の概要

▶ 自治体病院の目的

自治体病院の目的は，地域において提供されることが必要な医療のうち，採算性等の面から民間医療機関による提供が困難な医療を提供することにある。自治体病院は，山間僻地（へきち）・離島など民間医療機関の立地が困難な過疎地等における一般医療の提供，救急・小児・周産期・災害・精神などの不採算・特殊部門にかかわる医療を提供している。また，県立がんセンター，県立循環器センターといった地域の民間医療機関では，限界のある高度・先進医療も提供している。さらに，研修の実施等を含む広域的な医師派遣の拠点となっている[1)]。

日本においては民間病院が多く設立されている。そもそも，明治維新以降に日本の医学が西洋医学に正式に切り替えられたことから，入院患者を主な対象とする医療機関である病院が広く設立されるようになった。それまでの治療は漢方薬による処方が中心で外科的手術を行わなかったこともあり，病院は小石川養生所といったごく少数の例外を除き設立されなかった（菅谷 1985：3-4）。明治維新後，当初は主に国公立病院が設立されていったが，明治期後半には財政難を背景に多くの国公立病院が廃止され，代わりに民間病院の建設が相次いだ（菅谷 1985：10-13；猪飼 2010：80-85）。第二次世界大戦後は，地方選挙でも公的病院の建設が重要な政策課題として取り上げられたこともあり，1940年代後半の混乱期には国公立病院主体の病院整備が行われた。しかし，その後はまた民間病院が主流となっていく（菅谷 1985：30-37）。20世紀後半には，人口当たりの病床数は約3倍に増加したが，その増加分の大部分は民間病院によるものであり（池上＝キャンベル 1996），2014年時点の国公立病院病床数が全病床数に占める割合は22.8％にとどまる[2)]。

こうして，民間病院が多く設立されていることから，日本の自治体病院は民間の補完的役割を担うものとされた。自治体病院は，僻地医療や高度・先進医療といった，採算性等の面から民間医療機関では提供が困難な政策医療に取り組むものと考えられている。

▶ 自治体病院の経営形態見直し

本書では，地方公営企業法が適用される都道府県立病院を分析対象とする[3)]。自治体病院事業を設置する都道府県には，複数の病院を有しているところがあり，分析の対象は個々の病院とする。地方公営企業は独立採算の原則に基づきつつも，その性質上，当該地方公営企業の経営に伴う収入をもって充てることが適当でない経費や，当該地方公営企業の性質上，能率的な経営を行っても，なおその経営に伴う収入のみをもって充てることが客観的に困難であると認められる経費については，地方自治体の一般会計等から繰出金が支出される（地方公営企業法17条の2）。これは，地方公営企業は，企業の経済性を発揮するだけではなく，公共の福祉を増進するように運営されなければならないと定められており（同法3条），公共の福祉の観点から不採算分野の事業を行う場合には，その経費については一般会計等が負担するという考えに基づいているからである。自治体病院事業についても，民間医療機関等では提供が困難な政策医療に取り組むために，一般会計等からの繰出金が投入されている[4)]。

しかし，こうして公費が投入されもなお自治体病院の経営状況は悪化しており，自治体の財政状況の悪化も相俟って，自治体病院の経営改革が求められている。その経営改革の一つの手段として，経営形態の見直しがある。それには，大きく分けると，地方公営企業法の全部適用，地方独立行政法人化，指定管理者制度の導入，民間譲渡，病院の閉鎖といった選択肢がある。

地方公営企業法の全部適用とは，これまでと同様に自治体直営での運営を続けるが，事業管理者を置いて病院に関する権限を，これまでの首長から事業管理者に移すという運営形態である。地方公営企業法では，病院については財務規定のみを適用して，その他の組織や職員に関する規定については，条例を定めることによって適用することができる仕組みになっている。財務規定という一部のみを適用するのではなく，全部を適用することにより，権限を掌握する事業管理者を設置するとともに，職員の給与を独自に決定できるようになる（萩原 2009：244）[5)]。

地方独立行政法人化とは，自治体とは別の法人組織である地方独立行政法人が病院を運営する運営形態である。2003 年に制定された地方独立行政法人法により可能となった運営形態であり，職員の身分が地方公務員である場合は特定地方独立行政法人，地方公務員の身分を与えない場合は一般地方独立行政法人となる。一般地方独立行政法人となった場合は，自治体直営で運営する場合よりも，職員定数の決定や人員配置を弾力的に行うことができる（目貫 2008：72-74）[6)]。

指定管理者制度の導入とは，病院の設置自体は自治体が行うが，運営に関しては民間の医療法人などに委託する運営形態である。2003 年の地方自治法の一部改正により可能となったものであり，設置者である自治体が指定する法人等が病院を運営する。一般的に指定管理者制度を導入した際の委託料のほうが，一般会計からの繰入金より少ないと指摘されている（目貫 2008：76）。

民間譲渡と病院の閉鎖とは，自治体が病院という行政サービスの提供をやめることを意味している。本書では，政策の廃止を「公共的問題を解決するための政府による方針と諸活動」の「意図的な終結」と定義している。民間譲渡と病院そのものの廃止は全く同じものではないが，自治体によるサービス提供の終結という点では共通しており，本書で定義する廃止に当てはまる[7)]。また，民間譲渡は病院そのものの廃止ではないが，いったん民間医療機関に病院が譲渡されると，採算がとれない場合には撤退するのではないかと有権者が考えるため，病院そのものの廃止と同様に有権者からの反発が予想されるという点でも共通している。地方公営企業である病院の設置やその経営の基本に関する事項は条例で定められており（地方公営企業法4条），その廃止には条例の改正が必要となる。ただし，すべての自治体病院を廃止することができるわけではない。都道府県の精神保健福祉に関する病院については，「精神保健及び精神障害者福祉に関する法律」において，都道府県は精神保健福祉センターを置くものと定められており（同法6条），都道府県立病院をすべて廃止することはできない。

こうした自治体病院を廃止する際のコストとして職員の存在がある。病院事業は事業であるが，病院という形態上，その性質は組織に近い。病院の民間譲渡で最も注目されるのは職員の処遇となる（杉元 2007：7）。自治体病院を民間譲渡もしくは閉鎖するとなると，それまで働いていた職員の処遇を検討しなければならない。また，廃止に対する反対運動や要求が職員によって構成される労働組合からなされることも多い。

2　外部環境の変動

自治体病院の経営悪化

自治体病院をめぐっては，社会経済状況の変化が起こっている自治体が存在する。他方で，廃止につながる有権者の態度変化や国および事業に参画する他の地方自治体の撤退という外部環境の変動は起こっていない。

▶ 経営状況悪化をもたらす社会経済状況の変化

自治体病院の経営状況は悪化している。2014年度には全国の自治体病院に計5357億円の繰入金が投入されたが，それでも赤字の病院は多数を占めている[8)]。こうした状況は1967年から続き（小山田 2006），1974年以降は数次にわたって経営健全化措置がとられたものの，状況は変わっていない。

経営状況が悪化した背景には，社会経済状況の変化等がある。長隆は近年の自治体病院の厳しい経営状況の要因として，①バブル経済後の長期不況下の公共事業ブームの中で豪華な自治体病院の建築が相次ぎ，そうした建築の元利金の償還が経営状況を圧迫していること，②診療報酬のマイナス改定によって医療収入が減少するとともに，国が公務員の一律5%削減を打ち出したことにより医師と看護師が十分に確保できなかったこと，③自治体病院の職員は公務員で構成されるため，業績等に関係なく給与が上がる傾向にあり，人件費構造が硬直していることを挙げる（長 2008）。また，医師不足による経営状況の更なる悪化も起こっている。苛酷な労働環境や2004年度から導入された新しい臨床研修制度により，自治体病院から医師がいなくなっている（伊関 2007）。すなわち地方では，以前から医師が不足していたが，新制度の導入によって新卒研修医が原則自由に研修先を選べるようになり，大学病院が人手不足に陥り，それを補うために地方の病院から医師を引き揚げたため，自治体病院で医師不足が深刻化したのである。医師不足は診療科の閉鎖などを招いており，経営状況が更に悪化する一因ともなっている。

自治体病院の経営状況が悪化する中，自治体病院が政策医療の役割を果たしていないと判断される病院も現れている。自治体病院の多くは，第二次世界大戦前もしくは戦後の混乱期に設立された。しかし，戦後しばらくしてからは民間病院が数多く設立されるようになった。そのため，医療の提供は民間病院で足りており，自治体病院が果たすべき役割がなくなっていると判断される医療圏も出てきた。こうして，地方自治体の財政状況が悪化する中，自治体病院の経営状況が悪化し，公費の投入がなされているにもかかわらず，自治体病院が果たすべき政策医療という役割についても果たしていないと判断される自治体病院が現れ始めている。ただし，自治体病院の経営状況が悪化したとしても，地域に民間病院が少なく，自治体病院なしでは地域医療の維持が困難となる場合には廃止の動きはみられない。

▶ 廃止に直接結び付かない国や他の地方自治体の動向

自治体病院の経営悪化については，総務省も憂慮しており，各地方自治体に対して経営改善策をとるよう促している。1998年1月には「地方公営企業の経営基盤の強化について」を通知して，自治体病院の経営健全化に向けての取り組みを要請している（安田 2003）。また，2007年12月には「公立病院改革ガイドライン」を通知し，各自治体で08年度内にガイドラインを踏まえて公立病院改革プランを策定して，病院事業経営の改革に取り組むよう通知している。ガイドラインでは，改革の目的は，公・民の適切な役割分担のもとで地域において必要な医療体制の確保を図ることにあるとしており，民間医療機関に委ねることが可能な分野については，民間医療機関に委ねるという考え方を基本としている。2015年3月には，2007年の公立病院改革プランと同目的の新公立病院改革プランを策定している。こうしたガイドラインからは，民間医療機関に代替可能な地域においては自治体病院を廃止するよう促している総務省の姿勢がみてとれる。

ただし，自治体病院の廃止に直接つながるような措置はとっていない。都道府県の自治体病院事業に国や市町村などの他の地方自治体が参画している事例は少なく，都道府県立病院から国や市町村が撤退するということはない。

▶ 変わらぬ有権者からの支持

自治体病院に対する有権者の態度変化は起こっていない。1950年代に行われた「国民生活に関する世論調査」をみると，病院に対する支持は高い。1959年1月に行われた「国民生活に関する世論調査」では，拡充・充実してほしい公共施設として約4割の回答者が「病院・その他の医療施設」を挙げ，1位となった[9]。その後は同じ質問項目はないものの，医療などの社会保障については政府に対する要望項目の1位もしくは2位となる時期が続き，1999年12月に行われた「国民生活に関する世論調査」でも，政府に対する要望として「医療・福祉・年金の充実」を挙げた者の割合は65.1％と最も高かった[10]。また，朝日新聞が2009年3月に行った世論調査によると，医療・福祉分野については，予算を増額すべきであると85％の回答者が述べたのに対して，予算を減額すべきと回答した回答者は2％にとどまっている[11]。これらの世論調査からは病院施設などの医療分野に対する支持は高い割合で推移していることが読み取れ，有権者の態度変化は起こっていない。

こうした有権者の動向を反映して，知事は自治体病院の目的である医療提供について積極的な姿勢を示している。図3-1は，知事選挙当選者がその『選挙公報』において，医療対策について肯定的にふれた割合の推移を示したものである[12]。1960年代から2000年代に至るまで多くの知事がその『選挙公報』において，医療対策に積極的に取り組むと述べている。

図 3-1　知事選挙当選者の『選挙公報』における記載の推移（医療）

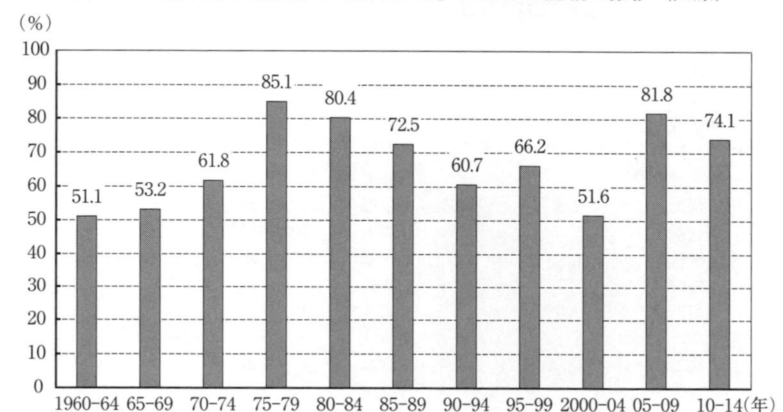

［注］ 今後の政策の記載欄において，医療の対策について肯定的にふれているものの割合。1960 年から 2014 年にかけて投票が行われた 652 回の知事選挙を対象としているが，そのうち 32 回の選挙に関しては『選挙公報』が入手できなかったため分析に含めていない。また，無投票であった選挙に関しては『選挙公報』が発行されないため（公職選挙法 171 条），分析対象に含めていない。

［出所］ 各都道府県選挙管理委員会発行の『選挙公報』から筆者作成。

▶ 外部環境の変動と廃止事例一覧

こうして，自治体病院をめぐっては社会経済状況の変化が起こる一方で，国および他の地方自治体の廃止決定や有権者の態度変化は起こっていなかった。社会経済状況の変化については，すべての地域に共通するものではないが，経営状況が悪化するとともに，自治体病院が果たすべき政策医療の役割を果たしていない病院が現れていた。国および他の地方自治体の廃止決定としては，国や他の地方自治体によって廃止決定が行われることはない。有権者の態度としては，有権者は 1950 年代から継続して自治体病院をはじめとする医療対策を支持しており，有権者の態度変化は起こっていないことが世論調査からわかった。このように，自治体病院をめぐっては，一部の地域で社会経済状況の変化という外部環境の変動が生じた事例が現れており，社会経済状況の変化により事業の存在理由がなくなったことを認識した行政改革所管部署職員や審議会委員が廃止を検討し始めることが予想される。

表 3-1 は 1986 年度から 2014 年度にかけての都道府県における自治体病院の

表 3-1　廃止された自治体病院一覧

病院名	都道府県名	廃止形態	開始年度	廃止年度
墨田産院	東京都	病院閉鎖	1952	1987
母子保健センター	神奈川県	病院閉鎖	1950	1992
黒木病院	福岡県	病院閉鎖	1953	1992
荒川産院	東京都	病院閉鎖	1936	1999
札幌北野病院	北海道	病院閉鎖	1948	2001
母子保健院	東京都	病院閉鎖	1942	2002
釧路病院	北海道	病院閉鎖	1951	2004
台東病院	東京都	病院閉鎖	1942	2004
洛東病院	京都府	病院閉鎖	1912	2004
消化器医療センター朝倉病院	福岡県	民間譲渡	1953	2004
遠賀病院	福岡県	民間譲渡	1955	2004
成人病センター多良見病院	長崎県	民間譲渡	1983	2004
南部病院	沖縄県	民間譲渡	1982	2005
本宮病院	福島県	病院閉鎖	1949	2006
リハビリテーション飯坂温泉病院	福島県	民間譲渡	1969	2006
柳川病院	福岡県	民間譲渡	1957	2006
嘉穂病院	福岡県	民間譲渡	1952	2006
三島病院	愛媛県	民間譲渡	1948	2009
循環器呼吸器病センター	愛知県	病院閉鎖	1957	2010
苫小牧病院	北海道	病院閉鎖	1954	2013
東金病院	千葉県	病院閉鎖	1953	2013

廃止事例一覧である[13)]。廃止に際しては知事と議会の同意が必要となるにもかかわらず，廃止となった病院が存在する。

3　事例過程分析

二重の入れ子モデルを検証するために，決定的事例について過程分析を行う。自治体病院は首長と議会議員の双方が廃止に否定的であることが想定される事例である。首長と議会議員の双方が廃止に否定的であるにもかかわらず廃止されることは，先行研究からは説明し難い決定的事例となる。

▶ 事例の選択

決定的事例として，自治体病院が民間譲渡された福岡県と，病院が閉鎖された京都府を分析する。自治体病院の廃止には，民間譲渡と病院閉鎖という2つの形態がある。福岡県は，5つの県立病院のうち，4つを民間譲渡し，1つに指定管理者制度を導入した。全都道府県で初めて保有する全県立病院を行政直営ではなくした事例となる。京都府は民間譲渡ではなく，病院そのものを閉鎖した事例である[14)]。いずれも地元住民や地方政治家にとって受け入れにくい結果となった決定的事例となる。

福岡県の事例と京都府の事例が，二重の入れ子モデルでどのように説明されるかを紹介する。福岡県と京都府はいずれも知事与党多数という廃止が議題に上りやすい政治状況であった。とはいえ，自治体病院事業については一般有権者と利益団体の双方が廃止に否定的であり，廃止が困難なアクター間関係となる政策である。先行研究で指摘されてきた首長と議会の重要性を鑑みると，廃止が議題に上り，決定されることは考えにくい。実際に，自治体病院の廃止が議題に上る事例は数少ない。しかし，福岡県と京都府では廃止が議題に上り，決定過程において審議会委員等が病院の存在理由がなくなったことを主張したことによって廃止が決定された。二重の入れ子モデルで示したように，決定過程における政策の存在理由の欠如が示されたことによって廃止という帰結が導かれた事例となる。

▶ 福岡県——審議会委員による提案

福岡県では，2000年時点で存在していた消化器医療センター朝倉病院（以下，朝倉病院と記述），遠賀（おんが）病院，柳川（やながわ）病院，嘉穂（かほ）病院，精神医療センター太宰府病院（以下，太宰府病院と記述）の5つの県立病院のうち4つを民間譲渡した。朝倉病院と遠賀病院については2005年度に，柳川病院と嘉穂病院についても07年度に民間譲渡した。いずれも，麻生渡知事在任中のことであった。太宰府病院については，2005年度に指定管理者制度が導入されたものの，県立病院として現在も存続している。以下では，まず福岡県における自治体病院見直しの概要を示したうえで，見直しの過程を追う。

(1) 福岡県立病院の概要

福岡県には2000年時点で5つの県立病院が存在していた。図3-2に県立病院が福岡県のどこに位置していたかを示している。福岡県は大きく，北九州，

図 3-2　福岡県の県立病院の位置

［注］（　）内は，病院が位置する 2000 年時点の市町村名。

福岡，筑後，筑豊という 4 つの地域に分けられる。福岡県の県立病院は，1931 年に精神病院である県立筑紫保養院（その後の精神医療センター太宰府病院）が福岡地域の太宰府町に設置されたのを始まりとする。その後は，第二次世界大戦後しばらくして，結核医療対策のために，1953 年に嘉穂結核療養所（その後の嘉穂病院）が筑豊地域の穂波村に，55 年に遠賀療養所（その後の遠賀病院）が北九州地域の岡垣村に設置された。そして，地域医療の不足を補うために，1953 年に黒木病院が筑後地域の黒木町に，57 年に柳川病院が筑後地域の柳川市に設置された。また，大刀洗陸軍病院が終戦後に厚生省に移管され，さらに 1954 年に福岡県に移管されて朝倉病院（その後の消化器医療センター朝倉病院）となった。朝倉病院は，福岡地域の朝倉町にあった。1960 年代以降は結核患者が大幅に減少したため，各病院に設置されていた結核病床は一般病床へと切り替えられ，嘉穂結核療養所と遠賀療養所の名称から結核や療養所という文言が削除された（福岡県保健福祉部県立病院課 2007：2-3)。1993 年になると，黒木病院は廃止され，2000 年には 5 病院が存在していた。

⑵ 2000年以前の状況

福岡県立病院の経営改革は2000年以前から始まっていた。県立病院の累積赤字は1970年代後半から膨らみ始め，病院事業の所管課である衛生部県立病院課内で対策を作成して経費節減を進めていた。しかし，病院職員の平均年齢の上昇や給与のベースアップなどが影響して収支の赤字は改善せず，1989年度には累積欠損金が100億円を突破した。経営状況の悪化が止まらないことから，1990年に県は外部有識者で構成された福岡県立病院対策協議会を設置した。協議会は1991年に提言を行い，これを受けて，92年に経営改善策や黒木病院の廃止を盛り込んだ第1次県立病院改革計画（1993-1997年度）を策定した[15]。また，1998年には第1次県立病院改革計画に続いて第2次計画を策定するために県立病院対策検討会議を設置し，その報告書の提出を受けて，第2次県立病院改革計画（1998-2002年度）を策定した（福岡県保健福祉部県立病院課 2007：3-5）。

この間，知事は奥田八二から麻生に交代した。麻生は，1995年4月に自民党，新進党，社会党，さきがけ，公明党から推薦を受けて当選を果たす。麻生知事は初当選を果たした1995年の知事選挙の選挙公報では，総合的な医療・福祉サービスの充実を図ると述べていた。麻生知事は1999年4月には，自民党，民主党，公明党，自由党，社民党，自由連合の他に，連合福岡（日本労働組合総連合会福岡県連合会）や県農政連（福岡県農政連）からも推薦を受け，次点の候補者に134万票差をつけて再選を果たす[16]。1999年度の県議会の構成は，定数91のうち，自民党が42名，旧農政連会派などでつくる緑友会が16名，社民党と民主党でつくる県政クラブが14名，公明党と無所属からなる公明党・新風が12名，共産党が5名，一人会派である四塚県民クラブが1名であり，知事与党が圧倒的多数を占めていた。

⑶ 新たな県立病院改革の検討

県立病院の経営改革は進められたものの，経営状況の悪化は止まらなかった。第2次県立病院改革計画は2002年度までの計画であったが，県立病院課では，2000年には第2次計画がうまくいっていないことを把握していた。県立病院課は，不良債務の解消が困難な中で，第2次計画に盛り込まれていた遠賀病院と朝倉病院の建て替えを行うことは県議会で説明することが難しいと考え，新病院建設に伴う起債についても自治省から認められないと予想していた[17]。この時期は医業収益から医業費用を引いた医業損失は年30～40億円で推移しており，県から年40億円を繰り入れることにより県立病院の経営が維持されていた[18]。

経営状況の悪化を受けて，県立病院課は新たな対策を立てることを模索した。県立病院課内では，経営改善をめざして，主に病院の経営規模の縮小を議論していたが，2001年に行政改革所管部署から，麻生知事が県立病院改革に関心を有しており，重点分野として考えているという話があった[19]。2001年4月に，行政改革を所管する行財政改革推進本部は，02年度から始める行革の目玉の一つとして県立病院改革を取り上げることを示した[20]。

そして，麻生知事は病院改革に関する審議会を設置した。2001年5月に，知事が行政改革審議会に重点課題として県立病院改革について諮問し，行政改革審議会の下部委員会として県立病院改革に関する審議を行う県立病院改革小委員会（以下，小委員会と記述）を設置した。

小委員会の委員構成は，関連団体の役職者を委員に充てるのではなく，病院経営の知識を有した専門家によるものとなった。これは，行政改革所管部署と県立病院課に，第2次計画が県立病院課等の行政職員が主導して作られ，成果を出せなかったことへの反省があったためである。委員の人選は主に県立病院課が進めた。その当時，九州大学に医療経営分野の大学院が発足したこともあり，九州大学の教授にも依頼をし，委員は九州大学医学部の教授2名と，県医師会常任理事，元公立病院長，経営コンサルタントの5名となった[21]。いずれも病院運営に関する専門知識を有する有識者である。

(4) 委員会における議論と直営廃止の提言

2001年6月から小委員会での議論が始まり，以降は約1年間で21回の小委員会が開催された。小委員会の中には，信友浩一委員長（九州大学教授），高木安雄委員（九州大学教授），松田美幸委員（経営コンサルタント）の3人によるワーキンググループがつくられ，このグループで小委員会報告のたたき台を作り，その後に小委員会で議論する形で改革の方向性がまとめられた[22]。小委員会において，県立病院課は委員から要求されたデータを作成し提供するのが主な役目であり[23]，議論は委員が主導していた。

9月12日に開かれた第7回小委員会では，5県立病院について県直営での運営を中止するという方向性を示した中間報告がまとめられた[24)]。小委員会では，現行の県営病院というシステムを維持するのは無理であるとする考えが委員の共通認識となり，「県営の中止」ということが委員全員によって確認された(宗前 2005：225)。そして，小委員会は中間報告として，5県立病院について県の運営をやめて民間の手法を取り入れた運営方策をとるよう求める報告書をまとめた[25)]。この中間報告の段階から，県立病院課では委員会が全部移譲という方向性で動いていることを感じ[26)]，新聞でも小委員会が県立5病院の全廃を求めているといった報道がなされた[27)]。

2002年8月に開かれた第21回小委員会では，遠賀，嘉穂，朝倉，柳川の各病院の民間譲渡と太宰府病院の公設民営化を打ち出した最終答申案をまとめた[28)]。9月に行政改革審議会は小委員会の最終答申案に沿って，県立病院改革に関する答申を県に提出した。答申は，福岡県の医療環境を分析し，県内の医療供給体制は民間病院を中心に充実しているので，県立病院は中核的病院とはいえず，県立病院に求められる基幹病院等の役割は，福岡県では民間病院や国立病院が果たしていることを指摘した。あわせて，県立病院は人事組織管理や給与制度などの構造的な問題を抱えており，経営管理が有効に機能していないことを述べた。そして，今後の病院経営の選択肢として，地方公営企業法の全部適用，地方独立行政法人化，PFI（プライベート・ファイナンス・イニシアティブ），公設民営化などがあるが，いずれも福岡県立病院の問題を解決する効果は見込めないとした。そのうえで，遠賀，嘉穂，朝倉，柳川の各病院の公的役割は希薄化しており，県立病院である必然性は認められないため，民間譲渡すべきであるとした。また，太宰府病院については，法律上，精神医療専門病院の必置規制があるため民間譲渡できないものの，県直営のままでは問題解決が困難なため，公設民営方式で改革すべきであると結論づけた[29)]。小委員会の信友委員長は，最終答申案を公表した際に，「こういう結果しかない」と答申案について自信をみせた[30)]。

県立病院課としては，職員の処遇に鑑みて，当初は大規模な廃止案を検討していなかった。2001年度の病院職員数は，朝倉病院が152名，柳川病院が175名，嘉穂病院が178名，遠賀病院が167名，太宰府病院が186名で総計836名であった[31]。県立病院課内部では，800名を超える職員の処遇や県職労（福岡県職員労働組合）との関係から，すべての病院を県直営から外すという発想はなく，病院数や病床数を削減するという「規模の縮小」を主に議論していた。県立病院課の職員は3年から5年ほどで異動するため，県立病院課内には病院運営の専門家といえる職員はいなかった[32]。

しかし，県立病院課の職員は，小委員会の委員から政策知識を背景とした説得を受けて，廃止に肯定的となった。職員は，委員から「一部のみ民営化した場合には残った病院の運営が困難になり，その後の状況はさらに悪化する」とさまざまな仮定に基づく予想を示されて説得された[33]。こうして，委員から説得された県立病院課も4病院の民間譲渡と太宰府病院の公設民営化に向けて動き出した。

県立病院改革の動向について県立病院課は知事と随時連絡をとっており，民間譲渡という話は，中間報告が出そうだという段階で，こういう報告が出そうですという話をしていた。麻生知事は，病院改革が必要であるという姿勢は一貫していたが，全病院が自治体直営ではなくなることについて「厳しいなぁ」という認識も示していた[34]。

(5) 県職労からの反発と県議会の反応

小委員会における議論に対して，県職労は反発した。県立病院の職員が組合員である県職労は，2001年9月の小委員会の中間報告で県直営の廃止が打ち出されたことを受けて，県職労が中心となった運動体を5つの病院ごとに結成して，署名活動などを繰り広げた。例えば，柳川病院では2002年2月に県職労南筑支部長を会長とする「県立柳川病院の存続を求める会」を結成して，住民への宣伝，自治体や商店街などへの訪問，地元選出県会議員への数度にわたる訪問を行った。そして，4月からは柳川病院利用圏の全世帯に，ビラと署名用紙を入れた返信用封筒を配り，1万6000に及ぶ署名が返送された。こうした署名や柳川病院関係者が集めた署名は6万4000にも達し，この「柳川方式」が他の4病院にも波及した結果，全県で約24万の署名が集められた（橋口 2002）。6月には，存続を求める会は，24万人と53団体の請願署名簿を県議会に提出した[35]。

2002年8月には，小委員会が4病院の民間移譲と太宰府病院の公設民営化を打ち出したことを受けて，県職労は労使関係の窓口の一切の凍結を県に通告した。[36] 県職労の砂川由弘委員長は，「県立病院の赤字解消には2回の改革案に沿って協力してきた。なのに，県は労使関係を無視し，地域の声も聞かずに，審議会の名を借りて突然民間移譲などを発表した。裏切られた思いだ」と述べた。[37]

同月には，県職労の反発を受けて，社民党や民主党が，県に対して改革を慎重に行うよう求めた。社民党県連合は，稗田慶子副知事に対して幅広い県民の意見を聞きながら慎重に対応するよう要請した。また，「答申案はこれまでの職員団体との協議を無視した行為」であるとして，県職労との信頼関係の回復を求めた。[38] 民主党県連も，稗田副知事に対して，県医療行政の責務を明確化するとともに，関係自治体・議会・地域住民の声を十分に受け止めて慎重に対処するよう要請した。また，改革計画の策定では，職員団体と誠意をもって協議するよう求めた。[39] 県議会でも，民主党と社民党でつくる県政クラブの吉村敏男県議が，9月定例会において，これまでの経営責任や職員の身分保障について問うた後で，地域医療の切り捨てにつながらないような県立病院改革計画を策定するよう求めた。[40] なお，共産党は一貫して県立病院の廃止に反対していた。共産党県委員会と同党県議会議員団は，9月に県立病院民営化の中止を求める要望書を県に提出した。[41] これに対して，事業を所管する県立病院対策長や県立病院課長は，県議会の厚生環境委員会において病院事業の必要性がなくなっていることを，審議会が示した政策知識に基づいて説明した。

他方で，自民党，旧農政連会派などでつくる緑友会，公明党・新風は，民間譲渡・公設民営化について肯定的な反応を示した。自民党の松尾統章県議は，9月定例会の代表質問において，改革の方向性を支持するとともに，改革が地域医療の充実につながっていくことを明確に説明すれば，県民の理解も深まると述べた。[42] 同じく自民党の田中久也県議は，県立病院についてはその赤字額の高さから，決算委員会のたびに槍玉に挙がっており，行政サイドからいわれる前に，もうこの際やめてはどうかという意見が自民党の中にあったと振り返る。そのため，地元に県立病院を抱える自民党県議の中には民間譲渡を渋る議員もいたものの，財政状況に鑑みて自民党は賛成した。[43] 緑友会の日野喜美男県議も，9月定例会の代表質問において，行政改革審議会の答申書は，「客観的データに基づいた緻密な分析であると感じた次第であり，行政改革審議会に敬意を表したい」と改革の方向性を支持した[44]。公明党・新風の新開昌彦県議は，2001年8月に審議会で県立病院の直営廃止等を打ち出したことを受けて，同年9月定例会において，「今までの審議会答申に比べると，画期的な内容」と評価していた[45]。

こうした中，福岡県の地方紙である西日本新聞は，これまでの県立病院が無責任体質であると指摘したうえで，「『改革』は先送りを許されない状況となっている」ことを主張していた[46]。また，朝日新聞の福岡版では県立病院の財政状況を概観したうえで，「過疎地医療など一部を除き，『官』が医療を請け負う時代は，幕引きに近づくのが時代の流れ」と述べるなど，新聞各紙は病院事業の抜本的改革に肯定的な論調であった[47]。

⑹ 民間譲渡・公設民営化の実現

県職労などの反発を受けて，2002年9月下旬に麻生知事は県立病院改革について「おおむね1年後をめどに改革計画を策定したい」と述べ，計画策定の時期を事実上先送りした[48]。麻生知事は2003年4月には3選目をめざす県知事選挙を控えており，過去2回の選挙で麻生知事を推薦していた自治労県本部と，その傘下最大単組である県職労は県立病院の民間移譲に強く反発していた。麻生知事は最終答申が示された2002年の9月定例会で，病院職員の身分は大切な課題であり「職員の皆さんと今後十分話し合い，理解そして協力を得られるように全力を挙げてまいる考えであります」と述べた[49]。また，2002年12月から03年2月にかけて，地域住民等への説明として病院所在地5カ所と福岡市で地域医療シンポジウムを開催した。しかし，県職労などの反発は収まることなく，自治労県本部と県職労は4月の知事選挙において麻生知事を推薦することなく，自主投票とすることを決めた[50]。

ところが，麻生知事は連合福岡の推薦を取り付けるとともに，民主党や社民党とも政策調整を行い，最終的には自民党，民主党，公明党，自由党，社民党，保守党，自由連合と県農政連からの推薦を受け，徹底した組織選挙により3選を果たす[51]。2003年度の県議会の構成は，定数88名のうち，自民党県議団が32名，自民党県議会議員会が14名，農政連推薦や無所属議員でつくる緑友会・新風が13名，県政クラブが13名，公明党が11名，共産党が4名，その他が

1名であり，知事与党多数の状況にあった[52]。

麻生が3選を果たして病院改革も再び進んでいく。2003年の6月定例会では，麻生知事が4病院については経営移譲で，太宰府病院については公設民営化の方向で検討を進めていることを言明した[53]。7月には，県は県職労との交渉で，3病院を先行して民営化することを検討していることを明かした。また，懸案となっている職員の身分については，県職員としての身分保障を前提に，譲渡先の病院への派遣や県の関係施設への異動を検討しているとした[54]。10月には，県は，太宰府，朝倉，遠賀の3病院を先行して公設民営・民間移譲し，残る柳川，嘉穂の2病院については改革の進行状況をみて移譲の時期を決めるとする改革計画案を県議会の厚生環境委員会に対して提示した[55]。先行実施の対象に3病院を選んだ理由について，県立病院対策長は「施設の老朽化が他の2病院に比べて進んでいるのに，県として建直す余力がない。県税の持ち出しも多く，早く身軽になる必要がある」と説明した[56]。11月には，譲渡先を決めるために，外部有識者による県立病院移譲先等検討委員会を設置し，委員会は2004年5月に選定する際の基本的な考え方と評価項目に関する意見書を県に提出した。このように，事業所管部署は審議会が示した改革案が実現可能であることを裏づけるために，その経験的知識に基づいて着々と計画を進めていった。

そして，2004年6月議会において，先行3病院について，病院改革に関する3条例が可決された。このときは，共産党を除くすべての会派が賛成した[57]。3病院について譲渡先と指定管理者の選定が行われ，2005年4月に甘木朝倉医師会立朝倉病院（2008年3月からは甘木朝倉医師会病院と合併して，朝倉医師会病院となる）と遠賀中間医師会病院（2007年11月に遠賀中間医師会おかがき病院に改称）が開院し，精神医療センター太宰府病院の公設民営化が開始した。

残る柳川病院と嘉穂病院についても，2005年9月議会において，07年4月を目標に譲渡する方針を表明した。2006年2月議会では，2病院について，病院改革に関する2条例が可決された。このときも，共産党を除くすべての会派が賛成した[58]。そして，2病院について譲渡先の選定が行われ，2007年4月に財団法人医療・介護・教育研究財団柳川病院と福岡県済生会福岡第2病院（2011年6月に福岡県済生会飯塚嘉穂病院に改称）が開院した。県立病院職員については，譲渡先の民間病院への再就職や出向派遣という形で雇用の確保が図られた。

(7) 福岡県のまとめ

福岡県では，行政改革所管部署と事業所管部署が県立病院改革を進める中で設置された審議会の委員により廃止が提案された。事業所管部署職員は，当初は廃止に否定的であったが，審議会委員から政策知識を基にした説得を受けて廃止を推進するアクターへと転じた。この時期は，知事与党多数であり，議会状況が安定している時期でもあった。

廃止案を決定するためには知事と議会の同意が必要となる。麻生知事は病院改革が必要であるという認識は有していたものの，全病院が自治体直営ではなくなることについては「厳しいなぁ」と述べ，2003 年の知事選挙前には決定を先送りするなど必ずしも積極的ではなかった。しかし，改革の方法はこれしかないとする審議会委員や事業所管部署職員の説明に対して，存在理由がまだあることを示さないまま，病院経営の抜本的な改善をこれ以上先送りすると，県立病院の経営改善を訴えていたマスメディア等から批判され，有権者から知事は自治体経営を失敗したと判断されうるために，廃止を受け入れたと考える。

また，廃止に反対する県職労から支援を受ける社民党や民主党としても，県職労からの選挙支援を受けるためにも，廃止に反対することが想定される。実際に，社民党および民主党は当初，改革を慎重に行うよう県に申し入れていた。地元に県立病院が存在する自民党県議も廃止に否定的であった。しかし，廃止を進める審議会委員や事業所管部署職員は政策知識に基づいて事業の必要性がなくなっていることを議会側に説明した。この結果，社民党や民主党，自民党の県議は廃止を実現させる条例案については反対することなく，4 病院の廃止と，太宰府病院の公設民営化は実現した。これも，県議が自らの支援団体の意向に沿ってあくまでも廃止反対に固執すると，その他の有権者から利益誘導的であると判断されかねないと判断したためと考える。

▶ 京都府――行政職員の主導

京都府では，2000 年時点で存在していた洛東病院，洛南病院，与謝の海病院のうち，洛東病院の閉鎖が行われた。洛東病院は山田啓二知事在任中の 2005 年 3 月に閉鎖された。精神科病院である洛南病院は現在も存続しており，

図 3-3　京都府の府立病院の位置

［注］（　）内は，病院が位置する 2000 年時点の市町村名。

与謝の海病院については 2013 年 4 月に京都府立医科大学附属北部医療センターとなった。以下では，京都府における自治体病院見直しの概要をまず示したうえで，洛東病院の見直し過程を追う。

(1) 京都府立病院の概要

京都府には，2000 年時点で地方公営企業法が適用される 3 つの府立病院が存在していた[59)]。3 つの府立病院の京都府内の位置を示したものが図 3-3 である。図では京都府を，丹後，中丹，南丹，京都市，山城の 5 つの地域に区分している。京都府では 1872 年に，現在の京都府立医科大学附属病院の前身である療病院が設置された。1876 年には梅毒感染症対策として，療病院付属仮駆黴院が設置された（永利ほか 2009）。この仮駆黴院が洛東病院の前身となる。駆黴院は 1913 年に京都市の東山区東大通五条上ル梅林町に移転して事業を開始した。その後，1949 年には内科，外科，産婦人科，皮膚泌尿器科，小児科を設置し，55年に京都府立洛東病院に改称した[60]。また，1945年には京都府立精神病院が設置された。精神病院は1950年には洛南病院に改称した。洛南病院は，京都府南部の山城地域の宇治市に位置した。1953年には京都府立与謝の海療養所が設置され，61年に与謝の海病院に改称した。与謝の海病院は，京都府北部の丹後地域の岩滝町に位置した。洛東病院は，1973年には，脳卒中を中心とする循環器疾患専門病院として再開院し，リハビリテーション医療を担った。こうして，2000年時点では，洛東病院，洛南病院，与謝の海病院の3病院が存続していた。

(2) 2000年以前の状況

洛東病院の改革の必要性は2000年以前から府庁内で認識されていた。洛東病院は病床過剰地域である京都・乙訓医療圏内の東山地区にあり，近隣にも京都第一赤十字病院，京都専売病院等の公的な大病院が存在した[61]。洛東病院は周辺の大規模病院に患者を奪われて，経営悪化で新規投資もままならない状況にあり，京都府の担当者によると，府庁内で「存廃論議は10年前からくすぶっていた[62]」。

しかし，2000年以前には，廃止は組織的に検討されておらず，経営改善が進められていた。1998年には府庁内に設置された府立病院経営改善調査検討委員会から5年間で3億5000万円の収支改善を提言された。提言の中では，収益向上策として病院間の連携強化，病床一元管理，診療報酬の適正化が指摘され，費用の適正化方策として民間委託の推進，材料費効率化，経費削減といった点が指摘された（中村 2006：32)。とはいえ府立病院の厳しい経営状況は続いており，2000年度の医業収益から医業費用を引いた医業損失は年20億であり，府から年24億円を繰り入れていた。

(3) 府立病院改革プロジェクトの設置

府立病院改革は2004年に入ってから再び動き始めた。2004年に府庁内に府立病院改革プロジェクト（以下，改革プロジェクト）が発足した。改革プロジェクトのメンバーは保健福祉部次長をプロジェクト長とし，医療国保課参事を副プロジェクト長とした総計7名であった。メンバーは府立病院等で職員経験があったり，経理の経験があったりする職員であり，その他にも府立病院職員が兼務で入っていた。この改革プロジェクトは病院事業所管部署の提案ではなく，庁議や行政改革所管部署の提案により発足が決まった。改革プロジェクトの発足は医師不足という社会経済状況の変化が引き金となった。2004年度から始まった臨床研修制度によって過疎地域での医師不足が顕在化することが懸念されていた。そうした中で，病床過剰地域にある洛東病院ではなく，過疎地域に医師を振り分けたいという考えが府庁内に出てきたのである[63]。

当時は，山田知事の1期目に当たる。山田知事は，2002年4月に自民党，民主党，公明党，自由党，社民党，保守党から推薦を受けて当選を果たした。この際，連合京都や創価学会などからも支援を受けた[64]。この時の『選挙公報』では「行財政改革の断行」を公約に掲げているが，医療政策については言及がなかった。2004年度の府議会の構成は，定数62名のうち，自民党が25名，民主党が14名，公明党が7名であり，知事与党多数の状況であった。

洛東病院の閉鎖についても，2004年度から組織的に検討され始めた。改革プロジェクトは，2004年度当初から閉鎖の検討を始めた。検討が始まったきっかけとしては改革プロジェクトが発足した理由でもある臨床研修制度や，府立医科大学の整備で約100億円が必要な中で，洛東病院の施設老朽化が生じているという問題があった。当時は洛東病院以外の府立病院としては，洛南病院と与謝の海病院も存在していたが，両病院の閉鎖は議題に上らなかった。洛南病院については精神病院の必置規制があるためであり，与謝の海病院については医療施設が足りていない京都北部に所在しているためであった[65]。なお，廃止のコストでもある洛東病院の職員の処遇については，大きな問題とはなっていなかった。2004年度の府立病院職員数は，洛東病院が145名，洛南病院が181名，与謝の海病院が333名で総計659名であった[66]。

⑷ 包括外部監査の実施と府立病院あり方検討委員会の設置

こうした中，包括外部監査の対象として府立病院が選ばれた。包括外部監査の対象として府立病院を選択したのは包括外部監査人の西田憲治であった。改革プロジェクトでも，2004年度当初から外部監査の対象となるということを把握した。この外部監査は主に経営面から監査を行うため，改革プロジェクトでは政策医療の観点からもみるために，府立病院あり方検討委員会（以下，検討委員会）を設置することにした[67]。

検討委員会は2004年7月から立ち上げられた。検討委員会の委員の選出に際しては，改革プロジェクトが委員候補を作成した。検討委員会の委員長は京都新聞解説委員の川端眞一であり，その他の委員は学識経験者や，京都府医師会といった医療関係の業界団体，医療関係の市民団体等であった。検討委員会では，2004年7月から05年7月まで11回の会議が開催された。

2004年8月には，包括外部監査人が京都府に洛東病院の閉鎖を提言した。西田監査人は，まず，ここ数年の洛東病院の医業損失は増加傾向にあり，累積欠損金が161億円に達したことを指摘した。そして，洛東病院が有していた政策医療という役割は将来的に失われるとした。経営改革の手段として指定管理者制度の導入，地方公営企業法の全部適用，病院閉鎖の3つが考えられるとしたうえで，前二者については老朽化した設備の改修に多額の投資が必要なことや人件費の引き下げが容易ではないことから，解決策にはならないとした[68)]。

2004年9月6日には，検討委員会も京都府に洛東病院の事実上の閉鎖を盛り込んだ意見書を提出した。検討委員会では当面は洛東病院を集中審議するとし，9月に行われた第3回委員会で洛東病院に関する意見書をまとめた。検討委員会では7月に行われた第1回委員会から，洛東病院の存在理由がないという委員の意見が相次いだ。そして，第3回委員会において，現在地での存続は適当とはいえないという事実上の閉鎖を促す意見書をまとめた。意見書の中で，これまで洛東病院が担っていたリハビリテーション機能については府立医科大学附属病院への重点化を提言した[69)]。

改革プロジェクトや病院事業所管部署は廃止という提言に沿った検討を進めた。8月の外部監査の提言に対して，改革プロジェクトの副プロジェクト長は「真摯に受け止めたい。廃止も大きな選択肢となった」と述べた[70)]。9月の検討委員会の意見書に対しても，改革プロジェクトのプロジェクト長は，意見書を「真摯に受け止め，できるだけ早く判断したい」と述べた[71)]。改革プロジェクトとしても一番厳しい選択肢として病院閉鎖を念頭に置き，この選択肢がとられてもよいように準備を進めていた。当時は医療国保課内でも病床過剰地域に府立病院を置くのはどうかという声があった。そのため，医療国保課内では廃止についてコンセンサスは得られており，府庁内のその他の部署からも廃止に反対する声は出なかった[72)]。

外部監査と検討委員会の意見書を受けて，山田知事も廃止意見を尊重すると表明した。山田知事は，9月10日の定例記者会見で「府立医科大のリハビリ機能を一定充実させながら，洛東病院については『廃止』という意見を尊重すべきと考える。本年度末を（廃止の）目安とし，今後は患者へのきめ細やかな説明を第一に考えていきたい」と話した。[73] 改革プロジェクトは随時，山田知事に対して状況を報告しており，2004年4月から外部監査が始まり，見通しは厳しいことを伝えていた。この報告に対して，山田知事からは患者への対応は十分にするようにという指示があったが，病院閉鎖についての指示はなかった。[74] 山田知事は2005年12月に行った講演の中で，洛東病院の廃止について，「この決断は今でもつらい決断でしたが，こういうことも敢えて挑戦していかなければならないというのが現状です」と振り返っている。[75]

⑸ 廃止反対運動と府議会の反応

洛東病院の閉鎖が表面化したことを受けて府職員労働組合は反対運動を繰り広げた。2004年9月以降，府職労（京都府職員労働組合）などでつくる「洛東病院の廃止反対，整備・拡充を求める会」は，署名運動や集会，デモ行進を行った。洛東病院の廃止反対，整備・拡充を求める会は，2004年11月までに廃止反対等を訴える2万4982名分の署名を京都府に提出した。[76]

府議会では，自民党，民主党，公明党が廃止に理解を示した。2004年の9月定例会において，自民党の清水鴻一郎府議は，「洛東病院の廃止はやむを得ない」と理解を示した。民主党の上村崇府議は，「政策判断として『廃止』との判断をされたことについて，理解をさせていただきたい」と述べた。公明党の村井弘府議は「廃止の方向が明確に示されたことは，極めて残念であり，慎重に受け止めなければならない」としながらも，「まことに残念なことですが，やむを得ない判断とも受け取れます」とした。[77] 事業所管部署である保健福祉部からは，2004年4月から議会の各会派に対して，部長や次長から病院閉鎖の見通しを伝えて説明していた。[78]

他方で，府職労から支援を受ける共産党は反対した。[79] 共産党府議団は，2004年9月2日には山田知事宛てに，廃止の結論を急がず慎重な検討を求める申入書を提出した。[80] 2004年の9月定例会でも，共産党の島田敬子府議が「洛東病院の廃止の結論を押し付けるのでなく，引き続き，府民と議会への情報公開を行い，幅広い声を聞くことを求める」と述べた。[81] 島田府議は厚生労働常任委員会の委員でもあり，10月5日に開かれた委員会では，他会派の委員が洛東病院にふれない中，廃止の理由や検討の進め方に問題があると指摘した。[82)]

当時の新聞各紙には事実関係を報じる記事が多く，廃止に否定的な記事はなかった。[83)] 地元の地方紙である京都新聞の解説記事では，「府民が安心して医療を受けられる環境整備は府の責務であり，財政赤字だけを理由にした安易な医療の切り捨てはなされるべきではない」としながらも，「財政健全化を目指して『公から民へ』の流れが加速する中，『医療も例外ではない』（府幹部）ことを象徴する事例」と位置づけ，「洛東病院の存廃問題は，今後の府立病院の在り方の青写真をきちんと描く好機でもある」と結んでいた。[84)]

⑹ 病院閉鎖の実現

山田知事は，2004年11月に洛東病院の廃止方針を正式に表明した。山田知事は，同月16日に開かれた府議会決算特別委員会において，患者の転退院が進み，2004年度末の廃止に見通しが固まったという見解を示した。[85)] そして，22日の定例会見では廃止方針を正式表明し，12月定例会に関連条例改正案を提出するとした。[86)]

洛東病院の廃止に関する条例改正案は12月定例会において賛成多数で可決した。条例改正案に賛成したのは自民党，公明党，民主党と無所属議員からなる新政会の4会派であり，共産党が反対した（洛東病院の廃止反対，整備・拡充を求める会 2005）。この時の府議会において知事は，患者については転院が進み，職員の処遇については他の府立病院等で働くことになるとしている。[87)] 2005年3月に洛東病院は閉鎖した。

⑺ 京都府のまとめ

京都府では，庁議や行政改革所管部署の指示により設置された改革プロジェクトと審議会や包括外部監査人の提案によって廃止が議題に上った。改革プロジェクトは事業所管部署の職員から構成されていた。洛東病院の経営状況は長年の懸案であり，事業所管部署や府庁内の他部署に廃止への反対はなく，府庁内に廃止に反対するアクターはいなかった。また，洛東病院の職員数は145名と小規模であり，府庁内のアクターに廃止のコストとは認識されなかった。この時期の府議会は，知事与党多数であり，議会状況は安定していた。

廃止案を決定するためには知事と議会の同意が必要となる。山田知事は病院改革が必要であるという認識を有していたが，廃止の可否については特段の指示はしなかった。府立病院の経営状況の悪化は，包括外部監査人やマスメディア等から指摘されていた。そのため，病院経営の抜本的な改善を先送りすると，有権者から知事は自治体経営を失敗したと判断されうるために，廃止を進めたと考える。

また，知事与党でもある自民党，民主党，公明党は廃止を受け入れた。与党会派は「やむを得ない」という表現ではあるが，洛東病院の廃止を容認した。外部監査人の提言や検討委員会の意見書では，存在理由の欠如が指摘されており，これに対して存続に固執すると有権者からの批判を受けうるために，容認したものと考える。

4　事例比較分析

次に，2009年度までの事例過程分析を踏まえて，自治体病院の廃止過程を，全自治体病院を対象として行ったアンケート調査を基に明らかとする。このアンケート調査は，2009年度時点で存続していた184病院を対象として行い，147病院分について回答を得た。事例過程分析で分析対象とした福岡県や京都府の廃止事例は2009年度時点で存続していないため対象となっていない。

147病院中，24件については廃止検討の有無が無回答であったため，分析対象は123病院となる。2010年4月から14年8月にかけて自治体病院の見直しを検討しているのは66病院であった。66病院中，廃止についても検討中であったのは6病院であった[88]。見直しをした事例の9%が廃止についても検討している。外部環境の変動を受けて，多くの自治体病院について見直しを検討しているが，廃止を検討する事例は少ない。なお，廃止を検討した6病院については，廃止の決定過程についても尋ねているが，そのうち1病院は過程が不明という理由から無回答であった。そのため，決定過程において分析対象とする病院は5病院となる[89]。

▶ 誰が廃止を議題に上げるのか

廃止を提案するアクターとしては，行政改革所管部署職員と審議会委員が想定される。これは，自治体病院は，社会経済状況の変動が起こっている地域が存在する事業であるためである。有権者が自治体病院に否定的となるような有権者の態度変化は生じておらず，首長や議会議員は廃止を提案しない。

事例過程分析でも，行政改革所管部署職員や審議会委員の提案により廃止が議題に上っていた。福岡県では，審議会委員の提案によって廃止が議題に上り，審議会委員は事業所管部署職員を説得した。京都府では，行政改革所管部署の提案により設置された事業所管部署職員からなるプロジェクトチームや，審議会委員が廃止を提案して議題に上げた。ただし，事前の想定とは異なり，行政改革所管部署職員や審議会委員だけではなく，事業所管部署職員も行政改革所管部署職員や審議会委員の働きかけを受けて，廃止を提案するアクターとなっている。

アンケート調査では，事業所管部署職員や審議会委員により廃止が提案されて議題に上っていた。廃止を検討した県に対して，誰が提案したために廃止が議題に上ったかを尋ねたところ（複数回答）[90]，回答があった6病院のうち，事業所管部署（愛知県立循環器呼吸器病センターと千葉県立東金病院の2件），審議会委員（愛知県立循環器呼吸器病センターと三重県立一志病院の2件），市町村（愛知県立循環器呼吸器病センターの1件）が提案し，その他として時期がきたら見直すということが決まっていたために議題に上った事例があった（宮崎県立宮崎病院，延岡病院，日南病院の3件）。政治家が廃止を提案した事例はない。

▶ どのような要因が廃止を議題に上げる際に影響するのか

二重の入れ子モデルでは，前決定過程では，外部環境の変動が必要条件となり，政治状況と政策の性質が十分条件となると予測していた。第2節で確認したように，自治体病院の外部環境の変動としては，社会経済状況の変化が生じる地域が現れており，外部環境の変動が生じていた。政治状況と政策の性質については操作化していないので，事例過程分析を基に具体化する。

1つ目の十分条件として考えられる要因が，政治状況である。政治状況としては，知事に関する要因と議会に関する要因がある。

知事側の要因として，支持基盤の変化や知事交代，無党派知事の存在がありうる。病院事業の廃止に影響を与える知事側の要因としては，知事の交代がある。支持基盤の変化については，自治体病院の開始年は自民党が誕生する前の第二次世界大戦前や戦後直後が多い。この時期は，現在とは異なる政党システムであったため，支持基盤の変化を変数とするのが難しい。無党派知事については，無党派知事であるほど廃止が起こりやすいとは想定できない。なぜなら自治体病院は土地開発公社とは異なり一般有権者が廃止に反対する事業であり，財政縮減を志向する無党派知事であっても廃止を議題に上げにくいと考えられるからである。それに対して，知事の交代は廃止に影響を与えることが想定される。土地開発公社と同様に，新たに誕生した知事はこれまでの病院の経営状況悪化に責任を有さないため，知事交代とともに廃止が議題に上りやすくなる。事例過程分析においても，京都府の事例で，病院改革が進んだのは知事交代後の１期目であった。

議会側の要因としては，知事与党の割合がある。知事部局から廃止の提案があった場合，知事与党が多数であれば廃止を容認し，少数であれば反対することが考えられる。事例過程分析でも，知事与党が多数であり，議会状況が安定的であるときに廃止が議題に上っていた。このように，そもそも自治体病院はアクター間関係を考えると政治的に議題に上りにくいものの，知事交代や知事与党多数の状況下では，議題に上りやすくなると考える。

２つ目の十分条件として考えられる要因が，政策の性質である。自治体病院改革において，最も大きな影響を与える政策の性質としては，職員の存在がある。事例過程分析でも，職員の処遇をどうするかは病院改革における懸念材料であった。

また，外部環境を統制するために，医業収支比率と，基準病床数と既存病床数の差を原因条件とする。自治体病院の廃止は経営状況が悪化するとともに，自治体病院が果たすべき政策医療を果たさなくなっていると判断されたことを契機として動き始める。福岡県や京都府の事例においても，廃止を提案したアクターは，経営状況の悪化とともに，病床過剰地域に立地し，自治体病院の必要性がないことを指摘していた。医業収支比率とは，医療サービスの提供から得られる利益である医業収益によって，医療にかかわる医業費用をまかなえて

表 3-2　自治体病院の前決定過程の真理表

知事交代	知事与党多数	職員数	医業収支比率	基準病床数／既存病床数	事例数	見直し		廃止	
						整合度	検討	整合度	検討
1	1	1	1	1	11	0.419	0	0.159	0
0	1	1	1	0	10	0.225	0	0	0
1	1	0	1	1	8	0.519	0	0.157	0
0	1	1	1	1	8	0.480	0	0	0
0	1	0	1	0	8	0.220	0	0	0
0	1	1	0	1	7	0.292	0	0	0
0	1	1	0	0	7	0.404	0	0	0
1	1	1	0	1	6	0.478	0	0	0
1	1	0	1	0	6	0.787	1	0.237	0
1	0	1	1	1	6	0.668	1	0	0
1	0	1	0	1	6	0.940	1	0	0
1	0	0	1	0	6	0.803	1	0	0
1	0	1	0	0	5	0.771	1	0	0
1	1	1	1	0	4	0.578	0	0	0
1	1	1	0	0	4	0.771	1	0	0
1	0	0	1	1	4	0.788	1	0	0
1	0	0	0	1	4	0.860	1	0	0
0	1	0	0	1	3	0.075	0	0	0
0	1	0	1	1	2	0.543	0	0	0
0	0	0	1	1	2	1	1	0	0
1	1	0	0	1	1	0.337	0	0.089	0
1	0	1	1	0	1	0.509	0	0	0
1	0	0	0	0	1	0.955	1	0	0
0	1	0	0	0	1	0.328	0	0	0
0	0	1	1	1	1	1	1	0	0

［注］ 1 事例の職員数のメンバーシップ度が 0.5 であったため，分析されたのは 122 事例となる。

いるかを表す指標である。多くの自治体病院では医業収益が医業費用を下回る状況が続いており，自治体から補助金等を投入している。基準病床数とは，全国統一の算定式に基づき，都道府県の二次医療圏ごとに定められた数値である。

表 3-3　自治体病院の前決定過程の見直し検討に関する中間解

中間解の項	素被覆度	固有被覆度	整合度
知事交代×～知事与党多数×～経営難	0.212	0.166	0.875
知事交代×職員数多×～経営難×～病床過剰	0.076	0.030	0.770
知事交代×～職員数多×経営難×～病床過剰	0.129	0.129	0.795
～知事交代×経営難×病床過剰	0.167	0.167	0.786

既存病床数が基準病床数を超える地域は病床過剰地域であるとされ，病院の開設や増床を許可しないこととなっている。自治体病院に関しては，外部環境である社会経済状況の変化は生じている地域もあれば，生じていない地域もある。外部環境の変動の有無を医業収支比率と，基準病床数と既存病床数の差のみで判断できるわけではないが，外部環境の変動をできるだけ統制するために，これらの原因条件を加える。

知事交代，知事与党多数，病院職員数，医業収支比率，基準病床数／既存病床数を原因条件とし，廃止検討の有無を結果として質的比較分析を行う。分析対象となった2010-14年の間に1期目の知事が存在していた事例には知事交代ありとして1を与えた。同時期に知事与党多数の議会状況があった場合には1を与えた。病院職員数についてはファジィ集合として0から1の範囲の成員スコアを投入した[91]。1に近いほど廃止が起こりにくい職員数であることを表している。医業収支比率については「公立病院改革ガイドライン」に示された目標値未満の場合に1を与えた[92]。既存病床数が基準病床数を超えており，病床過剰地域と判断される場合に1を与えた[93]。

廃止検討に関する必要条件を分析すると，知事交代と知事与党多数が必要条件であった。これは，廃止を検討したすべての事例が，知事交代という原因条件と知事与党多数であったという原因条件を満たしていることを意味している。廃止を検討した自治体は知事の交代があり，議会状況が安定しているという特徴がある。なお，外部環境の変動の目安である医業収支比率と基準病床数／既存病床数は単独では必要条件とならなかったが，廃止を検討した事例では医業収支比率と基準病床数／既存病床数のいずれかが必ず生じている。

原因条件の組み合わせと結果を真理表にしたものが，表3-2である。真理表

表 3-4　自治体病院の決定過

見直条項	事業名	県名	廃止を主張したアクター					
			事業所管部署	行革所管部署	審議会	知事	病院	なし
あり	宮崎病院	宮崎県	0	0	0	0	0	1
	延岡病院	宮崎県	0	0	0	0	0	1
	日南病院	宮崎県	0	0	0	0	0	1
なし	循環器呼吸器病センター	愛知県	1	0	1	0	0	0
	一志病院	三重県	1	1	0	0	0	0

［注］　アクターが存在した場合に 1，存在しなかった場合は 0。

には，現実に生じたすべての組み合わせが記載されている。廃止検討の有無と見直し検討の有無という 2 つの結果を示している。廃止検討が生じた組み合わせではすべての組み合わせで矛盾が生じており，なおかつ整合度も低い[94)]。そのため，廃止を検討しているという結果を割り当てられる組み合わせはない。これに対して，見直し検討については，11 の組み合わせにおいて見直し検討という結果が生じた。

結果が 1 となる組み合わせがなかったため，廃止検討に関する質的比較分析ができなかった。なぜ結果が 1 となる組み合わせがなかったかというと，いずれの原因条件の組み合わせであったとしても，その組み合わせの中で廃止の検討が起こる割合が 65% に満たなかったためである。最も整合度が高い組み合わせでも 0.237 であり，基準となる 0.65 には遠く及ばない。これは，廃止が検討されやすいと想定される条件組み合わせであっても，廃止が検討されない事例のほうが多いことを意味しており，自治体病院の廃止を検討すること自体のハードルが非常に高いことがわかる。

他方で，見直し検討については結果が 1 となる事例が存在するために，質的比較分析が可能であった。標準分析を行った結果，中間解は表 3-3 に示した論理式であった[95)]。中間解をみると，3 行目の中間解までは知事交代と他条件との組み合わせであり，見直しの段階から政治状況が影響している。もっとも，4 行目の中間解は，知事交代がなく経営難で病床過剰であるという組み合わせである。知事交代がなくとも，社会経済状況の変化とともに病院の見直しが行わ

程のアクター間関係

存続を主張したアクター						帰結
事業所管部署	行革所管部署	審議会	知事	病院	なし	
0	0	1	0	0	1	存続
0	0	1	0	0	1	存続
0	0	1	0	0	1	存続
0	0	0	0	0	1	病院閉鎖
0	0	0	0	0	1	将来的な民間譲渡

れていることもわかる。

▶ 決定過程ではどのようなアクター間関係となるのか

事前の予想では，行政改革所管部署職員，審議会委員が廃止に賛成するのに対して，首長，議会議員，事業所管部署職員が廃止に反対するアクター間関係を想定していた。これは，決定過程に進む自治体病院は，社会経済状況の変化が生じているが，有権者の態度変化は生じていないことを想定していたためである。

決定過程のアクター間関係を示したものが表3-4である。アンケート調査では，廃止を主張したアクターと存続を主張したアクターを尋ねており[96]，それらのアクターの有無と帰結を示している。廃止を主張したアクターが存在する2件をみると，行政改革所管部署職員が1件，審議会委員が1件，事業所管部署職員が2件であり，事前の予想とは異なり，一部の事例では事業所管部署も廃止を主張していた。存続を主張したアクターがいる3件をみると，審議会委員が3件であった。この3件は，いずれも時期がきたら見直すことが決まっていたために議題に上った事例である。

次に，アクター間関係と帰結の関係をみていこう。時期がきたら見直すことが決まっていた宮崎県の宮崎病院，延岡病院，日南病院では，廃止を主張するアクターがおらず，審議会委員が存続を主張して，存続している。他方で，循環器呼吸器病センターや一志病院では，事業所管部署職員，行政改革所管部署職員，審議会委員が廃止を主張し，それに対して存続を主張するアクターがおらず，廃止もしくは将来的な廃止が決定された。知事や県議会議員といった政治家が廃止を主張することはなかった。

▶ どのような要因が廃止を決定する際に影響するのか

決定過程では，政策の存在理由の有無が十分条件となる。アンケート調査では，廃止と存続を主張するアクターがいたかという質問とは別に，政策の存在理由の有無の提示があったかと，誰によって提示されたかということを質問している[97)]。廃止を主張するアクターによる存在理由の欠如の提示という原因条件と，存続を主張するアクターによる存在理由の存在の提示という原因条件を示す。

政策の性質についても原因条件とする。前決定過程と同様に，職員数が多いと廃止のコストが高いため，廃止が起こりにくいと考える。職員数は，病院によって差がある変数となる。

政治状況については，決定過程に上っている事例がすべて知事交代と知事与党多数という原因条件を満たしているため，投入しない。前決定における分析では，廃止が議題に上る場合の必要条件は知事交代と知事与党多数であることが確認できた。

こうして，決定過程の分析では，廃止を主張するアクターによる存在理由の欠如の提示，存続を主張するアクターによる存在理由の存在の提示，職員数を原因条件とし，廃止を結果として分析を行う。一志病院は将来的な民間譲渡が決定されたという状況であり，ここでは廃止とみなす。廃止を主張するアクターにより存在理由の欠如が示されている場合に1を，存続を主張するアクターにより存在理由の存在が示されている場合に1を与えた。病院職員数については，前決定過程の分析と同様にファジィ集合として0から1の範囲の成員スコアを投入した。

必要条件を分析したところ，廃止された事例が存在する組み合わせが1つであったため，その組み合わせにおける原因条件が必要条件となる。つまり，廃止を主張するアクターによる存在理由の欠如の提示，存続を主張するアクターによる存在理由の未提示，廃止が起こりにくい職員数ではないことである。なお，知事交代と知事与党多数は前決定過程における必要条件であったため，決

表 3-5　自治体病院の決定過程の真理表

廃止主張の存在理由提示	存続主張の存在理由提示	職員数	事例数	整合度	廃止	事例名
1	0	0	2	1	1	循環器呼吸器病センター，一志病院
0	1	1	3	0	0	宮崎病院，延岡病院，日南病院

表 3-6　自治体病院の決定過程の中間解

中間解の項	素被覆度	固有被覆度	整合度
廃止主張の存在理由提示	1	1	1

定過程においても必要条件となる。また，前決定過程では，廃止を検討した事例では医業収支比率と基準病床数／既存病床数のいずれかが必ず生じており，外部環境の変動も必要条件であった。

次に，十分条件を明らかにするために，決定過程の真理表を表 3-5 に示した。真理表には，現実に生じたすべての組み合わせが記載されている。今回は，組み合わせ内に矛盾は生じていない。これは，条件の組み合わせが同じであった場合には，結果も同じであることを意味している。

標準分析を行った結果，中間解は表 3-6 に示した論理式となった[98]。これは廃止主張の存在理由が提示されていれば廃止という結果となっていることを表している。循環器呼吸器病センターや一志病院のように，廃止主張の存在理由が提示されていれば廃止される。一方で，宮崎病院，延岡病院，日南病院のように，廃止主張の存在理由が提示されていない場合には存続する。

質的比較分析からは，事例過程分析と同様に，決定過程では存在理由の有無の提示が帰結を左右することが明らかとなった。自治体病院のように，拒否権を有している知事や議会が潜在的には廃止に反対するような政策であっても，廃止主張の存在理由が提示されていれば廃止されている。

ただし，本章の分析に関しては，そもそも廃止を検討する事例が少ないことに注目すべきである。分析対象となった 123 事例のうち，見直しを検討した事例は 54%であったのに対して，廃止も検討した事例は 5%に過ぎなかった。そのため，廃止検討が行われたとみなせる条件組み合わせが現れず，前決定過程の質的比較分析が行えなかった。廃止検討が行われた事例はいずれも知事の交代があるとともに知事与党が多数であったが，こうした政治状況であるとともに，社会経済状況の変動があり廃止をしやすい事業の性質であったとしても，必ず廃止が検討されるわけではない。他方で，見直しについては知事交代という政治状況が存在しなくとも社会経済状況の変化が生じていれば検討がなされていた。自治体病院のように，首長や議会議員が廃止に否定的であることが予想される事例では，見直しが行われたとしても，廃止がその選択肢として検討されないことが確認できる。

5 小　括

廃止が議題に上らない政策

自治体病院の廃止は事業所管部署職員や審議会委員が提案することにより議題に上っていた。事前の想定とは異なり，事業所管部署職員が廃止を提案する事例が存在する。他方で，事前の想定通り，政治家が廃止を議題に上げることはなかった。自治体病院をめぐっては，経営状況の悪化をもたらす社会経済状況の変化が起こった地域があるが，有権者の態度変化は生じていない。一般有権者が事業の存続を支持するとともに，利益団体が存在する事業となり，その廃止が不利益となるものが広範囲に存在する。そのため，知事や議会議員によって廃止が提案されることはなかった。

政治的アクターによる廃止への反対が起こる事業であるため，廃止が議題に上る事例数は少ない。アンケート調査によると，見直しを検討した政策のうち廃止が議題に上った事例の割合は，土地開発公社が57%，ダム事業が71%であるのに対して，自治体病院は9%である。カイ二乗検定を行ったところ，自治体病院と土地開発公社，自治体病院とダム事業には，廃止検討の有無に関していずれも0.1%水準で統計的に有意な差がみられた。

廃止が議題に上った事例については，外部環境の変動と政治状況が必要条件となっていた。事例比較分析では，廃止が議題に上った事例は，医業収支比率が悪いか，病床過剰地域かという，いずれかの原因条件を必ず満たしていた。また，政治状況については，知事与党が多数であり，知事交代があった。もっとも，福岡県の事例では検討期間内に知事の交代は起こっていなかったが，廃止が検討された。知事与党多数という政治状況が特に重要であると考える。福岡県や京都府では，病院の経営状況の悪化は2000年以前からの懸案であり，政治状況が安定的なときに，行政職員が廃止を議題に上げていることがうかがえる。

ただし，廃止が起こりやすい政治状況であり，廃止しやすい性質を有し，事業の存在理由を低下させる社会経済状況の変化が起こっているだけでは，廃止は議題には上らない。知事と議会双方が廃止に反対することが想定される事業であるために，事業見直しの際に廃止を選択肢として議題に上げることの政治的なハードルが非常に高いことが明らかとなった。

政策の性質として挙げた職員数については，事例過程分析を行った福岡県では，行政職員に廃止を躊躇(ちゅうちょ)させる要因ではあったが，個々の病院の職員数は多くなく，廃止は議題に上った。なお，前決定過程において，どのような要因が十分条件となるかは，質的比較分析が行えなかったため，検証できていない。

決定過程のアクター間関係は，事業所管部署職員の行動以外は想定した通りであった。アンケート調査では，事業の廃止を主張したアクターは行政改革所管部署職員，審議会委員，事業所管部署職員であった。事前の想定とは異なり，事業所管部署職員も廃止を主張した行動をとる。事例過程分析では，事業所管部署職員や審議会委員が廃止を主張し，政治家は事業所管部署職員らによる説得を受け入れている。事例比較分析でも，廃止を主張する行政職員や審議会委員らに対して，存続を主張するアクターは現れなかった。また，期限がきたら見直すことが決まっていた宮崎県の事例では廃止を主張するアクターが存在せずに存続が決まっている。見直すことが決まっていたことにより議題に上ったとしても，廃止決定にまで結び付くわけではない。

決定過程においては政策の存在理由の有無が十分条件であった。自治体病院は廃止を議題に上げる政治的ハードルが高い事業である。しかし，いったん議題に上り，廃止を主張するアクターにより存在理由の欠如が示されれば，廃止という帰結となることが事例比較分析および事例過程分析によって明らかとなった。また，二重の入れ子モデルで想定していた通り，政治状況と政策の性質は決定過程における必要条件であった。

このように，自治体病院改革において，前決定過程では政治的要因が影響し，決定過程では存在理由の有無が影響を及ぼした。特に注目したいのが，前決定過程において，廃止を検討する事例の少なさである。二重の入れ子モデルでは，前決定過程では非決定権力の存在により廃止が議題に上ることが少ないと予想していた。本章で取り上げた自治体病院は，廃止によって不利益を受けるものが広範囲に存在し，知事も議会議員も廃止に反対することが想定される政策であるため，この非決定権力が特に働きやすい政策である。病院改革の際の経営形態の選択肢としては，地方公営企業法の全部適用，地方独立行政法人化，指定管理者制度の導入，民間譲渡，病院の閉鎖がある。このうち住民や政治家から強い反発を受けることが想定される民間譲渡や病院閉鎖といった選択肢を検討することのハードルは高かった。廃止を検討すること自体が少ないということが，前決定過程において民意の影響が現れていることを示している。

ただし，知事の交代が起こり，議会状況が安定的であるいくつかの事例では，廃止が検討されることがある。その場合，事業所管部署職員や審議会委員により，存在理由の欠如が示されれば，廃止という帰結が生じた。廃止が起こりにくい政策であっても，決定過程において政策の存在理由の欠如という専門性が示されることによって，廃止という帰結が導かれることが示された。

1）総務省『公立病院改革ガイドライン』。

2）総務省『平成 26 年度地方公営企業年鑑』。

3）一般行政上の目的から経営している一般行政病院については，公営企業法が適用されておらず，分析対象とはしていない。

4）自治体の一般会計等からの繰出金については，総務省から繰出基準が通知されており，この基準に該当する経費については，各年度の地方財政計画に計上されて，地方交付税の対象になっている。

5）一方で，長は，全部適用を導入しても，実際には病院内の稟議書から首長名が抜けるという形式を除いては，自治体の首長，議会の承認を得て経営の意思決定が行われるという構図に替わりはないことが多いと指摘する。また，経営改革の成否は事業管理者に大きく依存することも指摘する（長 2008）。

6）病院で勤務する医師である山本祐は，独立行政法人化により，自治体の繰入金（運営交付金）が削減される可能性があり，不採算部門の縮小や労働者の雇用・勤務条件の悪化につながる危険性があることを指摘する（山本祐 2010）。

7）本書では，都道府県立病院の統合，国・市町村・一部事務組合・独立行政法人への移管，地方独立行政法人化，指定管理者制度の導入は「病院閉鎖・民間譲渡」とはしていない。アンケート調査でも，この定義を示したうえで，調査を行った。

8) 総務省『平成26年度地方公営企業年鑑』による。

9) 総理府『国民生活に関する世論調査（昭和34年1月)』による。質問文は，「次に公共的な施設に対する要望についてお伺いします。先ずこの中（回答票E）であなたが日頃から拡充，充実してほしいと思っているものがありますか……どれですか。(M.A.)」である。

10) 総理府『国民生活に関する世論調査（平成11年12月)』。

11) 『朝日新聞』2009年3月18日付，6面。

12) 具体的には，医療，病院，医師，看護，診療，救急，疾病・病気といったキーワードを記載している場合に，医療対策にふれているものとしている。

13) 自治体病院の廃止の有無については，①総務省『地方公営企業年鑑』による調査と，②各都道府県のウェブサイト，新聞報道および所管部署への問い合わせを行い，調査した。

14) 分析対象期間である2000年度から09年度にかけて病院閉鎖された事例には，京都府の洛東病院以外にも北海道の札幌北野病院，釧路病院，東京都の母子保健院，台東病院，福島の本宮病院が存在する。その中で，他の事例と比較すると資料が存在していたため，洛東病院の事例を選択した。しかし，それでもなお資料は少なく，細かく事例を追うことはできていない。

15) 協議会が黒木病院の廃止を打ち出した理由としては，「病床20床の小さな病院で専門病院化は無理だし，地域医療に果たす役割もほぼ終った」という判断があった。『西日本新聞』1991年11月14日付，3面。

16) 『朝日新聞』（福岡）1999年4月12日付。

17) 病院建築の際には，公立病院事業債で起債することにより，事業費償還のために一般会計から病院事業会計への繰入金の約3割が，地方交付税の基準財政需要額に算入され，地方交付税として交付される（伊関 2007：224)

18) 筆者による平田輝昭氏への聞き取り調査，2011年2月18日。平田氏は2000年度から06年度にかけて福岡県の県立病院対策長を務め，県立病院改革において中心的な役割を果たしていた。

19) 同上。

20) 『朝日新聞』（福岡）2001年4月7日付，28面。

21) 筆者による平田輝昭氏への聞き取り調査，2011年2月18日。

22) 同上。

23) 同上。

24) 福岡県『第7回県立病院小委員会議事録』。

25) 『日本経済新聞』（西部）2001年9月13日付，17面。

26) 筆者による平田輝昭氏への聞き取り調査，2011年2月18日。

27) 『日本経済新聞』（西部）2001年9月13日付，17面。

28) 福岡県『第21回県立病院小委員会議事録』。

29) 福岡県行政改革審議会「福岡県行政改革審議会第二次答申（福岡県立病院改革に関する答申)」。

30）『西日本新聞』2002 年 8 月 10 日付，27 面。
31） 総務省『平成 13 年度地方公営企業年鑑』
32） 筆者による平田輝昭氏への聞き取り調査，2011 年 2 月 18 日。
33） 同上。
34） 同上。
35）『西日本新聞』2002 年 6 月 20 日付，25 面。
36） 凍結は県総務部長と県立病院対策長が謝罪したことにより 2002 年 9 月に解除された（福岡県保健福祉部県立病院課 2007：56）。
37）『朝日新聞』（福岡）2002 年 8 月 10 日付，35 面。
38）『西日本新聞』2002 年 8 月 14 日付，23 面。
39）『西日本新聞』2002 年 8 月 17 日付，23 面。
40） 福岡県『福岡県議会会議録』2002 年 10 月 2 日。
41）『西日本新聞』2002 年 9 月 24 日付，23 面。
42） 福岡県『福岡県議会会議録』2002 年 9 月 27 日。
43） 筆者による田中久也県議会議員への電話による聞き取り調査，2011 年 1 月 25 日。田中県議は長期にわたり病院問題を議論する県議会の厚生環境委員会に所属していた。
44） 福岡県『福岡県議会会議録』2002 年 9 月 27 日。
45） 福岡県『福岡県議会会議録』2001 年 10 月 1 日。
46）『西日本新聞』2002 年 8 月 13 日付，32 面。
47）『朝日新聞』（福岡）2002 年 4 月 2 日付，24 面。
48） 2002 年 2 月に策定した第一次行政システム改革大綱では 2002 年度中に計画を策定する方針であった。『西日本新聞』2002 年 9 月 27 日付（夕刊），1 面。
49） 福岡県『福岡県議会会議録』2002 年 10 月 2 日。
50）『朝日新聞』（福岡）2003 年 2 月 22 日付，27 面。
51）『朝日新聞』（福岡）2003 年 4 月 14 日付，17 面。
52） 自民党は主流派と反主流派が対立して分裂した。『朝日新聞』（福岡）2003 年 5 月 1 日付，25 面。
53） 福岡県『福岡県議会会議録』2003 年 6 月 25 日。
54）『朝日新聞』（福岡）2003 年 7 月 18 日付，27 面。
55）『西日本新聞』2003 年 10 月 7 日付，23 面。
56）『朝日新聞』（福岡）2003 年 9 月 27 日付，35 面。
57） 筆者による平田輝昭氏への聞き取り調査，2011 年 2 月 18 日。
58） 同上。
59） 京都府立医科大学附属病院については，地方公営企業法が適用されていないため，分析対象としない。
60）『京都府公報』号外第 20 号（2005 年 4 月 28 日）。
61） 同上。
62）『京都新聞』2004 年 8 月 21 日付，28 面。
63） 筆者による京都府職員への電話による聞き取り調査，2014 年 8 月 5 日。
64）『朝日新聞』2002 年 4 月 8 日付，1 面。
65） 筆者による京都府職員への電話による聞き取り調査，2014 年 8 月 5 日。

66) 総務省『平成16年度地方公営企業年鑑』。
67) 筆者による京都府職員への電話による聞き取り調査，2014年8月5日。
68) 『京都府公報』号外第20号（2005年4月28日）。
69) 京都府『府立病院あり方検討委員会議事録』
70) 『毎日新聞』（京都）2004年8月21日付，27面。
71) 『朝日新聞』（京都）2004年9月7日付，24面。
72) 筆者による京都府職員への電話による聞き取り調査，2014年8月5日。
73) 『京都新聞』2004年9月10日付（夕刊），1面。
74) 筆者による京都府職員への電話による聞き取り調査，2014年8月5日。
75) 京都府「知事の発言『顧客（＝府民）第一の行政経営をめざして』」。
76) 『しんぶん赤旗』2004年11月26日付，13面
77) 京都府『京都府議会会議録』（定例会）2004年10月8日。
78) 筆者による京都府職員への電話による聞き取り調査。
79) 府職労等で構成される京都総評は共産党を支持していた。『読売新聞』（大阪）2006年5月14日付，31面。
80) 『朝日新聞』（京都）2004年9月3日付，20面。
81) 京都府『京都府議会会議録』（定例会）2004年10月8日。
82) 京都府『京都府議会厚生労働常任委員会会議記録』2004年10月5日。
83) 病院閉鎖が報道された2004年7月から条例が可決された12月までの，京都新聞，朝日新聞，読売新聞，毎日新聞，日本経済新聞，産経新聞の検索結果による。
84) 『京都新聞』2004年8月21日付，28面。
85) 『毎日新聞』（京都）2004年11月17日付，25面。
86) 『京都新聞』2004年11月22日付（夕刊），1面。
87) 京都府議会会議録（定例会）2004年12月7日。
88) 見直し検討と廃止検討の有無に関する質問文は，「平成22年度以降に，都道府県庁内で下記の自治体病院事業の経営形態の見直しが組織的に検討されたことがありますか（平成21年度以前からの継続的な検討も含む）。また，見直しの際に，当該病院の病院閉鎖及び民間譲渡が選択肢の一つとして組織的に検討されたことがありますか（平成21年度以前からの継続的な検討も含む）。結果的に病院閉鎖および民間譲渡が決定されなかった場合についても，検討がなされた場合には『1. ある』とお答えください」であり，見直し検討の有無と病院閉鎖・民間譲渡検討の有無に関する2つの解答欄を設けている。解答欄はいずれも「ある」と「なし」の二択である。また，質問文の下に「本調査では，都道府県立病院の統合，国・市町村・一部事務組合・独立行政法人への移管，地方独立行政法人化，指定管理者制度の導入は『病院閉鎖・民間譲渡』に含みません」との但し書きを付記した。
89) ただし，決定過程について未回答であった事例でも，誰が廃止を議題に上げたかについては回答を得た。
90) 質問文は「誰が提案したために，都道府県庁内で病院閉鎖・民間譲渡についての組織的な検討がなされることになったのでしょうか。当てはまるものすべての番号に○をつけてください」であった。回答の選択肢は，自治体病院所管部署職員，行政改革所管部署職員，審議会委員，知事，議会議員，市町村，病院職員，その他である。

91） 職員数は2009年度の総務省『地方公営企業年鑑』による。静岡県の総合病院，県立こころの病院，こども病院は記載がなかったので，2008年度の数値を投入した。職員数を成員スコアとする際には，完全帰属閾値を職員数が最も多かった病院の職員数である1022とし，不完全帰属閾値を最も少なかった職員数である0とした。質的分岐点値は，233とした。これは2009年度以前に廃止された病院の中で廃止前年度の職員数が最も多かった病院の職員数が232名であったためである。廃止前年度の職員数は当該年度の『地方公営企業年鑑』による。なお，休止もしくは診療所化した数年後に廃止された事例については，廃止前年度の『地方公営企業年鑑』に記載がない。その場合は，休止もしくは診療所化した前年度の『地方公営企業年鑑』を参照した。

92） 2006年度の医業収支比率が，2007年に示された総務省『公立病院改革ガイドライン』の目標値未満である場合に1を，それ以外の場合に0を与えた。

93） 基準病床数と既存病床数については2010年度時点のものである。基準病床数と既存病床数はアンケート調査により把握をしたうえで，各都道府県の医療計画で確認をとった。

94） ファジィ集合での整合度の導き方は成員スコアを重みづけるために，クリスプ集合におけるものとは異なる。原因条件をX，結果の割合をYとしたとき，分母はXの総和で，分子はXとYの最小値の総和となる。

95） 簡潔解と複雑解も同じ論理式である。論理的残余に関しては，矛盾が生じないようにすべて0を想定した。

96） 質問文は，「都道府県庁内における検討過程において，どのようなアクターが病院閉鎖・民間譲渡を主張していましたか。当てはまるものすべての番号に○をつけてください」と「都道府県庁内における検討過程において，どのようなアクターが病院の存続を主張していましたか。当てはまるものすべての番号に○をつけてください」である。回答の選択肢はいずれも，自治体病院所管部署職員，行政改革所管部署職員，審議会委員，知事，病院職員，その他，主張したアクターはいないである。

97） 質問文は，「病院閉鎖・民間譲渡を主張したアクターは，以下の事項について政策知識に基づいた主張を行いましたか。当てはまるものがある場合には，当てはまるものすべての記号に○をつけて，その主張を行ったアクターの番号を記してください（ex. 自治体病院所管部署職員の場合には「1」)。政策知識とは，解散の根拠となる理論や情報（データ）が示されているものを指します。政策知識に基づいた主張がない場合には記入しないでください」である。回答の選択肢としては，病院の経営改善策が他にない，病院が担う政策医療の不在，その他の政策知識に基づいた主張を示した。存続を主張するアクターによる政策等の存在理由の提示の有無を判断する際にも，同様の質問を行った。

98） 簡潔解と複雑解も同じ論理式である。この分析では，論理的残余に関して，廃止主張の存在理由提示×～存続主張の存在理由提示の組み合わせについては1を，～廃止主張の存在理由提示×～存続主張の存在理由提示の組み合わせについては0を想定した。廃止主張の存在理由提示×存続主張の存在理由提示の組み合わせについては，職員数が多い場合は0を，少ない場合は1を想定した。

第4章 ダム事業

1 ダム事業の概要

▶ ダム事業の目的

日本では，近代技術に基づく大規模ダム建設は明治維新後に始まった。3世紀頃から灌漑（かんがい）を目的とした「ため池」が造られ始め，西日本を中心に建設が活発化した。明治維新後は，近代技術の導入に基づく本格的なダムが造られるようになった。1920年代には富山県庄川上流に堤高77mの小牧ダムが建設されるなど大規模ダムの建設が行われた（ダム技術センター 1984：2-3；豊田 2006：15）。河川行政が国家的見地において把握されるようになったのも，明治維新後のことである（建設省河川局河川総務課 1998：45）。1896年には，河川管理の基本法である河川法が制定された。このとき，河川法の目的は明文化されていなかったものの，洪水防御の治水と物資運搬の舟運のための法律であった（竹村 2007：104）。その後に，資本主義経済が急速に進展したことに伴い，利水関係の紛争が頻発し，利水について簡単な規定しか存在していなかった河川法の改正が試みられたが，利水省庁との調整がつかず，改正は行われなかった（建設省河川局河川総務課 1998：46）。

第二次世界大戦後には，国土復興とともにダム建設が再開された。日本経済の復興によって，洪水調整という治水目的の他に，発電や灌漑などの利水を目的とした多目的ダムの建設が最優先の国家事業として登場するに至った（ダム技術センター 1984：3)。1964年には，治水に加えて利水も目的とした新たな河川法が制定されるなど，次第に利水についても重点が置かれるようになった。1950年代以降は，急速に進展する工業化と都市化を背景として，利水の中でも水資源開発が進められた（帯谷 2004：34)。

こうして，ダム事業は，河川の氾濫を防ぐ治水（洪水調節・農地防災，不特定用水・河川維持用水[1]）と，水を利用する利水（灌漑用水，上水道用水，工業用水，発電，消流雪用水，レクリエーション）という目的のために建設が進められた。ダム事業には，利水や治水のみの機能を有するダムの他に，治水と利水の双方の機能を有する多目的ダムが存在する。本書で分析対象とする，都道府県が事業主体であり国土交通省からの補助を受けたダムは「補助ダム」と呼ばれ，目的の違いにより補助多目的ダムと補助治水ダムに分けられる。

都道府県を事業主体とする補助多目的ダムと補助治水ダムの建設の根拠となる法律は，河川法である。河川法では，河川は水系ごとに一級河川と二級河川に区分され，一級河川の管理は国土交通大臣が（ただし，国土交通大臣が指定区間を定めて都道府県知事が管理の一部を行う場合は，その指定区間については都道府県知事が行う)，二級河川の管理は都道府県知事が行うこととされている（河川法9条，10条)。都道府県が実施主体である補助多目的ダムと補助治水ダムも，一級河川と二級河川の双方に存在している。

補助ダムの建設に際しては，国からの補助が出る。一級河川における事業については国から5割の補助が出るし，大規模事業[2]については5割5分の補助が出る（河川法60条2項)。二級河川における事業については，5割までの補助[3]が出る（河川法62条)。なお，多目的ダムは治水の他に利水の機能も有しているが，利水面については市町村などの水道事業者が利水者として，事業に参画し，利水負担金を支払っている場合もある。

▶ ダムの建設廃止

ダム建設では，実施計画調査や建設の際，さまざまな調査や交渉が必要とされるため，ダムの規模にもよるが，事業が採択されてから10-20年の工期が必要となる。まず，事業着手の前には，予備調査が行われ，基礎資料の収集，ダム規模の設定，基本事項の検討・評価などが行われる。予備調査を経て，事業が着手された後には，実施計画調査が行われ，現地調査や設計条件の確認，概略設計がなされる。その後に建設が採択され，実施設計や施工計画書の作成，用地補償が行われる。これらの調査等を踏まえて，ダムを建設する基本計画等が作成される。その後に，建設工事が開始され，工事用道路や付替道路を建設し，本体工事が行われて，ダムが完成する[4]。本書では，建設が採択された建設段階のダム事業を分析対象としている。

長い工期を経て建設されるダムであるが，事業着手後に事業が廃止される場合もある。補助多目的ダムおよび補助治水ダム事業を廃止する際には，都道府県に設置される事業評価監視委員会による意見を踏まえた再評価を行う必要がある。国土交通省所管の事業については，1998年度から再評価を実施していた。再評価は，図4-1に示した条件に当てはまる事業の他に，社会状況の急激な変化が起こった場合（具体的には，事業計画を変更する場合，本体工事に着手する場合）に随時実施していた。再評価は都道府県に設置される事業評価監視委員会の意見を尊重して対応するとされていた。この事業評価監視委員会の審議を経て，都道府県はダム事業の継続，休止，中止という対応方針を決定した。なお，事業評価監視委員会での審議を経て，中止が決定されたダム事業については，建設の際，国から受けた補助金を返さなくてよい。

ダム事業を中止するなどして，従来とは異なる治水対策をとるときには，これまでの河川整備計画を変更する必要がある。1997年の河川法改正により，河川管理者は河川整備の基本となるべき方針に関する事項（河川整備基本方針）と具体的な河川整備に関する事項（河川整備計画）を策定することが定められ，河川整備計画を策定する際には学識経験者，関係住民，地方公共団体の長の意見を反映させるものとされた[5]。河川整備計画は河川工事の具体的内容や河川維持方法などを定めたものであり，それを変更するには図4-2に示したように学識経験者，関係住民，地方公共団体の長の意見を聞く。学識経験者からなる委員会は流域委員会等の名称がつけられており，ダムの中止にあたっては前述した事業評価監視委員会に代えて，当該委員会において審議を行うことも可能と

図 4-1　都道府県におけるダム事業再評価のフロー図

再評価対象事業の選定
・事業採択後，5 年間を経過した時点で未着工の事業
・事業採択後，10 年間を経過した時点で継続中の事業
・事業採択後の準備・計画段階で 5 年間を経過している事業
・再評価実施後一定期間が経過している事業

再評価に係る資料の作成
再評価を行うにあたって，必要となるデータの収集・整理を行い，対応方針（事務局案）の作成を行う。

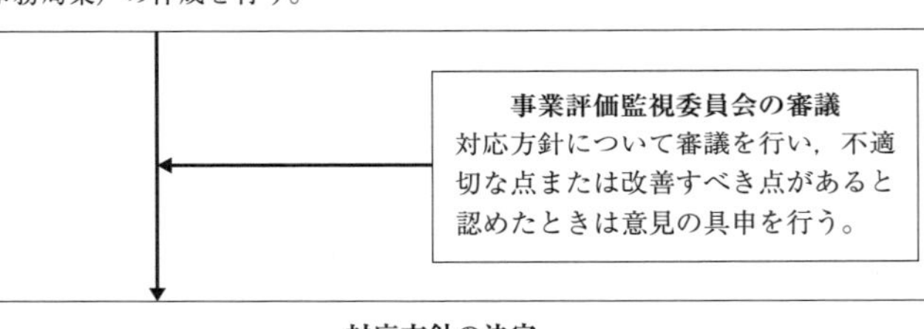

対応方針の決定
都道府県は対応方針を決定する。

［注］ 選定対象として「事業採択後，10 年間を経過した時点で継続中の事業」とあるが，継続中の事業については，2010 年 4 月以降は「5 年間」と期間を短縮された。
［出所］ 日本ダム協会『ダム年鑑 1999』10 頁および『ダム年鑑 2001』11 頁を参考に筆者作成。

されていた[6)]。そのため，事業評価監視委員会ではなく，河川整備計画を変更する際の流域委員会での審議を経て中止を決定する場合もある。本章では，事業評価監視委員会や流域委員会での審議を経て，中止が決定されたときに，ダム事業の廃止が行われたと判断する。

廃止に影響を与える政策の性質としては，本体工事の着工の有無がある。先行研究では，廃止に影響を及ぼす事業の性質として，基本計画等の有無が指摘されている。砂原庸介は，ダム事業廃止の要因について計量分析を行い，政治的要因以外の要因として基本計画等が策定されていると廃止が起こりにくいことを明らかにした（砂原 2011）。砂原は，基本計画等が策定されることによってダム事業によって受ける利益がある程度確定するために，利益を受ける関係

図4-2　河川整備計画変更の際の手続き

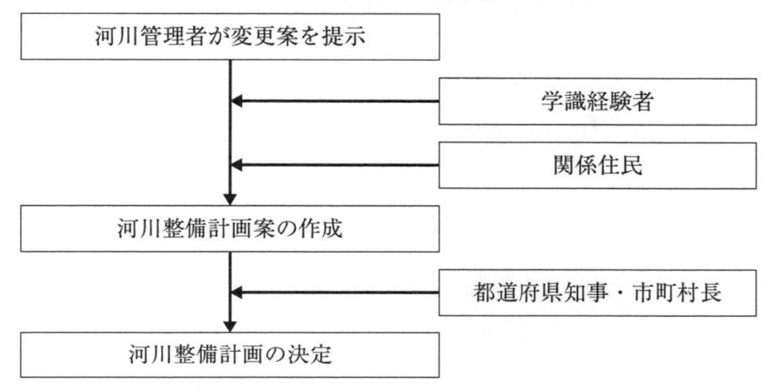

［出所］　河川法および国土交通省のウェブサイトを基に作成。

者からの事業の廃止に対する抵抗が強まり，事業が廃止される確率が低くなると説明する（砂原 2011：126）。本書では，基本計画等の策定の次段階である本体工事への着工の有無という政策の性質が影響を与えると考える。これは，本体工事への着工後に廃止を行うほうが，基本計画等を策定してから廃止を行うよりも，より強い関係者からの抵抗があるからである。また，本体工事着工後にダム事業の廃止を決めると，建設業者に対して多額の違約金を支払う必要がある[7)]。利害関係者の広がりを表すだけではなく，廃止のコストも表す変数である。

2　外部環境の変動

水需要の減少，有権者の態度変化，国の補助中止

ダム事業をめぐっては，有権者の態度変化が起こるとともに，一部の地域では，社会経済状況の変化や国や他の地方自治体の撤退という外部環境の変動が起こっている。本節では，それぞれの要素についてみていく。

▶ 水需要の減少という社会経済状況の変化

ダムを取り巻く社会経済状況は2000年前後から変化がみられる。特に大きな変化として，水需要の減少が挙げられる。多目的ダムには，河川の氾濫を防ぐ治水という目的だけではなく，水資源を開発する利水という目的がある。これまで，日本では，高度経済成長期における人口増加や，産業の大都市集中と都市用水需要の増加という前提のもとで，大規模ダムを計画してきた（富樫 2007：147）。ところが，水需要は近年，減少傾向にある。図 4-3 は農業用水，工業用水，生活用水の使用量推移を 1975 年度から 5 年ごとに示したものである。総水使用量は 1990 年代後半から減少傾向にある。特に，本書の分析対象でもある多目的ダムは，生活用水と工業用水という都市用水需要を念頭に置いて開発された。この時期，工業用水は一貫して減少傾向にあった。他方で，生活用水は 2000 年度まで増加傾向にあり都市用水の伸びを下支えしてきた。しかし，この生活用水も 2000 年代に入ると減少傾向へと転じた（梶原 2014：49-53）。

ダム事業が計画された時期に策定された水需要予測と実際の水需要の乖離（かいり）も大きい。本書で分析対象とするダム事業の多くは 1970 年代から 90 年代にかけて事業を開始している。国土庁が 1978 年に策定した『長期水需給計画』では，90 年の生活用水を 214.6 億㎥／年，工業用水を 292.8 億㎥／年と予測したが，実際には生活用水は 158 億㎥／年，工業用水は 145 億㎥／年であった。また，国土庁が 1987 年に策定した『全国総合水資源計画――ウォータープラン 2000』では，2000 年の生活用水を 172.9 億㎥／年，工業用水は 208.4 億㎥／年と予測したが，実際には生活用水が 164 億㎥／年，工業用水が 134 億㎥／年であった。国土庁が 1999 年に策定した『新しい全国総合水資源計画――ウォータープラン 21』でも，2010 年から 15 年にかけての生活用水を 165.4 ～ 167.6 億㎥／年，工業用水を 134.7 ～ 135.8 億㎥／年と予測しているのに対して，2010 年度の水需要は生活用水が 154 億㎥／年，工業用水は 117 億㎥／年であった。人口見込みの減少や経済成長率の鈍化などを背景として[8]，ダム事業が計画された時点での水需要予測と現実の水需要との間に大きな乖離ができた。

▶ ダム建設に否定的となる有権者

かつては，ダム建設に対する有権者からの支持は高かった。1950 年代に行われた「国民生活に関する世論調査」をみると，ダム建設等の国土開発に対する支持は高い。1958 年 2 月に行われた「国民生活に関する世論調査」では，国民全体の生活を向上させるために必要なものとして 27％の回答者が「国土開発（ダムを造ったり，農地を開拓したり，資源を開発したりすること）」を選択し

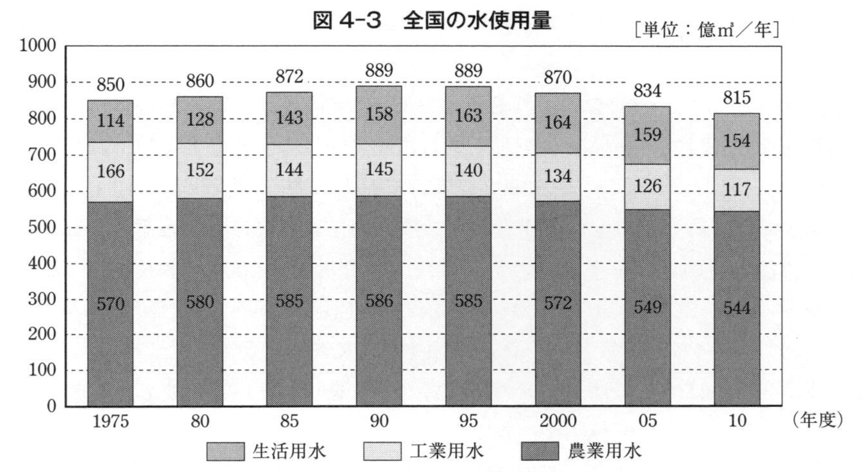

［注］　国土交通省水資源部の推計による取水量ベースの値。
［出所］　国土交通省『日本の水資源』より筆者作成。

ており，これは選択肢の中で「貿易の振興」に次いで2番目に多い割合であった[9]。また，1959年1月に行われた「国民生活に関する世論調査」では，地方自治体に最も望むものの1位が「道路等の土木行政に関するもの」であった[10]。ダムそのものに対する支持の高低を測る調査ではないが，ダム建設などの公共事業に対して支持が高いことがわかる。

しかし，1980年代後半以降に，ダム建設に対する反対運動が広がった。ダム建設はダムより下流の受益地域に大きな利益をもたらす一方で，ダム周辺の水源地域には社会的，経済的に大きな犠牲を強いる事業である。また，ダム建設は水源地域の地形を大幅に改変させるため，自然環境に大きな影響を及ぼす（豊田 2006：139, 172）。そのため，ダム建設による自然環境への悪影響を危惧して，さまざまなダム反対運動が繰り広げられるようになった。その嚆矢となったものが，1980年代後半からの長良川河口堰の反対運動であり，反対運動はメディアに取り上げられることによって，全国的な広がりをみせるようになった（嶋津 2003；今本 2009）。結果として，長良川河口堰は完成したものの，その後もさまざまなダム建設に対して反対運動が行われた。

反対運動を受けて，かつては高かった事業への支持も低下している。先に述べた「国民生活に関する世論調査」の質問項目は毎年同じではないため，ダム建設反対運動が全国的な広がりをみせた1980年代後半以降の回答について，通時的な比較はできない。しかし，ダム建設の際に影響を与える自然環境の保護への支持は高まっている。1992年5月に行われた「国民生活に関する世論調査」では，約3割の回答者が今後，政府に力を入れてほしいと思うこととして，自然環境の保護を挙げている[11)]。また，朝日新聞が2009年3月に行った世論調査によると，環境分野については42％の回答者が予算を増額すべきであると回答し，4％の回答者が予算を減額すべきであると回答したのに対して，公共事業分野については，13％の回答者が予算を増額すべきであると回答し，53％の回答者が予算を減額すべきであると回答している[12)]。このように，ダム事業をはじめとする公共事業への支持は低下している。

有権者の態度変化を反映して，知事の選挙公約の記載にも変化がみられる。図4-4は，知事選挙当選者がその『選挙公報』において，ダム事業が目的とする治水・治山・利水についてふれた割合の推移を示したものである。1960年代には多くの知事がその『選挙公報』において，治水・治山・利水に取り組むと述べていたが，年を経るごとにその割合は減少し，2000年代に入ると否定的に言及する知事も登場している。2010年代に入ると，肯定的に言及する知事が増加しているが，これは2011年に発生した東日本大震災により防潮堤などの治水対策に言及する知事が増えたためである。

▶ 国や他の地方自治体による廃止決定の増加

社会経済状況の変化や有権者の態度変化を受けて，都道府県営ダム事業に補助を出している国や，利水者として事業に参画してきた市町村が撤退する事例が増加している。特に，建設費の約5割を補助金として出している国のダム事業からの撤退は，費用対効果の観点から，都道府県におけるダム事業の見直しに直結する。

国は，1990年代半ばからダム建設の見直しを始めた。1995年6月には建設省が省内に「大規模公共事業に関する総合的な評価方策検討委員会」を設置し，その一環としてダム審議委員会を設置した。このダム審議委員会は建設省直轄

図 4-4　知事選挙当選者の『選挙公報』における記載の推移（治水・治山・利水）

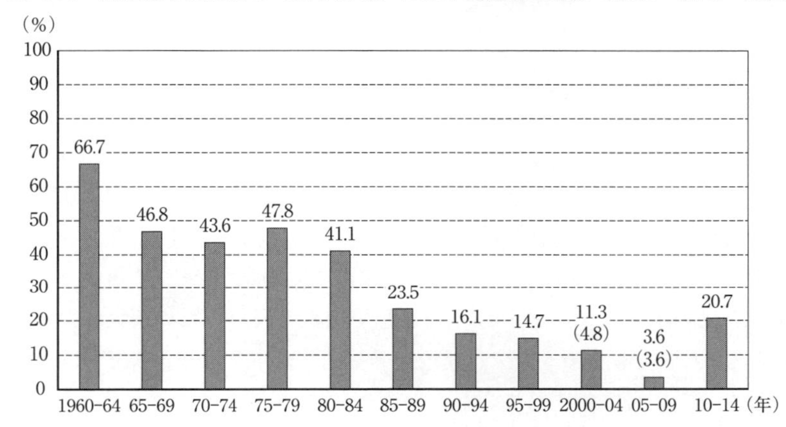

［注］　今後の政策の記載欄において，治水・治山・利水の対策について肯定的にふれているものの割合。（　）内は否定的にふれているものの割合。1960-2014 年にかけて投票が行われた 652 回の知事選挙を対象としているが，そのうち 32 回の選挙に関しては『選挙公報』が入手できなかったため分析に含めていない。また，無投票であった選挙に関しては『選挙公報』が発行されないため（公職選挙法 171 条），分析対象に含めていない。

［出所］　各都道府県選挙管理委員会発行の『選挙公報』から筆者作成。

の 14 事業を対象として検討した。ただし，このときの検討で事業内容の変更が提言されたのは 3 事業のみ（両論併記が 1 事業，休止が 2 事業）であり，残りの事業は推進となるなど廃止のためではなく，継続のための委員会という側面が強かった（三田 2001：412-413）[13]。1996 年には，都道府県が事業主体である補助ダム事業も対象とされ，建設段階にあった水原ダム（福島県）の中止を決めた[14]。1997 年には，建設省の河川局が中心となって「ダム事業総点検」を行った。この見直しでは，全国で計画が進行中の 383 事業すべてについて，計画の必要性，緊急性，コスト，住民の反応などを総点検し，6 事業を中止，12 事業を休止，70 事業を凍結とした[15]。建設段階の補助ダム事業で中止とされたものは，明戸ダム（岩手県），芋川ダム（新潟県），仁井田ダム（高知県）の 3 事業で，休止とされたものは，トマムダム（北海道），新月ダム（宮城県），梅津ダム（長崎県），七ツ割ダム（熊本県）の 4 事業である[16]。

1998 年には，建設省主導で行われていた，これまでの見直しに対して，都道府県主体の見直しが行われた。このときの見直しでは，都道府県が建設の適否を判断して，これを受けて建設省が予算を要求しないことを決めた。1997年度の見直しで休止と判断されたトマムダム，梅津ダム，七ツ割ダムが中止となっている。

2000年8月には，自民党，公明党，保守党という当時の国政における与党3党が，政府に対して中止勧告を行った[17)]。対象となった事業は，①採択後5年以上経過して，いまだに着工していない事業，②完成予定を20年以上経過して，完成に至っていない事業，③現在，休止（凍結）されている事業，④実施計画調査に着手した後，10年以上経過して採択されていない事業に該当する233事業であった。そのうち，建設段階の補助ダム事業は，①採択後5年以上経過して，いまだに着工していない事業として13事業が，③現在，休止（凍結）されている事業として7事業が中止とされた[18)]。

2009年から10年にかけては，本体工事未着工の補助ダムについて再検証するよう国から地方自治体に要請があった。2009年9月に発足した鳩山由紀夫内閣の前原誠司国土交通大臣は，国直轄ダムである八ッ場ダムの中止を明言した[19)]。ただし，前原大臣は，就任当初は「補助ダムについては知事の意向を尊重する」として，補助ダムには口出しをしない姿勢を示していた[20)]。しかし，同年12月には姿勢を転換し，都道府県に対して本体工事が未着工の補助ダムについても再検証するよう要請した[21)]。2010年の夏には国土交通省に設置した「今後の治水対策のあり方に関する有識者会議」がダム事業の検証手順を取りまとめた。同年9月には，馬淵澄夫国土交通大臣が，事業主体の都道府県知事に対して，有識者会議の取りまとめを反映した新細目に沿って再検証をするよう要請した。検証の対象となる補助ダム事業は53事業に及ぶ[22)]。

ただし，この再検証はあくまでも都道府県主体で行われるものである。再検証では，ダム事業について洪水調節，新規利水，流水の正常な機能の維持等といった目的別に検討を行う。この検討では，例えば洪水調整に関しては，ダム案とダム以外の案について安全度やコストといった，いくつかの評価軸ごとに評価して，目的別の総合評価を行う。これらを踏まえたうえで，原案を作成し，事業評価監視委員会の意見を聞いて，最終的な対応方針を決定し，国土交通大臣に結果を報告することとなっている[23)]。

そのため，ダムを中止するか否かは事業主体である都道府県の判断によるところとなる。河川工学が専門の大熊孝は，再検証について，「最初から建設しようと思えば建設継続の評価ができる」と指摘する（森下 2011：53)。このように，民主党政権下で行われたダムの再検証は，1990年代後半から行われた自民党政権下でのダム事業への補助中止とは異なる。もっとも，廃止決定に直接結び付くものではないとしても，ダム以外の案についても評価することを要請するものであるため，廃止が議題に上る可能性は高まるだろう。

また，国の撤退だけではなく，利水者である関係自治体が，水需要が減少したことにより事業から撤退する事例も相次いでいる。その結果，ダム事業から利水機能が削られて，多目的ダムから治水ダムへの転換を余儀なくされることもある。こうした場合，費用対効果の観点から治水についてはダム事業ではなく，河川改修などで対応することが適切であるとされることも多く，ダム事業の廃止につながる事例も増えている。

▶ 外部環境の変動と廃止事例一覧

ここまでの外部環境の変動をまとめると，社会経済状況の変化や有権者の態度変化とともに，国や他の地方自治体の廃止決定がなされた事業が出ている。社会経済状況の変化としては，水需要の減少が生じている事業が現れていた。ダム事業をめぐる有権者の態度変化としては，有権者がダム事業の見直しを求めるようになっていることが世論調査からわかった。国および他の地方自治体の廃止決定としては，1990年代後半から国が補助ダム事業への補助を打ち切る事例が増加し始めた。また，利水者として事業に参画してきた市町村が事業から撤退し始める事例も増加している。このように，ダム事業をめぐっては，社会経済状況の変化，有権者の態度変化，国および他の地方自治体の廃止決定といった外部環境の変動が生じた事例が出てきており，有権者の態度変化を受けて首長が，社会経済状況の変化や国および他の地方自治体の廃止決定を受けて，行政改革所管部署や審議会委員が廃止の検討を始めることが予想される。

1986年度から2014年度にかけての都道府県におけるダム事業の廃止事例を示したものが，表4-1である。表4-1は自民党政権下において補助金打ち切りの対象となった事業と対象とならなかった事業の2つに分けている。これは，

表 4-1　廃止されたダム事業一覧

補助中止の対象となった				補助中止の対象とならなかった			
ダム名	道府県名	開始年度	廃止年度	ダム名	道府県名	開始年度	廃止年度
水原	福島県	1984	1996	佐伏川	岡山県	1976	1987
明戸	岩手県	1990	1997	トマム	北海道	1992	1998
芋川	新潟県	1990	1997	梅津	長崎県	1990	1998
仁井田	高知県	1992	1997	七ツ割	熊本県	1991	1998
北本内	岩手県	1980	2000	雄川	群馬県	1992	2001
黒沢	岩手県	1992	2000	笹子	山梨県	1989	2001
新月	宮城県	1974	2000	黒谷	徳島県	1995	2001
長木	秋田県	1991	2000	大谷原川	茨城県	1993	2002
緒川	茨城県	1984	2000	大原川	岡山県	1997	2002
追原	千葉県	1975	2000	磯崎	青森県	1992	2003
中野川	新潟県	1989	2000	東大芦川	栃木県	1983	2003
正善寺	新潟県	1991	2000	三用川	新潟県	1989	2003
北松野	静岡県	1992	2000	佐梨川	新潟県	1972	2003
大村川	三重県	1992	2000	釈迦院	熊本県	1982	2003
桂畑	三重県	1993	2000	高浜	熊本県	1992	2003
丹南	兵庫県	1994	2000	福田川	京都府	1993	2004
竹尾	山口県	1974	2000	西万倉	山口県	1995	2004
山神	福岡県	1994	2000	黒川	富山県	1980	2005
赤木	熊本県	1993	2000	大室川	栃木県	1997	2006
手洗	宮崎県	1992	2000	姫戸	熊本県	1995	2006
アザカ	沖縄県	1992	2000	男川	愛知県	1976	2007
渡嘉敷	沖縄県	1994	2000	今出	福島県	1989	2008
大野	埼玉県	1989	2004	下諏訪	長野県	1984	2008
				蓼科	長野県	1987	2008
				郷士沢	長野県	1991	2008
				芹谷	滋賀県	1985	2008
				雪浦第二	長崎県	1983	2008
				百瀬	富山県	1991	2010
				槇尾川	大阪府	1991	2010
				奥戸	青森県	1990	2010
				大和沢	青森県	1993	2010
				大多喜	千葉県	1991	2010
				晒川	新潟県	1987	2011
				常浪川	新潟県	1973	2011
				黒沢	長野県	1991	2011
				駒沢	長野県	1993	2011
				大谷川	岡山県	2002	2011
				柴川	徳島県	1992	2011
				五木	熊本県	1968	2011
				タイ原	沖縄県	1990	2011
				布沢川	静岡県	1993	2012
				梁川	岩手県	1987	2014

ダム事業については，先行研究で，国によるダム事業の中止という外部環境の変動の影響の強さが指摘されているためである（砂原 2011：133）[24]。ただし，表4-1をみると，補助中止とならなかった事業であっても，廃止された事業は多い。

3 事例過程分析

ダム事業は，社会経済状況の変動，国および他の地方自治体の撤退，有権者の態度変化が起こっている事業となる。そのため，廃止を議題に上げるアクターとしては，行政改革所管部署職員，審議会委員だけではなく首長が想定される。ダム事業は，首長は廃止に肯定的であるが，議会は廃止に否定的であることが想定される事業である。先行研究では，特に事業開始時の知事とは異なる支持基盤を有する知事に交代するとともに，知事与党多数の場合に廃止が起こりやすいことが明らかとなっていた（砂原 2011）。そのため，知事の支持基盤に変化が起こり，知事が廃止を進めたのに存続となった事例や，知事与党少数であったのに廃止された事例が，先行研究では説明できない決定的事例となる[25]。

▶ 事例の選択

決定的事例として，一部のダム事業が中止された長野県とダム事業が中止された埼玉県の事例を取り上げる。長野県は知事が廃止を議題に上げた事例となる。議会の過半数の県議が廃止に反対する中で，廃止の道筋をつけて，いくつかのダムの廃止が実現した。しかし，一部のダム事業については廃止が決定できずに存続となった事例でもある。なぜ，知事与党少数の状況下でダム事業を廃止できたのか，また，なぜ一部のダム事業の廃止は決定できなかったのかは，先行研究では説明し難い。埼玉県は知事が休止を提案した後に，事業所管部署が廃止を議題に上げた事例となる。知事が休止を提案するも，すぐに廃止することはなかった。その後，事業所管部署が廃止を議題に上げて，知事与党少数の議会状況下で廃止が実現した。

長野県の事例と埼玉県の事例が二重の入れ子モデルで，どのように説明されるかを事前に示しておこう。長野県の決定過程では，廃止を進める知事と存続を主張する議会多数派のどちらかが，有権者が納得する政策の存在理由の有無を示すことができたかが帰結を左右した。埼玉県でも，知事がダムの休止を議題に上げたものの，当初は事業の存在理由がなくなっていることは示されず，廃止には至らなかった。しかし，社会経済状況の変化が生じて存在理由の欠如を示せるようになって廃止が決まった。いずれも，決定過程で事業の存在理由の有無の提示が重要となった事例となる。

▶ 長野県——知事と議会の激突

長野県の下諏訪ダム，蓼科ダム，郷士沢ダム，浅川ダム，角間ダム，黒沢ダム，駒沢ダムの7ダム事業は田中康夫知事期のダム見直しの対象となった[26]。その後，下諏訪ダム，蓼科ダム，郷士沢ダムについては，村井仁知事の在任中である2008年度に廃止され，黒沢ダムと駒沢ダムについては，阿部守一知事の在任中である2011年度に廃止された。

(1) 長野県のダム事業の概要

長野県の河川総合開発事業は，昭和初期における諏訪湖，野尻湖，青木湖等の河水統制事業に始まり，戦後には水系を一貫した総合的な河川開発を行った。最初に完成した県営の補助ダムは，1969年に完成した裾花ダムであり，2000年度時点で建設段階の県営ダムとしては，11のダムが存在していた。長野県内の建設段階の県営ダムの位置を示したものが，図4-5である。長野県は，北部の北信地方（北信地域，長野地域），東部の東信地方（佐久地域，上小地域），西部の中信地方（松本地域，木曽地域，大北地域），南部の南信地方（上伊那地域，飯伊地域，諏訪地域）の4つの地方（10地域）に分かれている。図では，長野県を10の地域に区分している。角間ダムは北信地域の山ノ内町に，浅川ダムは長野地域の長野市に位置した。余地ダムは佐久地域の佐久町に位置した。小仁熊ダム，水上ダム，黒沢ダムはいずれも松本地域にあり，小仁熊ダムは本城村，水上ダムは四賀村，黒沢ダムは三郷村に位置した。下諏訪ダムは諏訪地域の下諏訪町に，蓼科ダムは同じく諏訪地域の茅野市に位置した。駒沢ダムは上伊那地域の辰野町に位置した。郷士沢ダムと松川ダムは飯伊地域にあり，郷士沢ダムは豊丘村に，松川ダムは飯田市に位置した。11のダムのうち，水上ダム，

図 4-5　長野県内の県営ダムの位置

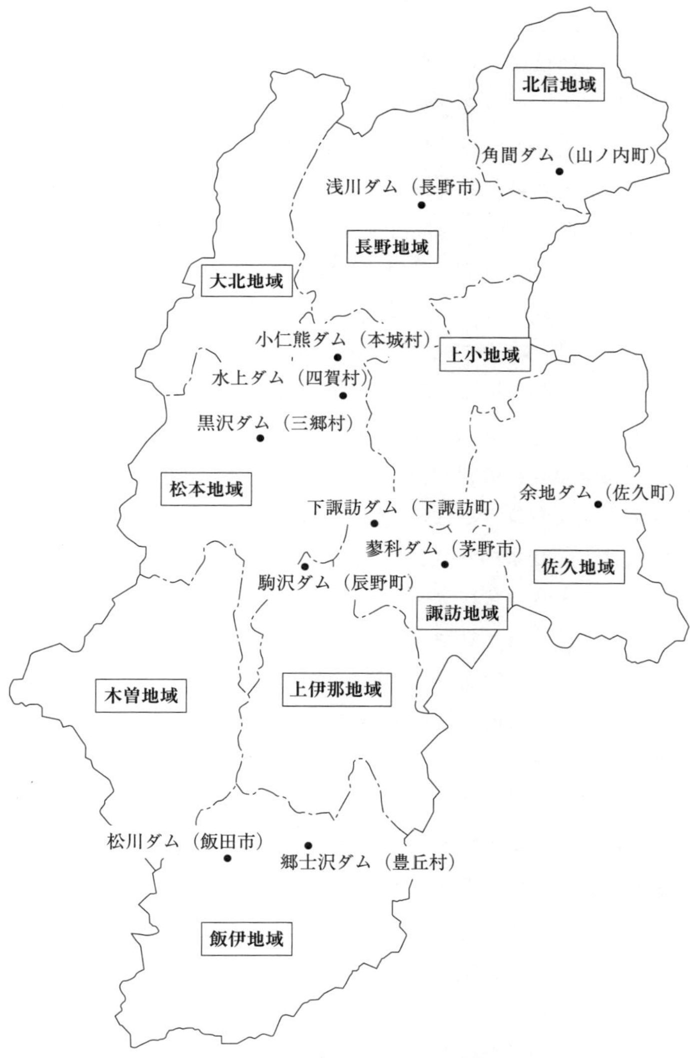

［注］（　）内は，ダムが位置する 2000 年時点の市町村名。

小仁熊ダム，余地ダムについては本体工事を着工していた。

⑵ 2000年以前の状況

市民団体や住民団体により複数の県営ダムに対する反対運動が起こっていたが，吉村午良知事やダム事業を所管する県土木部はこれらのダムを見直すことはなかった。下諏訪ダムでは，1997年11月にダム建設に反対する住民団体が，計画中止を求める要請書と調査報告書，約3万人分の反対署名を県に提出したが[27]，翌月に県土木部河川開発課は計画通りダム事業を促進すると回答した[28]。浅川ダムをめぐっても，複数の市民団体や住民団体が，ダム予定地は地滑り地帯であるとして反対運動を行い，共産党県議団も反対を掲げていた（石坂 2003）。1999年5月には，県の調査でこれまで把握していなかった地滑り面の存在が明らかになったが[29]，県が第三者機関として設置した「浅川ダム地すべり等技術検討委員会」は建設に支障はないとする意見書を提出した[30]。2000年4月に開催された県公共事業評価監視委員会でも建設は了承され[31]，6月に県はダム本体工事の一般競争入札の公告を行い[32]，建設準備を着々と進めていた。

当時の県政は吉村知事の5期目に当たり，1996年10月に行われた知事選挙で吉村知事は，自民党，新進党，社民党，さきがけ，公明党からの推薦を受けていた。県議会では，自民党や無所属保守系の議員が混在する県政会，公明党や民主党の議員による県民クラブ，社民党の議員による社会県民連合の3会派が知事与党となり，圧倒的多数を占めていた[33]。建設業界からの支援を受けている県議も多く，例えば，県政会の名誉団長である石田治一郎県議は，長野県建設業協会や長野県地質ボーリング業協会の顧問を務め，綜合地質コンサルタント株式会社の取締役でもあった（鎌塚ほか 2002b：143）。

⑶ 田中知事の誕生と浅川ダムの一時中止

吉村知事の退任を受けて行われた2000年10月の知事選挙では，浅川ダム事業の見直しを主張する田中康夫が初当選を果たした。田中は8月末に立候補を決意し，準備期間は短かったものの，吉村知事の事実上の後継者である池田典隆前副知事に大差をつけた。池田が共産党を除く県議会全会派や120市町村のほとんどの首長から支持を受け，組織型の選挙戦を展開していたのに対して，田中は作家としての高い知名度を活かして，政党からの推薦を受けずに自然発生的に広がった「勝手連」を通じて支持を広めた。田中は立候補時に，浅川ダムについて「ゼロに戻して議論する」と述べ，当選後の記者会見でも「一度ゼロに戻す」と述べるなど，ダム建設の見直しに積極的な姿勢をみせた[34)]。分析対象となるダム事業を開始したときの知事である西沢権一郎や吉村は自民党から支援を受けていたのに対して，田中は無党派であり，支持基盤の変化が生じていた。

見直しに積極的な田中知事に対して，県土木部は事業の存続を主張した。土木部は11月6日に事業概要説明を行い，浅川ダムについて，「一時中断した場合，月に数千万円の業者補償が必要で，完全に中止した場合は，県に百億円を超える負担が求められる」と説明した。土木部長は，「土木部としてはダム工事を必要な事業であると考えている。知事に正確な情報を提供し，判断していただく」と述べ，事業の存続を訴えた[35)]。

これに対して，田中知事は事業の一時中止を表明した。田中知事は，11月22日に浅川ダムの建設予定地を視察し，同日に「いったん事業を中止して，多角的な治水対策を考えていきたい」と述べ，事業の一時中止を表明した。土木部長によると，知事から事前に話はなかったという[36)]。

田中知事による一時中止の表明を受けて，地元の首長や県議はそれに反対した。建設予定地である長野市の塚田佐市長は，「市内では5年半に一度，災害が起きている。浅川ダム建設中止後に災害が起きたら，それは県の責任だ」と田中知事の決定を批判した[37)]。また，県議も浅川ダムの建設に積極的であった。12月に開かれた県議会の土木委員会では，浅川ダムの必要性を訴えた県議が目立ち，浅川流域の促進派住民から提出された「浅川ダム即時建設について」の陳情を賛成多数で採択し，反対派住民の中止を求める陳情を不採択にした[38)]。翌2001年の1月には県議会最大会派の県政会が，新年度予算編成に関する要望書を提出し，浅川ダムの建設再開を求めた[39)]。

⑷ 脱ダム宣言の発表と県議会の反発

多くの県議や県土木部がダム建設を訴えていたのに対して，田中知事は浅川ダム以外のダム事業についても見直すことを打ち出し，脱ダムの姿勢を明確にした。2001年2月20日に田中知事は記者会見を開き，下諏訪ダムの中止とダムに替わる治水・利水対策をめざす「脱ダム宣言」を発表した。また，下諏訪ダムの建設中止に伴い，当初予算案の一部を修正した。田中知事は，脱ダムについて東京のダム建設反対論者の学者には相談していたものの[40]，土木部や総務部，出納長以下の県職員には一切相談をしておらず，脱ダム宣言の内容は発表の１時間前に知事室にて，田中知事から土木部長らの県幹部や秘書課の職員に知らされた[41]。

唐突ともいえる脱ダム宣言に対して，共産党以外の県議会における各会派は，「治水や利水の代替案が示されていない」と批判した[42]。脱ダム宣言に最も厳しい見方をしていたのが，最大会派の県政会（42名）であった。22日開会の２月定例会を前にした団会議では知事に対する厳しい批判が相次ぎ，下崎保団長は，「予算案否決も辞さない厳しい姿勢で臨む」と言い切った。県民クラブ（8名）は，２月定例会を前に総会を開き，「是々非々の立場で臨む」としていたものの，脱ダム宣言に対しては，「ダムに替わる案が示されず，治水の選択肢を狭めただけ」といった批判が県議から相次ぎ，大和代八会長は，「徐々に築いてきた知事との信頼関係を壊された」と知事の対応を批判した[43]。社会県民連合（7名）の浜万亀彦団長は，「知事が長野から新しいモデルを発表したいということや理念は分かった」と一定の評価をしたうえで，脱ダムの根拠や代替案を明確にすべきであるとした。なお，日本建設業団体連合会の前田又兵衛会長は，「公共事業だというだけの印象ではなく，本当にその必要性を理解していただきたい」と述べて，脱ダムに反対の姿勢を示した。他方で，共産党県議団（5名）の石坂千穂団長は，「当然の流れだと思う。大きな流れを歓迎したい」と脱ダム宣言を評価した[44]。

代替案が示されていないという議会多数派からの反発を受けて，田中知事は代替案の作成を試みた。田中知事は土木部に対して，下諏訪ダムに関して河川の拡幅，堤防嵩(かさ)上げ，浚渫(しゅんせつ)を組み合わせることによる複数の代替案をつくり，水利権をめぐる問題も詳細に把握するよう指示をした。これに対して，土木部は，知事が提案した案にはいずれも問題点があることを指摘して，実現可能な代替案を示すには至らなかった[45]。

その後，田中知事は２月定例会において，下諏訪ダムの代替案として河川の拡幅や堤防嵩上げ，遊水地などを組み合わせる案を初めて示した。これに対して，県政会の県議は，「河川改修だけだと200戸以上の移転が必要である」などと土木部が指摘した問題点と同様の指摘を行い，批判を続けた[46]。

そうした中，県議から，知事の独走を阻止するために住民が参加する検討委員会を設置して，そうした場で治水と利水について考えようとする案が出た。社会県民連合の竹内久幸県議は，脱ダムという理念には賛同していたものの，代替案なしに廃止を表明した知事の手法に疑問をもち，住民参加で検討を行う委員会を設置する条例を構想していた。3月2日に，社会県民連合の団会議で自らの素案を説明した竹内県議に対して，社会県民連合の全県議が賛成し，県政会と県民連合に対しても素案が示されて，会派交渉が始まった。竹内県議は条例の中身をつめる中で，土木部にも運用上の問題点を聞き，実務的な打ち合わせを行った。同月8日には3会派による実務者会議が開かれ，最終案が確定された。この際，県政会からは「反脱ダム宣言決議」を出したいという意向が示されたが，社会県民連合としては宣言の理念は理解する立場を確認しており，県民クラブもそれに近い考えをもっていたため，「反脱ダム」と受け取れるかなりの部分を文案から削除した。[47)]

検討委員会条例の見通しがたった県議会では，下諏訪ダムについては明確な代替案がなく，条例の趣旨に沿ってダム建設を検討する必要があるとして，[48)] 3月15日に下諏訪ダム事業費復活を求める修正案が土木委員会において提出された。[49)] 19日には，本会議において修正案が可決されるとともに，県議会3会派が共同提案した長野県治水・利水ダム等検討委員会条例が可決された。予算の修正は実に52年ぶりの出来事であった。[50)] 知事は再議権を行使することなく，予算修正を受け入れた。こうして，ダム事業廃止の検討は検討委員会へと舞台を移して行われることとなった。また，定例会終了後の3月末には土木部の部長が更迭され，出向元の国土交通省に引き取られた。[51)]

⑸ 検討委員会の設置と出直し選挙での田中知事の当選

2001年6月25日に第1回長野県治水・利水検討委員会（以下，検討委員会）が開催され，条例で規定された9河川の流域にかかわるダム等を含む総合的な治水・利水対策について審議することとなった。本章で分析対象とする県営ダムのうち，検討委員会における審議の対象となったダムは，下諏訪ダム，蓼科ダム，郷士沢ダム，浅川ダム，角間ダム，黒沢ダム，駒沢ダムである。水上ダム（2000年完成），小仁熊ダム（2003年完成），余地ダム（2003年完成）については，すでに着工済みということで対象とはならずに，予定通り完成した。なお，松川ダムについては，もともとあるダムを再開発する事業であったので対象とはならなかった。

委員会の委員は15人以内で，学識経験者，関係行政機関職員，市町村長を代表する者，県議会議員，市町村議会議長を代表する者の中から知事が任命すると条例で定められていた。学識経験者の任命にあたっては田中知事のトップダウンにより，8人の学識経験者のうち4人が民主党の諮問機関である「公共事業を国民の手に取り戻す委員会」の委員だった経歴をもつ学者になるなど，脱ダム色の強い人選となった。これに対して土木部は当初，知事の人選案に対して，「河川にかかわる地元大学の専門家の追加」，「全国レベルの学識経験者」を要望し，民主党の諮問機関の委員の選任を避けることを求めたが，聞き入れられなかった[52]。検討委員会の下には河川ごとに住民参加の部会が設置された。部会は最大で20人で，うち6人は検討委員が加わり，約10人を公募された河川流域の住民，残りは地元首長で構成されていた。住民公募の際には，応募者に論文を提出してもらい，その論文を読んだ知事が委員を選出した[53]。

検討委員会やその下に設けられた部会では，ダム建設推進派と反対派の委員の間で激しい議論が行われた。2001年11月には，浅川（浅川ダム）と砥川（下諏訪ダム）に関する1回目の部会が開催された。翌年3月には，両部会における審議が終了したが，検討委員の意見はまとまらず，部会が検討委員会に提出する報告書には従来計画に基づく「ダム案」と，従来案に替わり基本高水を引き下げた「河川改修案」の両論を併記する形となった。この基本高水とは，洪水時の想定最大出水量のことである。都道府県が基本高水を決める際には，国の「河川砂防技術基準」に基づき，何年に1度の大雨を想定するかの計画規模を決め，過去の代表的な降雨例を複数選択する。そして，いくつかの降雨パターンを解析し，計画規模に見合う川の流量を算出して基本高水を導き出し[54]，基本高水を河道とダムに配分して洪水を防ぐ計画を立てる。

こうして，都道府県が定める基本高水については，ダム反対派が従来の想定が過大であると主張した一方で，ダム賛成派は「引き下げは，治水の安全度を下げることになる」（部会に呼ばれた国土交通省河川局担当者）と主張した。事業を進める県土木部内でも，「安く済むからと安全度を下げて，水害が発生したらだれが責任をとるのか」という声が上がっていた[55]。また，新たな土木部長が，

3月6日の県議会2月定例会において，砥川部会の河川改修案は，構造上の観点から「盛土による堤防を原則とする『河川管理施設等構造令』に照らして特殊な構造」と指摘し，環境上の観点からも「自然環境に配慮した河川整備を求める河川法と異なる」と指摘したうえで，「国の認可を得るのは難しい」と主張した[56)]。

結局，検討委員会委員の意見は合致せず，2002年6月7日に宮路良彦委員長が浅川と砥川について，多数決でダムによらない河川改修案を選択する答申をまとめた。宮路委員長は一年間の審議を，「ほとんど意見の一致を見ることができなかった」と総括し，委員全員から提出された意見書を基に，多数意見を尊重して，結論として両河川ともにダムによらない河川改修案を選択する答申をまとめた[57)]。答申を受けて，土木部河川課では，仮に田中知事がダム中止を決めて，河川改修を選んだ場合，どのような手続きや影響が予想されるかを検討し始めた[58)]。

6月25日には，田中知事が6月定例会で，浅川ダムと下諏訪ダムの中止を表明した。ただし，懸案となっていた基本高水については，「100年に1度の洪水」の確率で算定した従来の水準を「当面の目標」として維持することにした[59)]。これは，県土木部から基本高水を下げるのでは，外部に論理的な説明ができないと説得され，それに対して知事が反論することができなかったためである[60)]。そのうえで，当面は「50年に1度」の確率相当分の流量を河川改修で対応して，残りの2割を森林整備や遊水地等の流域対策でカバーするとともに，基本高水の検証作業を行う考えを示した[61)]。この段階では，ダムに替わる流域対策については，いずれも森林整備，遊水地，調整池，貯留施設，水田・ため池などの担当各課で検討中の段階にあるなど[62)]，いまだにダムに替わる代替案は固まっていなかった。

代替案が固まっていないことを錦の御旗として，県政会は田中知事の不信任案を提出する動きを見せ始めた。県政会は2月定例会の時点でも不信任決議案の提出を模索していたが，同会の石田名誉団長は「大義名分がない」と慎重な立場で，結局は知事問責決議に切り替えていた[63)]。しかし，知事がダムの中止を表明する見通しとなったことを受けて，石田名誉団長は「治水は命にかかわる」と述べ[64)]，県政会は知事不信任案の根回しを進めた[65)]。県議会の一般質問ではダム代替案の実現性や具体性について，共産党以外の会派による批判が相次いだ。県議会土木住宅委員会でも，代替案の実現性を問う県政会の村石正郎県議に対して，土木部長は「国や市町村の了解を得るよう努力していくとしか現時点では言いようがない」と述べ，主張は平行線をたどった。議論の中では，県政会の下崎保県議がダム中止の合理的理由を尋ねた質問に対し，土木部河川課長が「私にはすぐには思い浮かばない」と答える一幕もあった。[66)]

そして，7月5日に田中知事に対する不信任決議案が可決された。県政会(31名)，政信会（9名)[67)]，県民クラブ（8名）の3会派が共同提出し，県政会から退席する3名の議員が出て，1人が病欠したものの，計44名が賛成票を投じて可決された。なお，社会県民連合（7名）は，この時点での不信任に反対して退席し，共産党（5名）は反対した。[68)]

議会では不信任決議案が可決されたものの，一般有権者の知事への支持は高かった。7月5，6日に行われた県世論調査協会による世論調査によると，田中県政への「支持する」と「どちらかといえば支持する」を合わせた支持率は66.4%であり，浅川ダムと下諏訪ダム中止の方針についても，反対が23.8%に対して，賛成が58.8%に達していた。世論調査の結果は，不信任決議案に賛成した県政会や政信会の議会議員にとっては予想以上に厳しいものであり，7日に行われた集会では，県政会の石田名誉団長が「県民意識として受け止めないといけない。県民に対して説明が足りなかった」と重苦しい表情をみせた。また，政信会の望月雄内会長は「県民に田中県政の真実が伝わっていない」と危機感を示した。[69)]

不信任決議を受けた田中知事には，議会解散という選択肢もあったが，解散せずに失職を選択して出直し知事選挙が行われることになった。2002年9月1日に行われた知事選挙では，田中が圧勝して再選を果たした。選挙戦に出馬した候補者はすべて政党からの推薦は受けなかったものの，多くの県議会議員や市町村の首長からの支援を受けた次点の長谷川敬子が約40万票であったのに対して，田中は約82万票を集めて，ダブルスコアの差をつけた。知事選挙の結果を受けて，9月3日に県政会では下崎団長，石田名誉団長ら約11名の役員全員が役職を辞任し，[70)] 11日には県政会は解散して，創新会，自由クラブ，フォーラム改新の3会派と無所属議員に分裂した。

⑹ 浅川ダム代替案の迷走

田中の再選を受けて，検討委員会での議論も脱ダムという方向性に沿った発言が多くなった。知事選挙中は中断されていた検討委員会は2002年9月17日に再開され，ダム推進の立場の県議からも「脱ダム」を前提とした発言がみられた[71)]。2003年6月には，すべての審議が終了し，諮問された9河川すべてでダムによらない対策を求める結果となった[72)]。そして，10月には県公共事業評価監視委員会が浅川ダムをはじめとする8つのダム事業について，県の見直し案を了承した。このときの土木部が示した県の方針は「中止に向けて検討を行う」というものであり[73)]，公共事業評価監視員会に示した見直し案も，代替案は確定されておらず，「ダムによらない改修の具体案を検討」中という段階にあった[74)]。こうして，ダムは廃止に向けて進んでいるものの，まだ廃止という段階には至っていなかった[75)]。

この間，2003年4月には県議会議員選挙が行われていたが，知事与党少数の状況には変化がなかった。県議会は，4月の選挙の結果，自民党県議団（9名），県民クラブ（7名），志昂会（6名），共産党（6名），緑新会（5名），トライアルしなの（5名），県民協働ネット（5名），フォーラム改新（4名），政信会（4名），公明党（2名），無所属（5名）の10会派に分かれた[76)]。知事の改革姿勢を支持するとするトライアルしなのと実質的な知事与党ともいえる共産党を合わせても11名であり，知事与党少数の状況は続いていた。このときの選挙では，前年の知事不信任案に賛成票を投じた44名中28名が出馬し，うち22名が当選した。『選挙公報』をみると，知事不信任案に賛成票を投じた候補者で，『選挙公報』に「ダム」という言葉を掲載した候補者はいない。さらに，選挙期間中も，不信任案に賛成票を投じた県議の多くは，事業廃止に反対し続けると，多くの有権者から批判され，自らの再選が危うくなると判断して，表立って事業廃止に反対しなかった[77)]。

ダム事業中止をはじめとする公共事業費削減について，県の建設業界では廃業やリストラを行う企業が相次いだことから，知事に要望書を提出したり，デモ行進をしたりして現状改善を訴えた[78)]。2001年の県内の建設業者の倒産件数は95件であり[79)]，2002年には98件となるなど[80)]，最悪の数値を更新し続けた。

廃止に向けて各ダム事業の代替案の検討が進められていたが，浅川ダムについてはその代替案が二転三転して，迷走していた。2003 年の 11 月には，土木部は浅川の流域対策の柱の一つに位置づけていた水田利用案について，「効果を数量的・具体的に河川整備計画に盛り込むことは年度内には不可能」（土木部長）として，これまでの方針を撤回した[81)]。翌年 3 月には，土木部は浅川ダムの代替案として，堤高 30m の水を通す穴の開いたダム状の河道内遊水地を提示した。河道内遊水地と銘打っているものの，河川法では堤高 15m 以上のものをダムと規定していて，一般的にはダムと呼ばれる構造物であった[82)]。2005 年 11 月には，県が，県治水・利水対策推進本部会議（本部長・田中知事）を開き，河道内遊水地の代わりに，2 カ所に遊水地を建設する案を決定した。これまでは 100 年に一度の確率で降る大雨に対応できる基本高水の水準で治水案を立てていたが，従来の基本高水については，今回の河川整備計画の終了後にめざすとして先送りし，当面の目標として 60 年に一度の水準で治水案をつくることとした。説明を行った出納長（県治水・利水対策推進本部副本部長）は，原案は「100 年に一度の水準への第一歩だ」と述べた[83)]。これは，脱ダムを掲げる知事と基本高水の変更に異議を唱える県土木部の双方の主張に折り合いをつける苦肉の策であった。

こうした浅川ダム事業をめぐる迷走については，新聞各紙が否定的に報じ，知事の支持率も低下した。2004 年 3 月には朝日新聞が「『脱ダム』後，計画見えず」，2005 年 11 月には信濃毎日新聞が「迷走の末『20 年先送り』」といった見出しで事業計画が定まらなかったことを報じている[84)]。また，迷走を受けて，治水対策に対する有権者からの支持も低下した。長野県世論調査協会が実施した世論調査によると，2002 年 8 月時点の調査では，ダム建設に代わる治水対策を評価できるとした回答が 62.2% で，評価できないとする回答は 28.3% であった。これに対して，浅川ダム事業をめぐる迷走が生じた後の 2006 年 6 月に行われた調査では，評価できるとした回答が 38.1% であったのに対して，評価できないとした回答が 49.6% となり，賛否が逆転した[85)]。

⑺ 村井知事のもとでの浅川ダム建設と下諏訪，蓼科，郷士沢ダム事業廃止

浅川の治水対策が迷走する中，2006 年 8 月 6 日の知事選挙で，前自民党衆議院議員の村井仁が田中を接戦の末に破り，初当選を果たした。朝日新聞が知事選挙前後に実施した世論調査によると，2002 年の知事選挙で田中に投票したが，06年の知事選挙では村井に投票するという投票行動をとった有権者が田中県政について有するイメージで最も多かったのが「独善」であり，その政治手法に対する批判が落選へとつながった[86]。当選した村井は，自民党県連，公明党県本部，連合長野が推薦し，田中県政に批判的な県議，県内の建設業界，市民グループの支援も得て，組織的な選挙戦を展開した[87]。県議会に存在する10会派（計58名）のうち，7会派の45名から支持を受けており，知事与党多数での県政運営が始まった[88]。

村井知事は，7日の記者会見で，浅川ダムについては，「国交省は（ダムの）代替案がないと指摘している。『脱ダム』が住民に満足を与えたかは疑問」と述べ，ダム建設の検討に入ることを示唆した[89]。村井知事は基本高水を変更することは考えておらず，田中知事時代に設置された高水協議会が提出した報告書も重視しなかった[90]。また，次年度の公共事業費については，今年度に比べて「ある程度増やす方向に持っていきたい」と明言した[91]。

そして，2007年2月に，村井知事は浅川ダムの建設再開を発表した。村井知事当選後の2006年9月に，県土木部の幹部は知事に浅川の治水対策の状況などを説明し，「穴あきダム」も選択肢の一つとすることで方向性が固まった[92]。11月以降は，県土木部と国土交通省は「穴あきダム」を軸に技術的な協議を始めていた[93]。こうした根回しを経て，2007年2月に，村井知事は下部に穴の開いた構造の「穴あきダム」を建設する治水案を発表した[94]。ただし，村井知事は発表の場において「前県政の治水対策の姿勢を根幹から変えるとお受け取りいただく必要はない」とも述べ[95]，他のダムについても脱「脱ダム」を選択するという姿勢はみせなかった。

浅川ダムの建設に対して，県議会の7会派（自民党県議団，県民クラブ・公明会，志昂会，緑新会，政信会，県民協働・無所属ネット）の代表は肯定的な意見を表明した[96]。2007年4月には県議会選挙が行われたが，県議会の「与野党」に大きな変動は起こらなかった[97]。

浅川ダムの建設を表明する一方で，基本高水を下げなくてもダム以外の治水案を立てることができる他のダムについては，土木部が代替案を作成し，ダムの建設中止が決定した。2008年9月には，県が下諏訪ダムと蓼科ダムの建設中止を公共事業評価監視委員会で報告した[98]。2009年2月には，公共事業評価監視委員会が，県が示した原案通りに，郷士沢ダムの中止を報告した[99]。なお，角間ダム，黒沢ダム，駒沢ダムについては，再開や中止に地元との合意が必要であるためとして一時中止という段階にとどまっていた[100]。県から代替案が示された下諏訪ダム，蓼科ダム，郷士沢ダムの廃止に対しては，県議会からの反発は出なかった[101]。田中県政時に長野県治水・利水ダム等検討委員会条例を成立させる立役者となった竹内県議は，田中県政時は「代替策がなかったから怒っていたのであって，代替策がとられたものや，検討委員会の部会でダムなし一本で決まったものに関しては反対していない」と述べた[102]。

⑻ 長野県のまとめ

田中知事はダム事業の必要性がないとして，浅川ダム事業と下諏訪ダム事業の廃止（中止）を提案して，議題に上げた。田中は無党派を掲げて選挙戦を戦い，自民党からの支持を得ていた事業開始時の知事とは異なる支持基盤を有していた。田中知事はダム事業の廃止を志向する一般有権者向けの政策を目標としたのである。これに対して，事業廃止に反対する建設業者から支持を受けていた県議が多く存在していた県議会最大会派の県政会は，ダム事業の存続を訴えた。なお，田中知事がダム事業の廃止を議題に上げる際，本体工事着工済みのダムについては廃止を議題に上げておらず，着工済みの事業はいずれも完成している。前決定過程において，支持基盤の変化という知事側の政治的要因や本体工事着工の有無という政策の性質が影響を及ぼしていることが見て取れる。

決定過程において，田中知事と県議会の双方が政策の存在理由の有無を示していると考え，衝突した。田中知事は自らが委員の人選にかかわった検討委員会から得た政策知識を基に廃止を主張した。これに対して県議会の多数派は，事業廃止に反対する事業所管部署が議会で示していた政策知識を基に，代替案が示されていないことを錦の御旗として廃止を行うべきではないと主張した。議会多数派はダム事業の存在理由があることを一般有権者が納得するよう示せていると考え，予算案を修正するとともに，不信任決議案を可決して，拒否権を行使するに至った。首長と議会の双方が一般有権者の納得する政策の存在理由の有無を示していると考えて，対立に至ったのである。

選挙の際に，一般有権者は田中知事に軍配を上げ，土木部も知事の意向に沿った対応を模索した。ダム事業廃止への県民の支持は高かった。2002 年 9 月に行われた出直し知事選挙で田中知事は大差で当選を果たし，その2期目で下諏訪ダム事業等の廃止を再度提案することとなる。土木部は，ダム案が最善であると考えていたものの，田中知事の圧倒的大差での当選を受けて，基本高水をダムと河川に振り分けるという，これまでの仕事のやり方の範囲内でダム以外の対策を立てることができた浅川ダム事業以外の事業については，ダム以外の代替案を示した。

田中知事への圧倒的な支持は議会議員にとっては予想外のことであり，田中知事の再選後は，最大会派であった県政会が分裂するとともに，県議は翌年に迫った県議会議員選挙における自らの当選のためにも表立ってダム事業の廃止に反対しなくなった。議会議員は自らの主張は有権者に納得してもらえると考えていたが，その予想が外れたのである。また，自らの主張の根拠である政策知識を提供していた事業所管部署が浅川ダム事業以外については代替案を作成したため，事業存続の根拠を提示することができなくなった。そのため，一般有権者の意思が示されてからは，ダム事業廃止反対という建設業界の意向に沿った行動を抑えるようになった。

他方，建設業界は，ダム事業廃止等によって公共事業費が削減されたことによって苦境に陥っていた。建設業界には，ダム事業廃止の代わりに新たな公共事業が提供されることもなかったため，現状改善を訴えたものの，その苦境は続いた。議会多数派を支持する建設業界は廃止に否定的であり，廃止に伴う損失に十分な補償もなされなかったが，議会多数派はダム事業をめぐって知事に再度拒否権を行使することはなかった[103)]。これは，政策の存在理由の欠如を示すことができないまま，再度拒否権を行使した場合には，有権者から落選という制裁が科せられるためである。

ただし，浅川ダム事業は基本高水を変更しない限り，ダム以外の治水対策を立てることが難しい事業であった。基本高水の変更は，これまでの仕事のやり方とは反するものであり，土木部にとっては受け入れ難かった。そのため，代替案は二転三転し，土木部は当面の基本高水の目標を下げる妥協案は出したものの，最終的な基本高水を変更する案は出さなかった。田中知事は，自らが選任した委員が多数を占める検討委員会から全ダム事業の廃止という答申を受け，浅川ダムについてもこのまま廃止を推し進めたかった。しかし，土木部の説得によって，基本高水を変更することができずに，浅川ダム事業の廃止を主張し続けることができなかった。

この間，浅川ダム事業をめぐる迷走を受けて，県民からのダム以外の治水対策案への支持は低下していった。トップダウンで物事を決定するものの，その決定内容を一貫した論理や情報に裏づけることができなかった田中知事の手法は独善的であると批判を浴びるようになり，田中知事は2006年の知事選挙で落選し，新たに村井知事が誕生した。浅川ダムをめぐる迷走の間に，田中知事もまた浅川ダム事業の存在理由がないことを示していないと一般有権者に判断されてしまったのである。

田中知事退任後に知事となった村井知事は，当選後に土木部の説明を受けて，基本高水は変更しない考えを示した。そして，基本高水を変えない限り，ダム以外の治水対策が難しいと土木部が主張する浅川ダムについては建設することを表明した。他方で，村井知事は建設業界からも支援を受けていたものの，その他のダムについては代替案の検討を進め，2008年度に下諏訪ダム事業，蓼科ダム事業，郷士沢ダム事業を廃止した。その際に，議会議員が廃止に反対することはなかった。知事や議会議員としても，代替案の見通しがすでについており，事業所管部署の政策知識に基づいた廃止案を覆すと，一般有権者から利益誘導的な行動をとっているとみなされかねないことを恐れたのである。

▶ 埼玉県——事業所管部署職員の粘り

埼玉県の大野ダムは2000年に当時の土屋義彦知事の知事査定により休止となり，その後，上田清司知事在任中の2004年度に水需要の減少という理由から廃止となった。以下では，埼玉県におけるダム事業見直しの概要を示したうえで，2000年以降の埼玉県におけるダム事業の見直し過程を追跡する。

(1) 埼玉県におけるダム事業の概要

埼玉県では，1985年に最初の県営ダムとして有馬ダムが造られ，92年には権現堂調節池が，99年には合角（かっかく）ダムが竣工した。2000年時点で建設段階の県営ダムとしては，大野ダム（2004年度廃止）が存在していた。埼玉県における大野ダムの位置を示したものが図4-6である。図では，埼玉県を北部地域，秩父地域，川越比企地域，西部地域，利根地域，県央地域，さいたま市，東部地

図 4-6　埼玉県における大野ダムの位置

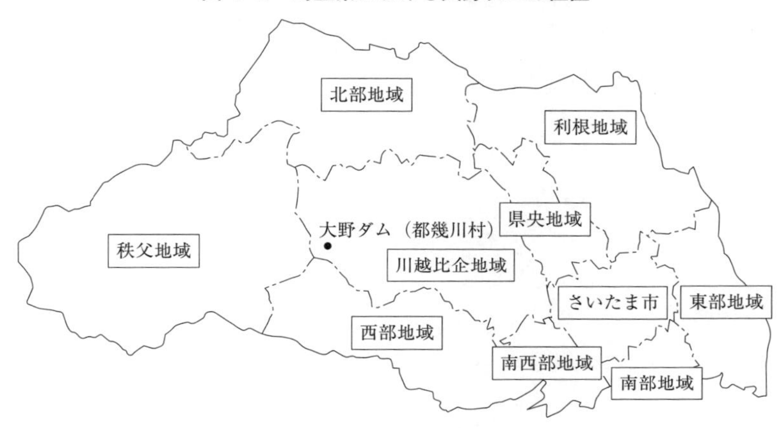

［注］（　）内は，ダムが位置する 2000 年時点の市町村名。

域，南西部地域，南部地域という 10 の地域に分けている。大野ダムは川越比企地域にあった都幾川（ときがわ）村に位置した。大野ダムは本体工事が着工されていない事業であった。[104)]

(2) 2000 年以前の状況

大野ダムをめぐっては，市民団体による反対運動が起こっていた。「都幾川の源流を守る会」は，予定地の一部など約 4000m² を 17 人で共同購入するなどの反対運動を繰り広げていた。[105)] しかし，ダム事業を所管する県土木部は建設を見直さなかった。

1997 年には，建設省による「ダム事業総点検」の結果，大野ダムは「足踏みダム」に指定され，補助金の凍結がダム砂防課に通知された。[106)] 埼玉県の担当者は建設省に通って情報収集を行っていたが，情報を得ることができず，[107)] 大野ダムの「足踏みダム」への指定は，県にとって突然の出来事であった。驚いた土木部幹部と関係課が集まって対応を協議した結果，今後も調査を続け，補助金を要望するとともに，独自に建設の調査を続ける方針を打ち出した。[108)]

1998 年以降も，県庁内に建設を見直す動きはみられなかった。土木部の担当者は大野ダムについて，「地元からの要望も強く，必要性が高い事業だ」と述べていた。[109)] 埼玉県では，1998 年から公共事業の再評価制度を採り入れて，大学教授や報道関係者ら6人で構成する「埼玉県公共事業評価監視委員会」（以下，監視委員会）を設置した。監視委員会では，大野ダム事業も再評価の対象とされた[110)]。1998年に行われた監視委員会では，土木部の担当者が，大野ダムは洪水調節，流水の正常な機能の維持，水道用水の新規開発という目的のためには必要であると述べたうえで，ダム建設への反対運動に関しても「共有地問題については，地域外住民の方による運動でございまして，地元の関係者はただ1人ということもございます。また，地元では，今年の10月22日に，ダム建設促進を目的としました期成同盟会等が発足しておりまして，ダム建設の機運が高まっている」として問題視せずに，「本事業につきましても継続したい」と述べた[111)]。これに対して，委員からは費用対効果や環境面の配慮について若干の疑問があるという意見が出された。そのため，費用に対する効果を再確認するなど，一定の条件をつけることとなったものの，継続という方針が認められた[112)]。

この時期は土屋知事の2期目に当たる。土屋知事は，革新・中道政党を与党として20年もの間，知事を務めた畑和知事の次の知事として，1992年6月に初当選を果たした。このときの知事選挙においては，一度は立候補要請をした自民党が手のひらをかえすように出馬辞退をせまる「土屋おろし」があったが，結局は自民党からの推薦を受け，ほとんどの市町村首長が支持に回り，大差で勝利した[113)]。当選後は与党である自民党県議団内での主導権争いがあったものの[114)]，与党多数での県政運営であった。土屋知事は，1996年6月の知事選挙においても大差で再選される。このときの推薦会派は自民党，新進党，社民党，さきがけ，公明党の5党であった[115)]。2000年時点での県議会の構成は，定数94名のうち，自民党が57名，公明党が10名，共産党が10名，歩みの会・民主党が8名，フロンティアが3名，無所属が3名であり，知事与党多数の状況が続いていた。土屋知事は自民党から支援を受けていたが，大野ダム事業を開始した畑知事は社会党等の自民党以外の政党から支援を受けており，支持基盤の変化が生じていた。

⑶ 土屋知事による突然の予算見送り

2000年6月に行われる知事選挙を4カ月後に控えた2000年2月，突然の知事の決断によって大野ダムは休止となった。ダム砂防課は，大野ダム継続の方針のもとに，2000年度の予算要求にあたって調査費として7000万円を提示していた。しかし，土屋知事は，知事査定において2000年度予算に調査費を盛り込まないことを決めた。このとき，担当者は突然の出来事に「目を白黒」させていたという[116)]。土屋知事はこの決断の理由について，「多額の事業費を必要とし，地元の皆様に様々な負担をおかけする。私自身，必要性に疑問を感じた」と述べた[117)]。知事は，「現在の経済情勢では厳しいと私が判断した」と述べ[118)]，その後の県議会でも，自らの政治決断であることを繰り返し強調している。

大野ダムには，約3300万円の国庫補助がつくことが内定していたため，知事による決断によって，ダム砂防課は国からの補助金を返却するための調整に追われることになった。同課は「どうやって辞退していいのかわからない。建設省と相談しなければ」と述べるなど[119)]，困惑しつつ補助金返却の作業に取り組んだ。予算の見送りは知事のトップダウンで行われ，担当課であるダム砂防課にとっては予想外の出来事であった。

ただし，土木部の公共事業検討会議では，中止ではなく休止という方針案をまとめた。ダム砂防課は，「知事の方針は真摯に受け止める。しかし，繰り延べはとりあえず来年度。事業そのものが中止になったとは思っていない。水位調査など基礎的な調査は（新年度も）続ける」と述べ[120)]，事業は中止になっていないという見解を示した。これは，この時点では企業局が担当する利水面と，ダム砂防課が担当する治水面の両面において整理がついておらず，治水面では検討をしてみた結果，費用対効果としてもダムのほうが他の治水手段よりも有利であるとして，見通しとしてはあくまでもダムを考えていたためであるという。このようにダムを廃止してもやっていけるという見通しがなかったため，県土木部は，中止ではなく，休止という方針をとることにしたのである[121)]。

土木部は休止という方針案を，2000年7月に開かれた監視委員会に諮った。県の担当者であるダム砂防課長は，①人口や水需要の伸びが急増傾向から鈍化傾向へと変化していること，②埼玉県の行政改革プランに基づいて，県事業の総点検を行っていること，③地域外住民による反対運動があり，事業用地の一部が共有地化されていることなどを理由として，休止案を選択したと説明した。これに対して委員からは，1998年の監視委員会では治水面からダムは必要という説明がなされていたのに，なぜ今回は利水面での話が前面に出ているのか，一貫性がないという意見が出された。このように土木部の説明の仕方には疑問の声が出たものの，委員はダム建設休止には賛成であり，きちんとした理由付けをしたうえで，という条件が付けられて，休止が了承された。[122)]

こうして県は監視委員会の意見を踏まえて，事業採択から9年間が経過し，未着工のままであった事業の休止を正式に決めた。しかし土木部は基本的に「(休止は) やめるわけではなく，結論が出るまでペンディングにしたい」(ダム砂防課) としており，財政状況が好転するなど条件が整えば事業を進める方針であった。[123)] この休止という方針について，県議会で議員が反対することはなかった。

なお，土屋知事は，2000年6月の選挙でも他候補に大差をつけて，当選した。このときの推薦会派は，共産党以外の自民党，民主党，公明党，保守党，自由党，社民党，改革クラブ，自由連合，さきがけの9党であり，[124)] さらに8300を超える団体から推薦を受けて組織選挙を展開した。[125)]

⑷ 水需要予測の変化

2000年9月には，中央政府の与党3党（自民党，公明党，保守党）合意による見直し基準に当てはまる公共事業が公表され，大野ダムもその対象となった。大野ダムが見直し対象となることは事前に予測できていたため，ダム砂防課は「当然」と冷静に受け止め，[126)] 補助金等の交付申請は行わないこととした。

しかし，この時点では，土木部はまだダムという方向でいくことを考えており，治水面での検討は行っておらず，調整中という状況にあった。[127)] 利水面では，2001年ごろから県庁の利水関係課を集めた作業部会を設置して，検討を始めた。[128)] この作業部会は，県の水資源についての意思統一をする会議であり，国土庁が2001年3月を目標として水資源開発基本計画の全面改定作業に入ったことを受けて，改定予定の水資源開発基本計画に埼玉県の水需要を反映させるために埼玉県が設置した。水資源開発基本計画はこれまでも策定されてきたが，埼玉県で作業部会を設置するのは初めてのことであった。これは，水資源を所管する総合政策部土地水政策課が，2000年ごろから水需要実績の鈍化が起きていることを認識しており，その検討を行わなくてはいけないと考えたことによる。[129)]

作業部会の検討中に，埼玉県の将来人口見通しが下方修正され，[130)] 作業部会では水需要の下方修正を行うことを決めた。下方修正するという方針に対して反対する課はなく，水需要が落ちていくなら，変更するのが本来の姿であるという態度であったという[131)]。2003 年 12 月には，「長期水需要の見通し」を下方修正し[132)]，水需要計画の中で，大野ダムと国直轄ダム事業である戸倉ダムは「長期水需要の見通し」の計画から削除されることになる[133)]。水需要計画の見直しが形になったことを受けて，治水面でも，ダム事業の所管課である河川砂防課が河川整備計画策定の中で費用対効果を見直し，ダム以外の治水対策としてダムなしの河道計画で対処することを決めた[134)]。

この間に知事は上田に交代した。2003 年 7 月に，土屋知事が長女の政治資金規正法違反による逮捕を受けて辞任した。翌 8 月に行われた出直し選挙では，前衆議院議員の上田が大差で当選する。上田知事は衆議院議員時代に民主党に所属していたが，知事選挙においては諸会派からは推薦を受けず，民主党からは「友情支援」を受けるにとどまり，無党派知事として当選した。当選直後の 9 月 6 日には最大会派である自民党県議団が団会議において野党であることを確認し，対決姿勢を打ち出した[135)]。2003 年時の議会構成は，定数 94 名のうち，自民党が 64 名，公明党が 10 名，共産党が 4 名，民主党が 4 名，無所属が 3 名であり，知事与党は少数であった。

このように，見直しが行われた時期に，土屋知事から上田知事へと知事が交代したが，見直しの方針に変化は起こらなかった。知事に対しては，利水の関係については，土地水政策課が水需要の見通し等を，事務手続きを通じて報告しており，治水の関係については，河川整備課が地元の説明会の状況や整備計画について報告していたが，見直しの方針について知事が反対することはなかった[136)]。

⑸ 大野ダム事業の廃止

利水面と治水面の両面でダム建設の必要がなくなったことを受けて，県は大野ダム建設中止という方針案をまとめ，監視委員会に諮った。監視委員会では，河川砂防課長が利水の必要性がなくなるとともに，治水面でもダム以外の代替策により治水対策が可能であることを委員に対して説明した[137)]。そして，2004 年 11 月に行われた監視委員会において，休止から中止に変わるという県の対応方針案が委員会に了承された[138)]。

2005年1月には監視委員会から知事へと，大野ダムについて対応方針である「中止」を了承するという意見が具申された。これを受けて，2月1日には土木部河川砂防課が事業中止を正式決定したと発表した。河川砂防課は中止の理由として，利水面で長期水需給計画の見直しによって大野ダムの必要がなくなったこと，また，治水面では代替手段として河川改修により対応できることを挙げた[139)]。中止の際には地権者の一部から反対する声もあったが，村役場を通じて地元議会，地元協議会などと調整を行って理解を得たという[140)]。県議会議員に対しては，中止を決めた後にダム建設予定地の県議に説明したが，県議は反対せず[141)]，県議会においても大野ダム事業の中止が県議によって取り上げられることはなかった。

(6) 埼玉県のまとめ

埼玉県では，2000年の2月に，4月の選挙を前にした土屋知事により大野ダム事業の次年度の予算が見送られた。ただし，利水面では調整がついておらず，治水面でも土木部ダム砂防課は費用対効果からダム建設が有利な治水対策であるとしており，廃止（中止）ではなく休止という方針となった。選挙を間近に控えた知事としてはダム事業の廃止を打ち出すほうが，ダム事業に批判的な有権者の支持を得られる行動ともいえるが，土屋知事は廃止の正当性を裏づけるだけの政策知識を入手できずに，費用対効果の面でダムのほうが有利とするダム砂防課の主張を崩せなかった。仮に根拠もなく廃止を強行した場合には逆に公益に反する行動をとったとして，マスメディアひいては有権者からも批判を浴びかねないため，強行できなかった。

しかし，ダム砂防課の主張が全面的に受け入れられたわけではなく，休止という形で結論は先送りされた。2000年9月に発表された中央政府の与党3党合意の対象となり，国が撤退しても休止の方針は変わらなかった。なお，大野ダム事業は本体工事に着手しておらず，休止の支障とはならなかった。ダム事業の廃止を志向する一般有権者の支持を得ることを目標に，知事のトップダウン的な手法により廃止が議題に上ったが，政策の存在理由の欠如を示せずに廃止には至らなかった。

大野ダム事業の廃止は，水需要の減少が明らかとなったことによって，議題に上ることとなる。埼玉県では，人口の減少が見込まれることが明らかとなったことを受けて，2001年ごろから水資源を所管する総合政策部土地水政策課を中心とした作業部会を設置として，水需要の検討を行った。その後，水需要の減少が明らかとなったことにより，河川砂防課も事業の廃止を検討せざるをえなくなった。大野ダム事業から利水目的がなくなることになったため，費用対効果を再計算したところ，治水面でもダム以外の代替案が適当になったことを受けて，河川砂防課も廃止を決断し，2003年に事業の廃止が決まった。廃止の際には，事業所管部署はその政策知識をもとにダム事業の存在理由がなくなったことを説明した。

ダム事業を廃止する際には知事と議会の双方の同意が必要となるが，この説明に対して，上田知事は反対しなかった。また，議会議員からも事業廃止に反対する者は現れなかった。県議会で多数を占める自民党系の県議は，自らの支持集団の意向に沿った行動をとるとすれば，ダム事業の廃止に反対することが予想される。しかし，根拠もなく事業廃止に反対すれば，公益に反する行動をとっていると一般有権者に判断されて，自らの再選に不利となることが考えられる。そのために，県議は廃止に反対せず，大野ダム事業の廃止が決まった。

4 事例比較分析

次に，2009年度までの事例過程分析を踏まえて，ダム事業の廃止過程を，全ダム事業を対象として行ったアンケート調査を基に明らかとする。このアンケート調査は，都道府県が事業主体のダム事業のうち，2009年度時点で存続していた79の多目的ダム事業および治水ダム事業を対象として行い[142)]，73事業分について回答を得た。事例過程分析で分析対象とした長野県の下諏訪ダム，蓼科ダム，郷士沢ダムと埼玉県の大野ダムは廃止済みであるためアンケート調査の対象となっていない。また，2009年度時点では存続していた長野県の角間ダム，黒沢ダム，駒沢ダムはアンケート調査の対象であったが，事例過程分析と期間が重複することになるため分析対象から外している。群馬県の増田川ダムについても廃止検討の有無が無回答であったため分析対象から外している。

分析対象となる事業は69事業となる。2010年4月から14年8月にかけてダムの見直しを検討しているのは34事業であった[143]。34事業中，廃止についても検討中であった事業は24事業であった。事業を見直した事例の71%が廃止の検討をしている。2009年から10年にかけての国からのダム事業再検証の要請や水需要の減少を受けて，多くの事業が見直しや廃止を検討している。決定過程において分析対象とするダムは24事業となる。

▶ 誰が廃止を議題に上げるのか

廃止を提案するアクターとしては，審議会委員，行政改革所管部署職員だけではなく，首長といった地方政治家も想定される。これは，ダム事業が，有権者の態度変化が起こっている事業であるためである。

事例過程分析でも，知事が廃止を議題に上げていた。長野県では，脱ダムを掲げる田中知事がダムの廃止を議題に上げた。埼玉県では，土屋知事が廃止ではないが休止を議題に上げ，最終的には事業所管部署職員が廃止を議題に上げた。なお，ダム事業の見直しにおいて行政改革所管部署職員はアクターとして登場していない。行政職員としては，事業所管部署職員が主なアクターとなる。

アンケート調査でも，知事が廃止を提案した事例も存在していた。廃止を検討した県に対して，誰が廃止を提案したために議題に上ったかを尋ねたところ（複数回答）[144]，回答があった24事業のうち，知事が1件，ダム事業所管部署が2件，利水者が1件，国が22件であった。多くは国による再検証が廃止検討の契機となっていたが，知事によって廃止が提案されて議題に上ることもあった。

他方で，議会議員や市民団体の提案により廃止が議題に上ることはなかった。議会議員については，長野県の事例過程分析で確認できたように，そもそも建設業界からの支援を考慮して自民党系の議会議員は廃止に肯定的ではない。長野県（下諏訪ダム，浅川ダム）や埼玉県（大野ダム）では，首長が廃止を提案する前に，市民団体や共産党が廃止を提案したが，この提案によって，行政機構内でアクターが廃止を具体案として検討することはなかった。市民団体や共産党の議員が廃止を提案したとしても，事業所管部署職員は実現可能性が低いとして議題に上げないだろう。アンケート調査でも，ダム建設に反対する市民団体による住民運動の有無と廃止検討の有無の関連は見出せなかった。69事業のうち，市民団体による組織化された反対運動が確認できた事例は14事業あり，確認できなかった事例は55事業であった[145)]。反対運動が確認できた14事業中，6事業で中止が検討された（42.9%）。これに対して，反対運動が確認できなかった55事業中，18事業で中止が検討されており（32.7%），カイ二乗検定では統計的に有意な差はない。

▶ どのような要因が廃止を議題に上げる際に影響するのか

二重の入れ子モデルでは，前決定過程では，外部環境の変動が必要条件になり，政治状況と政策の性質が十分条件になると予測していた。第2節で確認したように，ダム事業の外部環境の変動としては，有権者の態度変化が起こるとともに，社会経済状況の変化や，国や他の自治体の撤退が生じた事業が現れており，外部環境の変動が生じていた。政治状況と政策の性質については操作化していないので，事例過程分析を基に具体化する。

1つ目の十分条件として考えられる要因が，政治状況である。政治状況としては知事側の要因として，支持基盤の変化や無党派知事の存在がある。議会側の要因としては，知事与党の割合がある。ダム事業の廃止に際しては，先行研究で知事の支持基盤の変化と知事与党の割合が影響を与えることが指摘されている（砂原 2011）。事業が開始されたときとは異なる支持基盤を有する知事に交代したり，知事与党が多数であったりすれば，廃止が議題に上る。事例過程分析において取り上げた長野県と埼玉県においても，支持基盤の変化が生じていた。また，ダム事業は一般有権者が廃止に肯定的となる事業である。一般有権者からの支持に依存することが大きい無党派知事であるほど，廃止を議題に上げやすくなる。長野県の田中知事も無党派知事であった。知事与党の割合については，埼玉県においてダムの休止を主導した土屋知事のときも，長野県において一部のダムの廃止が実現した村井知事のときも，知事与党多数の状況であった。

2つ目の十分条件として考えられる要因が，政策の性質である。ダム事業において，最も大きな影響を与える政策の性質としては，本体工事への着工の有無がある。事例過程分析でも，長野県では本体工事に着工した事業は廃止が議題に上らずに，未着工の事業については廃止が議題に上った。

また，外部環境を統制するために，利水目的を有するダムに関してはダム利水者の撤退や水需要予測の引き下げの有無を原因条件とする。ダム事業の外部環境の変動としては，水需要の変化がある。埼玉県の事例においても，廃止を提案した事業所管部署職員は水需要の減少により事業の必要性が低下したことを指摘していた。そこで，ダム利水者が事業から撤退したり，水需要予測の引き下げが行われたりして，利水の必要性が低下したかどうかという変数を入れる。

支持基盤変化，無党派知事，知事与党多数，本体工事着工，水需要を原因条件とし，廃止検討の有無を結果として質的比較分析を行う。水需要は利水目的を有するダムにのみ影響を与えるため，前決定過程では，利水目的を有するダムと有しないダムとに分けて，分析を行う[146)]。ダム事業が開始された年から，分析対象となった2010–14年の間に知事の支持基盤が変化した場合には，1を与えた。同期間に無党派知事が存在していた事例には，1を与えた。また，同期間に，知事与党多数の議会状況があった場合には，1を与えた。本体工事は，2010年度時点で着工されていない場合に1を与えた[147)]。水需要に関しては，ダム利水者の撤退や水需要予測の引き下げがあった場合に1を与えた[148)]。

まず利水目的を有するダム事業について，廃止検討の必要条件を分析したところ，本体工事の着工がないという原因条件であった。ダムの廃止を検討した事例は必ず本体工事の着工がないという条件を満たしている。なお，本体工事が着工されていない事例については，国から再検証を要請されている。廃止を議題に上げたアクターとして，国というアクターが挙がっていることを考えると，こちらの影響が非常に大きいものの，再検証の対象となったのは本体工事が未着工であったという政策の性質に起因するところでもある。

利水目的を有するダム事業について，原因条件の組み合わせと結果を真理表にしたものが，表4-2である。見直し検討と廃止検討の結果を示している。見直し検討と廃止検討で結果が異なる組み合わせは，1行目の組み合わせとなる。1行目の組み合わせの場合は，見直しが検討されたが，廃止は検討されなかったという組み合わせとなり，見直し検討と廃止検討で結果が生じる組み合わせが異なることがわかる。

標準分析を行った結果，廃止検討に関する中間解は表4-3に示した論理式となった[149)]。これは，利水目的があるダム事業の廃止が議題に上るには2つの組み

表 4-2　ダム事業の前決定過程の真理表（利水目的あり）

支持基盤変化	無党派知事	知事与党多数	着工なし	水需要変化	事例数	見直し		廃止	
						整合度	検討	整合度	検討
0	0	1	1	0	14	0.714	1	0.500	0
0	0	1	0	0	14	0	0	0	0
1	0	1	1	0	4	0.750	1	0.750	1
1	0	1	0	0	3	0	0	0	0
0	0	1	1	1	3	1	1	0.667	1
1	1	1	1	1	1	1	1	1	1
1	1	1	1	0	1	1	1	1	1
1	0	0	1	1	1	1	1	1	1
1	0	0	1	0	1	1	1	1	1
1	0	0	0	0	1	0	0	0	0

表 4-3　ダム事業の前決定過程の廃止検討に関する中間解（利水目的あり）

中間解の項	素被覆度	固有被覆度	整合度
着工なし×支持基盤変化	0.438	0.438	0.875
着工なし×知事与党多数×～無党派知事×水需要変化	0.125	0.125	0.667

表 4-4　ダム事業の前決定過程の見直し検討に関する中間解（利水目的あり）

中間解の項	素被覆度	固有被覆度	整合度
着工なし	0.952	0.952	0.800

合わせがあるということを意味する。1つ目は，本体工事の着工がなく，かつ知事の支持基盤の変化がある場合である。廃止のコストが低いことと知事の政治的要因によって，廃止が議題に上る組み合わせである。2つ目は，本体工事の着工がなく，かつ知事与党が多数であり，かつ無党派知事ではなく，かつ水需要の変化があった場合である。知事が廃止にさほど積極的でなかったとしても，議会状況が安定し，コストが低く，水需要の減少が生じた場合には廃止が議題に上っていることが示唆される。整合度は0.875と0.667であり，論理式には矛盾が含まれているものの，こうした条件組み合わせをもつ場合には，解散が検討されやすいという傾向がある。また，素被覆度は0.438と0.125であ

り，結果が1の全事例の中で約5割がこれらの論理式を有する[150]。

比較のために，見直し検討についても標準分析を行った結果，見直し検討に関する中間解は表4-4に示した論理式となった。中間解は着工なしという条件のみである。着工がなければ，政治状況にかかわらず見直しが検討される傾向がある。廃止検討と比べると，中間解に含まれる原因条件の数が少ない。廃止よりも容易に議題に上っていることがわかる。

次に，利水目的を有しないダム事業について，廃止検討の必要条件を分析したところ，こちらも本体工事の着工がないということが原因条件であった。ダム廃止を検討した事例では必ず本体工事の着工がなされていない（国からの再検証の要請がある）。また，全事例が無党派知事ではなく，無党派知事ではないということも必要条件となっている。

利水目的を有しないダム事業について，原因条件の組み合わせと結果を真理表にしたものが，表4-5である。こちらも見直し検討と廃止検討の2つの結果を示している。1行目の組み合わせの結果が見直し検討と廃止検討で異なっており，利水目的を有するダムと同じように，見直し検討と廃止検討で結果が生じる組み合わせが異なることがわかる。

標準分析を行った結果，廃止検討に関する中間解は表4-6に示した論理式となった[151]。利水目的がある事業と同様に，本体工事の着工がなく，かつ知事の支持基盤に変化がある場合に，廃止が検討される傾向があることを意味している。整合性は0.75であり，論理式には矛盾が含まれているものの，こうした条件組み合わせをもつ場合には，解散が検討されやすいという傾向がある。

比較のために，見直し検討についても標準分析を行った結果，見直し検討に関する中間解は表4-7に示した論理式となった。中間解は着工なしという条件のみである。こちらも利水目的を有するダムと同様に，廃止検討と比べると，中間解に含まれる原因条件の数が少ない。着工がなければ，支持基盤の変化という政治状況にかかわらず見直しが検討される傾向がある。

質的比較分析からは，廃止検討に関しては，政治状況と政策の性質が十分条件となっていることがわかった。利水目的ありのダムに関しては，廃止が議題に上る条件組み合わせは複数存在することも明らかとなった。また，利水目的の有無にかかわらず，ダム事業は着工がなく，支持基盤の変化があるときに廃

表 4-5　ダム事業の前決定過程の真理表（利水目的なし）

支持基盤変化	無党派知事	知事与党多数	着工なし	事例数	見直し		廃止	
					整合度	検討	整合度	検討
0	0	1	1	10	0.800	1	0.556	0
1	0	1	0	6	0	0	0	0
0	0	1	0	5	0.200	0	0	0
1	0	0	1	3	1	1	0.667	1
1	0	1	1	1	1	1	1	1
1	0	0	0	1	0	0	0	0

表 4-6　ダム事業の前決定過程の廃止検討に関する中間解（利水目的なし）

中間解の項	素被覆度	固有被覆度	整合度
着工なし×支持基盤変化	0.375	0.375	0.750

表 4-7　ダム事業の前決定過程の見直し検討に関する中間解（利水目的なし）

中間解の項	素被覆度	固有被覆度	整合度
着工なし	0.923	0.923	0.857

止が検討される傾向がある。これに対して見直し検討に関しては政策の性質のみが十分条件となった。廃止検討と比較すると，見直し検討に必要な原因条件の数は少ない。

さらに，ダム事業の廃止検討について，地方自治体の政治状況が影響していることは興味深い。分析対象とした期間において，着工されていないということは国からの再検証の要請があったということを意味する。国からの再検証の要請はダム以外の案，つまりダムの廃止も検討するように要請する内容であった。しかし，要請を受けて見直しを検討するものの，要請通りに廃止についても必ず検討するということはなかった。国からの再検証の要請があるとともに，政治状況が廃止を進めやすい場合に廃止を議題に上げており，地方自治体の政治状況を踏まえて検討していることがわかる。つまり，要請対象のダム事業であっても，地方自治体内の政治状況が廃止に積極的なものでなければ，廃止は議題に上らない。

▶ **決定過程ではどのようなアクター間関係となるのか**

事前の予想では，首長と行政改革所管部署職員，審議会委員が廃止に賛成するのに対して，議会議員と，事業所管部署職員が廃止に反対するアクター間関係を想定していた。これは，ダム事業は有権者の態度変化が起こり，利益団体が存在し，社会経済状況の変化や国や他の自治体の撤退が起こっている事業であるためである。

決定過程のアクター間関係を示したものが表4-8である。アンケート調査では，廃止を主張したアクターと存続を主張したアクターを尋ねており[152]，それらのアクターの有無と帰結を示している。廃止を主張するアクターが存在した11件をみると，審議会委員が7件，利水者が1件，住民が3件，事業所管部署職員・利水者・学識経験者から構成される検討会議が1件，事業所管部署職員が3件であった。事前の想定とは異なり，事業所管部署職員が廃止を主張した事例も存在する。存続を主張したアクターがいた16件をみると，事業所管部署職員が9件，行政改革所管部署職員が1件，審議会委員が9件，知事が1件，住民が5件となっている。こちらも事前の想定とは異なり，知事が存続を主張した事例がある。また，国が提案して廃止が議題に上った事例においては，社会経済状況の変動の有無にかかわらず対象となったためか，事業所管部署職員だけではなく，審議会委員や行政改革所管部署職員が存続を主張した事例が多い[153]。

次にアクター間関係と帰結の関係をみていく。知事による廃止提案があった武庫川ダムについてみると，審議会委員が廃止を主張している。事業所管部署と審議会委員による存続の主張があったが，休止・一時停止となった。知事による廃止提案がなかった23事例のうち，13事例については廃止を主張するアクターがいない。これらは国による再検証の対象となり，国が廃止の提案者として認識されている事例となる。タイ原（たいばる）ダム以外は存続を主張するアクターがおり，存続もしくは国所管事業への移行という結果となった。タイ原ダムは，存続を主張するアクターがおらず，廃止されている。知事による廃止提案がなかった23事例のうち，10事例については廃止を主張するアクターがいる。このうち5事例については，事業所管部署職員や審議会委員が廃止を主張したのに対して，存続を主張するアクターがおらず，廃止されている。廃止を主張するアクターと存続を主張するアクターの双方がいたのが，新潟県の4事例となる。4事例のうち，常浪川ダムと晒川ダムは廃止され，新保川ダムと儀明川ダムが存続しており，帰結が分かれている。新潟県では，再検証の中心となる組織として学識経験者で構成する「新潟県ダム事業検証検討委員会」が設置され，この委員会が示した対応方針に沿った帰結となった（森下 2011）。

▶ どのような要因が廃止を決定する際に影響するのか

決定過程では，政策の存在理由の有無が十分条件となる。アンケート調査では，「廃止と存続を主張するアクターがいたか」という質問とは別に，「事業の存在理由の有無の提示があったか」と「誰によって提示されたか」を質問している[154]。廃止を主張するアクターによる存在理由の欠如の提示という原因条件と，存続を主張するアクターによる存在理由の存在の提示という原因条件を示す。

政策の性質については，決定過程では原因条件としない。前決定過程での分析で，廃止を検討した事例はすべて本体工事が未着工であるという原因条件を満たしており，必要条件であることがわかった。決定過程では，本体工事が着工済みであるという事例がないため，原因条件とはしない。

政治状況については，知事による廃止提案，知事の支持基盤の変化と知事与党多数という原因条件を投入する。前決定過程でも加えた知事の支持基盤の変化と知事与党多数という原因条件は，こうした条件を有することで，知事が廃止に積極的となり，廃止が議題に上りやすい政治状況になることを想定したものであった。実際に，知事が廃止を提案した事例は知事与党多数という要因が生じている。事例過程分析でみた長野県の事例のように，知事による廃止提案は，より直接的に廃止を促進する要因となる。また，知事による廃止提案ほど直接的な影響はなくとも，廃止を促進する効果があることを予測して，前決定過程と同様に，事業が開始されたときとは異なる支持基盤を有する知事が存在したり，知事与党が多数であったりすれば，廃止が決定されると想定する。前決定過程における分析では，無党派知事の存在により廃止が議題に上りやすい傾向はなかったため，決定過程では原因条件としない。

また，国による廃止提案も投入する。ダム事業は2009年から10年にかけて国による再検証の要請があった。本書で分析対象とする補助ダム事業は建設費

表 4-8　ダム事業の決

知事提案	国提案	事業名	県名	廃止を主張したアクター						
				事業所管部署	行革所管部署	審議会	知事	利水者	住民	検討会議
あり	なし	武庫川	兵庫県	0	0	1	0	0	1	0
なし		大多喜	千葉県	0	0	0	0	1	0	0
	あり	駒込	青森県	0	0	0	0	0	0	0
		奥戸	青森県	0	0	1	0	0	0	0
		津付	岩手県	1	0	0	0	0	0	0
		簗川	岩手県	0	0	0	0	0	0	0
		筒砂子	宮城県	0	0	0	0	0	0	0
		常浪川	新潟県	0	0	1	0	0	1	0
		新保川	新潟県	0	0	1	0	0	0	0
		晒川	新潟県	0	0	1	0	0	1	0
		儀明川	新潟県	0	0	1	0	0	0	0
		布沢川	静岡県	1	0	1	0	0	0	0
		鳥羽河内	三重県	0	0	0	0	0	0	0
		金出地	兵庫県	0	0	0	0	0	0	0
		西紀	兵庫県	0	0	0	0	0	0	0
		波積	島根県	0	0	0	0	0	0	0
		大谷川	岡山県	0	0	0	0	0	0	1
		庄原	広島県	0	0	0	0	0	0	0
		和食	高知県	0	0	0	0	0	0	0
		春遠	高知県	0	0	0	0	0	0	0
		浦上	長崎県	0	0	0	0	0	0	0
		石木	長崎県	0	0	0	0	0	0	0
		五木	熊本県	1	0	0	0	0	0	0
		タイ原	沖縄県	0	0	0	0	0	0	0

［注］　アクターが存在した場合に 1，存在しなかった場合は 0。廃止を主張したアクターが

定過程のアクター間関係

存続を主張したアクター								帰結
なし	事業所管部署	行革所管部署	審議会	知事	住民	市町村	なし	
0	1	0	1	0	1	0	0	休止・一時停止
0	0	0	0	0	0	0	1	中止
1	0	0	1	0	0	0	0	存続
0	0	0	0	0	0	0	1	中止
0	0	0	0	0	0	0	1	中止
1	1	0	1	1	0	0	0	存続
1	0	0	0	0	0	0	1	国への移行
0	0	0	1	0	1	0	0	中止
0	0	0	1	0	1	0	0	存続
0	0	0	1	0	1	0	0	中止
0	0	0	1	0	1	0	0	存続
0	0	0	0	0	0	0	1	中止
1	0	0	1	0	0	0	0	存続
1	1	0	0	0	0	0	0	存続
1	1	0	0	0	0	0	0	存続
1	1	1	0	0	0	0	0	存続
0	0	0	0	0	0	0	1	中止
1	0	0	1	0	0	0	0	存続
1	1	0	0	0	0	0	0	存続
1	1	0	0	0	0	0	0	存続
1	1	0	0	0	0	0	0	存続
1	1	0	0	0	0	0	0	存続
0	0	0	0	0	0	0	1	中止
1	0	0	0	0	0	0	1	中止

いない事例については灰色に塗りつぶしている。

の多くを国からの補助金に依存しているため，国による廃止提案がある場合には，他のアクターによる提案があった場合とは異なる政策過程となることが想定される。そのため，国による廃止提案という原因条件を投入する。

こうして，決定過程の分析では，廃止を主張するアクターによる存在理由の欠如の提示，存続を主張するアクターによる存在理由の存在の提示，知事による廃止提案，国による廃止提案，支持基盤変化，知事与党多数を原因条件とし，廃止を結果として分析を行う。廃止を主張するアクターにより存在理由の欠如が示されている場合に1を，存続を主張するアクターにより存在理由の存在が示されている場合に1を与えた。アンケート調査から，知事による廃止提案があった場合には1を，国による廃止提案があった場合には1を与えた。ダム事業が開始された年から，分析対象となった2010-14年の間に知事の支持基盤の変化が起こった場合には1を与え，同期間に知事与党多数の議会状況があった場合には1を与えた。結果については，中止の場合には1を与えた。また，結果を1か0のどちらかに振り分ける必要があるため，帰結が休止・一時停止であった事例には1を，国直轄事業への移管であった事例は0を与えた。

必要条件を分析したところ，必要条件は見出せなかった。これは，廃止事例すべてに共通する原因条件はなかったことを意味している。ただし，決定過程における分析では条件として加えなかったが，前決定過程で必要条件であった本体工事の未着工という政策の性質は，決定過程でも当然に必要条件である。

次に，十分条件を明らかにするために，決定過程の真理表を表4-9に示した。真理表には，現実に生じたすべての組み合わせが記載されている。新潟県の4つの事業については同一の組み合わせであるが，結果が異なっており矛盾が生じている。その他の組み合わせにおいても矛盾は生じておらず，同一の条件の組み合わせであれば，結果も同じである。

標準分析を行った結果，中間解は表4-10に示した論理式となった[155)]。これは原因条件の3つの組み合わせが廃止という結果となっていることを表している。いずれの組み合わせにも矛盾は生じていない。大別すると，存在理由関連の原因条件のみで成り立っている組み合わせと，政治状況と存在理由関連の組み合わせという2つに分けることができる。1つ目が，存在理由関連の原因条件のみで成り立っている組み合わせである。廃止を主張する存在理由が提示されて

表 4-9　ダム事業の決定過程の真理表

廃止主張の存在理由提示	存続主張の存在理由提示	知事による廃止提案	国による廃止提案	支持基盤変化	知事与党多数	事例数	整合度	廃止	事例名
0	1	0	1	0	1	6	0	0	駒込，金出地，西紀，波積，浦上，石木
1	1	0	1	0	1	4	0.500	0	常浪川，新保川，晒川，儀明川
0	1	0	1	1	1	4	0	0	鳥羽河内，庄原，和食，春遠
1	0	0	1	1	0	2	1	1	津付，布沢川
1	0	0	1	0	1	2	1	1	奥戸，五木
1	1	1	0	0	1	1	1	1	武庫川
1	0	0	1	1	1	1	1	1	大谷川
1	0	0	0	1	1	1	1	1	大多喜
0	1	0	1	1	0	1	0	0	簗川
0	0	0	1	1	0	1	1	1	タイ原
0	0	0	1	0	1	1	0	0	筒砂子

表 4-10　ダム事業の決定過程の中間解

中間解の項	素被覆度	固有被覆度	整合度
廃止主張の存在理由提示×～存続主張の存在理由提示	0.600	0.200	1
知事提案×廃止主張の存在理由提示	0.100	0.100	1
支持基盤変化×～存続主張の存在理由提示	0.500	0.100	1

いるのに対して，存続を主張する存在理由の提示がない場合に廃止されている。2つ目が，政治状況と存在理由関連の組み合わせである。知事の廃止提案がありかつ廃止主張の存在理由の提示がある場合や，知事の支持基盤に変化がありかつ存続主張の存在理由の提示がない場合に廃止となっている。廃止が起こりやすい政治状況だけでは廃止は起こらず，存在理由の有無と組み合わされることで廃止という帰結となっていることがわかる。

質的比較分析からは，事例過程分析と同様に，決定過程では存在理由の有無の提示が帰結を左右することが明らかとなった。事例過程分析でも，長野県や埼玉県では知事による廃止提案があるなど，知事側の政治要因が影響していた。質的比較分析でも，知事による廃止提案や支持基盤の変化といった知事側の政治要因が十分条件となっている。他方で，議会側の要因である知事与党多数については影響を及ぼしていない。ただし，知事側の政治要因であっても，単独では廃止に結び付かない。廃止が起こりやすい政治状況であったとしても，それだけでは廃止に結び付かず，存在理由の有無も備えて初めて廃止に結び付く。

5 小　括

決定過程における存在理由の重要性

ダム事業の廃止は，国や事業所管部署職員，審議会委員だけではなく，知事の提案によって議題に上ることもあった。ダム事業は，ダム建設に関する利益団体が存在する一方で，一般有権者が廃止に肯定的な事業である。廃止が不利益となるアクターが存在するものの，そうではないアクターも多く存在する。そのため，議会議員により廃止が提案されて議題に上ることはなかったが，知事の提案によって廃止が議題に上る事例があった。なお，事例過程分析では，首長や事業所管部署が廃止の提案をする前に，市民団体が廃止の提案をしたが，この提案により，行政機構内でアクターが廃止を具体案として検討することはなかった。

ダム事業の廃止を議題に上げる際には，外部環境の変動が生じていた。有権者の態度変化が生じるとともに，一部の事業については水需要の減少といった社会経済状況の変化や国や他の自治体の廃止が生じていた。

そして，この前決定過程では，政策の性質と政治状況が影響を及ぼしていた。まず，政策の性質としては本体工事の着工がある。事例比較分析においても，本体工事に着工している事例は廃止が議題に上らなかった。これは，本体工事に着工している場合は，廃止の際，建設業者への違約金が発生するためである。また，事例比較分析の対象となった時期は，未着工の事例に対して国から再検証の依頼がなされたため，廃止が議題に上りやすくなっていた。ただし，質的比較分析を行うと，見直しについては本体工事が未着工であれば議題に上っていたが，廃止が議題に上るには廃止しやすい政治状況も必要であった。その政治状況とは，事業開始時からの知事の支持基盤の変化である。本体工事が未着工で，知事の支持基盤に変化が生じている場合は，廃止が議題に上りやすい傾向にあった。

決定過程のアクター間関係は，必ずしも想定した通りではない。行政改革所管部署職員は廃止過程において現れることはほぼない。審議会委員は事前の想定通り，廃止を主張したアクターであったが，国が提案して廃止が議題に上った事例においては，社会経済状況の変動の有無にかかわらず対象となったためか，存続を主張したアクターとなっていた。また，事業所管部署は事前の想定通り，存続を主張したアクターでもあったが，一部の事例では廃止を主張したアクターでもあった。

決定過程では，存在理由の有無を提示することが必要であった。事例過程分析で取り上げた長野県や埼玉県では知事が事業廃止に積極的であった。知事が見直しを主導した場合に，事業所管部署が常に知事の主張を正当化する政策知識を提供したわけではない。今本博健はダム事業に関して，所管部署は治水では，一定限度の洪水（基本高水）を河道とダムに配分し，利水でも水需要に応じて水資源を開発するという手法を踏襲していることを指摘する（今本 2009：156)5)。事業所管部署は事業廃止が，こうした自らがこれまで行ってきた事業のやり方に反すると判断した場合には，自らが有する政策知識に基づいて知事を説得しようとした。長野県では，田中知事による「脱ダム」宣言を受けても，事業所管部署は廃止の検討を進めなかった。事業所管部署は出直し知事選挙での田中知事への圧倒的な支持を目の前にして，ようやくダム事業の廃止を検討し始めたが，浅川ダムについては，基本高水を変更しない限り，ダム以外の治水対策をとれないとして，基本高水を変更する廃止案を示さなかった。そのため，田中知事は浅川ダムの廃止を主張し続けることが困難となった。事例比較分析でも，知事による廃止提案があった事業では，知事による廃止提案や支持基盤変化があるだけではなく，存在理由の欠如の提示や存在理由の存在の不提示が同時に必要であった。

ダム事業を廃止する際，前決定過程では事業の性質や政治状況が影響し，決定過程では事業の存在理由の有無の提示が不可欠となる。事例比較分析の対象となった事業は国の再検証の影響もあり，多くの事業で廃止が議題に上った。その際，事業が未着工であり，知事の支持基盤に変化が起こっているほど，廃止が議題に上りやすかった。国の影響がありつつも，自治体内の政治状況が影響している。砂原（2011）でも，事業の性質や政治状況が廃止決定に影響することが指摘されているが，本書では前決定過程と決定過程とを分けることにより，前決定過程において，これらの要因が影響していることを示した。ただし，事例比較分析で明らかにしたように，廃止が起こりにくい政治状況であっても廃止が議題に上る事例も存在する。そうした場合，決定過程において政策の存在理由の欠如が示されることによって，廃止が決定された。また，廃止が起こりやすい政治状況であっても，それだけでは廃止は実現せずに存在理由の有無の提示も必要となる。こうして，決定過程における政策の存在理由の有無という専門性の重要性が明らかになった。

1）特定された事業者を対象としない用水供給のことで，農業用水，水道用水等のすでに河川から取水している用水の補給および正常かつ一定流量を維持することにより河川生態系の保護を目的とする水のこと。
2）大規模事業とは，公共費120億円を超えるもので，ダム事業の場合は総貯水容量が800㎥以上のものを指す（河川法施行令36条の2）。
3）なお，北海道，沖縄，奄美におけるダム事業については，河川法96条，沖縄振興特別措置法105条1項，奄美群島振興開発特別措置法6条1項に基づき，これより高率の補助が出る。
4）国土交通省『目で見るダム事業2007』。
5）改正前は，工事実施基本計画を策定することとされていた。改正後は，工事実施基本計画で定められている内容を，河川整備基本方針と河川整備計画に区分し，河川整備計画については工事実施基本計画よりも具体化した。また，同時に，関係住民の意見を反映させるなど地域の意向を反映させる手続きを導入した。改正前と改正後の異同については，帯谷（2004）の第1章を参照のこと。
6）国土交通省『国土交通省所管公共事業の再評価実施要領』に基づく。
7）本体工事着工後に廃止を決めた事例としては，橋下徹知事の政治決断によって廃止が決定された大阪府の槇尾川ダムが存在する。本体工事着工済みのダム事業の廃止は，国交省の担当者によると，「聞いたことがない」事例であった（『朝日新聞』2011年2月15日付〈夕刊〉，1面）。大阪府は，契約解除に伴う違約金として1億5千万円を建設業者に支払った（『毎日新聞』〈大阪〉2013年9月10日付，29面）。
8）水需要を推定する際に，人口は最大の要素となる（仙石・松浦 1976：28）。1987年の厚生省人口問題研究所による『都道府県別将来推計人口（昭和62年1月推計)』によると，2010年に全人口が1億3582万人になる見込みであったが，実際には1億2805万人にとどまった。

9) 総理府『国民生活に関する世論調査（昭和33年2月)』による。質問文は，「ところで，国民全体の生活を向上させるためには，今の日本としてはどうすることがまず必要だと思いますか，この中〔回答票エ〕で特に必要だと思うものをあげてください。(M.A.)」である。

10) 総理府『国民生活に関する世論調査（昭和34年1月)』による。質問文は，「ところで，あなたが今，県（都・道・府）や村（市・区・町）に対して，何かやってほしいと思っていることや不満に思っていることがありますか……どんなことですか……その外にはありませんか。(O.A.)」である。

11) 総理府『国民生活に関する世論調査（平成4年5月)』による。質問文は，「今後，政府に対して，力を入れてほしいと思うことをこの中からいくつでもあげてください。(M.A.)」である。

12) 『朝日新聞』2009年3月18日付，6面。

13) 三田妃路佳は，この委員会において継続となった事業と休止および両論併記となった事業に分けて，それぞれの共通点を探ったところ，継続となった事業は市民団体が反対しているものの地元住民が補償を受けていることを挙げて，市民団体の反対は事業の見直し要因にならないとした。また，見直された事業は，その財源負担者の離脱や事業への投資額が少なかったこと，地元住民による建設推進派首長のリコールといった有権者から政治家への働きかけがあったことが，事業休止の要因となったとしている（三田 2001：408-411)。

14) 『日本経済新聞』1996年12月19日付，5面。

15) 『朝日新聞』1997年8月27日付，1面。

16) 『日本経済新聞』1997年8月27日付，1面。

17) 三田は与党三党により中止勧告がなされたのは，自民党が公共事業に批判的な都市有権者からの得票を増やすためであったとし，政治家の目的合理的な行動の結果であると指摘する（三田 2001：424-425)。

18) 『朝日新聞』2000年11月29日付，4面。

19) 『朝日新聞』2009年9月17日付，39面。

20) 『朝日新聞』（西部）2009年12月26日付，29面。

21) 『毎日新聞』（西部）2009年12月27日付，23面。

22) ただし，このうち大和沢ダム（青森県)，大多喜ダム（千葉県)，武庫川ダム（兵庫県）については2010年3月時点で中止の方針が決まっていた。『朝日新聞』2010年3月22日付，1面。

23) 国土交通省『ダム事業の検証に係る検討に関する再評価実施要領細目』。

24) 国によるダム事業の中止対象となったものとしては，1996年度，97年度，2000年度に補助金の打ち切りが示されたものを挙げている。1998年度の見直しについては，都道府県が建設の適否を判断して，これを受けて建設省が予算を要求しないことを決めており，都道府県が主導していたため，国による中止を受けた事例とはしていない。

廃止ダム事業の一覧を作成する際には，(1)日本ダム協会の『ダム年鑑』による調査と，⑵各都道府県のウェブサイト，新聞報道の確認および事業所管部署への問い合わせを行うことで，ダム事業の廃止の有無を調べた。その際に，『ダム年鑑』の「河川総合開発事業一覧表」および「治水ダム建設事業一覧表」から削除された事業について廃止の有無を確認した。そのため，一覧表に掲載がないダムも含めて中止ダムを一覧とした「中止ダム事業一覧表」とは同一ではない。

廃止については，本章では，「事業評価監視委員会や流域委員会での審議を経て，中止が決定された」ことをもって廃止が行われたと判断した。なお，砂原（2011）では，国の影響を測る際に，2000年度の年度ダミーを入れて分析をしており，本書における操作化とは異なる。

25） 本書では，知事の支持基盤の変化については，砂原（2011：124-125）に沿った操作化を行った。事業を始めた前任者の最後の選挙の政党支持と，後任者の最初の選挙の政党支持から，①自民党による支持あり→支持あり，②自民党による支持あり→支持なし，③自民党による支持なし→支持あり，④自民党による支持なし→支持なし，の4通りのパターンを提示した。そして，①の場合は変化していないものとみなし，②から④の場合は支持基盤の変化があったものとみなした。

また，知事に対する政党支持と議会の構成については，曽我謙悟氏と待鳥聡史氏による公開データを基に判断した（http://soga.law.kyoto-u.ac.jp/，最終閲覧日2018年2月16日）。ここに記して両氏に感謝申し上げる。

知事を推薦した政党については，公開データを参照するとともに，新聞報道を基にあらためて確認を行い，党本部だけではなく，県連組織から推薦・支持を受けた場合にも，推薦ありとしている。公開データは2007年度までのものであるが，08年度以降については，知事の推薦に関しては新聞報道，議会構成に関しては全国都道府県議会議長会の資料に基づいて判断した。

26） 田中知事が見直しの対象としたダムは，ここに挙げた7ダム以外に清川ダムもあるが，このダムは本書で分析対象とする建設段階のダムではないので，分析には含めない。

27） 『朝日新聞』（長野）1997年11月13日付，掲載面不明。

28） 『朝日新聞』（長野）1997年12月28日付，掲載面不明。

29） 『朝日新聞』（長野）1999年5月29日付，掲載面不明。

30） 『朝日新聞』（長野）2000年2月23日付，27面。

31） 『朝日新聞』（長野）2000年4月25日付，27面。

32） 『朝日新聞』（長野）2000年6月6日付，27面。

33） 1999年時点での県議会の構成は県政会（42名），県民クラブ（8名），社会県民連合（7名），共産党（5名）であった。

34） 『朝日新聞』（長野）2000年9月14日付，27面。『朝日新聞』（長野）2000年10月21日付，31面。

35） 『朝日新聞』（長野）2000年11月7日付，31面。なお，土木部長は建設省からの出向者であり，2000年に長野県土木部長に就任した。

36） 『朝日新聞』（長野）2000年11月24日付，29面。

37） 『朝日新聞』2000年12月9日付，38面。

38） 『朝日新聞』（長野）2000年12月20日付，27面。

39）『朝日新聞』（長野）2001 年 1 月 17 日付，31 面。
40）『信濃毎日新聞』2001 年 2 月 21 日付，3 面。
41） 光家（2001），『朝日新聞』（長野）2001 年 2 月 21 日付，29 面。
42）『信濃毎日新聞』2001 年 2 月 21 日付，3 面。
43）『信濃毎日新聞』2001 年 2 月 22 日付，3 面。
44）『朝日新聞』（長野）2001 年 2 月 21 日付，29 面。『朝日新聞』（長野）2001 年 2 月 23 日付，29 面。
45）『信濃毎日新聞』2001 年 2 月 27 日付，3 面。このとき，土木部内部では「何の相談もなく，急に考えろと言われても簡単ではない」といった戸惑いの声が続出し，代替案を知事と一緒に考えようという空気はまだ広がっていなかった。『信濃毎日新聞』2001 年 3 月 2 日付，4 面。
46）『信濃毎日新聞』2001 年 3 月 1 日付，3 面。
47） 県政会はダムにこだわっており，他の会派とは若干の温度差があったと竹内県議は振り返る。本段落の記述は，竹内（2001）および，筆者による竹内久幸県議への聞き取り調査，2011 年 2 月 2 日に基づく。
48）『信濃毎日新聞』2001 年 3 月 9 日付，1 面。
49）『朝日新聞』（長野）2001 年 3 月 16 日付，31 面。
50）『朝日新聞』（長野）2001 年 3 月 20 日付，31 面。
51） 土木部長はダムの必要性を訴えており，田中知事は土木部長について雑誌の連載コラムで「懲りない人物」と名指しで批判していた（田中 2002：25）。

両者の溝が決定的となったのは，2 月 28 日の県議会一般質問において，脱ダム宣言の感想を聞かれた土木部長が「治水の考え方につきましては，ダム，遊水池，堤防，そういういろいろな方法を有機的に組み合わせてやるというのが治水の原則的な考え方でございますので，最初にとにかくダムを排除するという考え方につきましては，治水の根本的な考え方からいくと土木部といたしましては適切ではないと申し上げざるを得ないと思います」と述べたことによる。

発言の翌々日である 3 月 2 日には，知事が国土交通省に電話をかけ，土木部長の引き取りと後任の派遣を依頼した。これに対して，国土交通省は土木部長の引き取りは了承したものの，後任の派遣については拒否した。『日本経済新聞』（夕刊）2001 年 3 月 16 日付，5 面。長野県『長野県議会会議録』2001 年 2 月 28 日。
52）『朝日新聞』（長野）2001 年 6 月 25 日付，29 面。
53） 筆者による長野県建設部河川課職員への聞き取り調査，2011 年 2 月 4 日。
54） 雨の降り方などの計算の基礎となる条件次第で流量に幅が出るとして，絶対的な数字ではないという批判もある（大熊 2004 など）。
55）『朝日新聞』（長野）2002 年 3 月 25 日付，29 面。
56）『朝日新聞』（長野）2002 年 3 月 7 日付，25 面。なお，土木部長の発言は，砥川部会委員でもある県政会の浜康幸県議が，河川改修案は「国の認可を得られる内容か」と質問したことへの答弁である。この答弁について，翌 7 日には，田中知事は「部会審議に影響を及ぼすような発言は適切でなかった」と不快感を表明し，国土交通省河川局の「堤防は盛土が基本だが，住民の合意が得られ，特殊堤を用いるなら，河川整備計画が認可されないわけではない」とする見解を県の「統一見解」とした。『朝日新

聞』（長野）2002年3月8日付，31面。
57）『朝日新聞』（長野）2002年6月8日付，31面。
58）『朝日新聞』（長野）2002年6月10日付，29面。
59）『朝日新聞』（長野）2002年6月26日付，35面。
60）『朝日新聞』（長野東北信）2006年12月15日付，27面。
61）『朝日新聞』（長野）2002年6月26日付，35面。
62）『朝日新聞』（長野）2002年6月27日付，31面。
63）『信濃毎日新聞』2002年6月18日付，3面。
64）同上。
65）『信濃毎日新聞』2002年6月29日付，3面。
66）『朝日新聞』（長野）2002年7月2日付，31面。
67）政信会は2002年3月に県政会から分かれた会派である。ただし，政治理念は県政会と異なるわけではない。鎌塚正良らは，望月雄内政信会会長が「県政会は大きくなりすぎた。個々の議員の活動が埋没してしまう」と語ったことを引用し，若手議員の活躍の場を作ったというのが実態であると指摘する（鎌塚ほか 2002a：130）。
68）『朝日新聞』（長野）2002年7月6日付，31面。
69）『朝日新聞』（長野）2002年7月8日付，29面。
70）『信濃毎日新聞』2002年9月4日付，3面。
71）『朝日新聞』（長野）2002年9月18日付，31面。
72）『信濃毎日新聞』2003年6月21日付，3面。
73）筆者による長野県建設部河川課職員への聞き取り調査，2011年2月4日。
74）長野県『平成15年度第3回長野県公共事業評価監視委員会議事録』。
75）河川課職員は，「条件付の中止」と表現をした。筆者による長野県建設部河川課職員への聞き取り調査，2011年2月4日。
76）『朝日新聞』（長野）2003年5月1日付，27面。
77）田中知事から応援を受けた島田基正県議は，「知事を不信任した現職議員が選挙戦になったら『是々非々』という言葉を連発し，田中改革に理解があるかのように装った。それで争点をぼかしてしまった」と選挙後に振り返った（鎌塚ほか 2003：108）。
78）『朝日新聞』（長野）2002年12月17日付，31面。『朝日新聞』（長野）2003年10月7日付，31面。『朝日新聞』（長野）2004年10月27日付，32面。
79）『朝日新聞』2002年7月18日付，38面。
80）『朝日新聞』（長野）2003年2月17日付，25面。
81）『朝日新聞』（長野）2003年11月27日付，31面。
82）『信濃毎日新聞』2004年3月17日付，1・3面。
83）『信濃毎日新聞』2005年11月23日付，1・3面。
84）『朝日新聞』（長野）2004年3月22日付，33面。『信濃毎日新聞』2005年11月23日付，3面。
85）長野県世論調査協会『2006年知事選報告書』。質問文は「田中県政の個別の政策，運営の手法について，どう評価しますか」で，「ダム建設に代わる治水対策」について尋ねている。選択肢は「評価する」，「評価しない」，「なんともいえない・わからない」の3つ。

86) 『朝日新聞』(長野) 2006年8月30日, 30・31面。質問文は「これまでの田中県政をひとことで言い表すと」である。回答者は「改革」,「斬新」,「解放」,「対話」,「独善」,「混乱」などの8つの選択肢から1つを選択した。2002年と06年の知事選挙でともに田中に投票した回答者は「改革」(34%),「斬新」(25%),「開放」(10%),「対話」(10%) といったプラス・イメージの言葉を選択した。他方で, 2002年に田中に投票し, 06年に村井に投票した回答者は「独善」(40%) を最も多く選択した。2002年に田中以外の候補者に投票し, 06年に村井に投票した回答者でも,「独善」(51%) を最も多く選択した。

87) 『信濃毎日新聞』2006年8月7日付, 1面。『朝日新聞』2006年8月7日付, 1面。

88) 『信濃毎日新聞』2006年8月8日付, 3面。

89) 『朝日新聞』(夕刊) 2006年8月7日付, 1面。

90) 『朝日新聞』(長野) 2007年2月26日付, 31面。

91) 『朝日新聞』(長野) 2004年10月27日付, 32面。

92) 『朝日新聞』(長野東北信) 2006年9月27日付, 35面。

93) 『信濃毎日新聞』2007年2月9日付, 3面。

94) 『信濃毎日新聞』2007年2月8日付 (夕刊), 1面。

95) 『朝日新聞』(長野東北信) 2007年2月9日付, 27面。

96) 『信濃毎日新聞』2007年2月9日付, 4面。

97) 『朝日新聞』(長野) 2007年4月9日付, 17面。

98) 『朝日新聞』(長野東北信) 2008年9月20日付, 35面。なお, 再評価の審議自体はダムではなく河川改修による治水対策を位置づけた河川整備計画を策定した際に行ったものとした。

99) 『朝日新聞』(長野東北信) 2009年2月21日付, 31面。

100) なお, 黒沢ダムと駒沢ダムについては, 村井知事退任後に就任した阿部守一知事在任中の2011年5月に廃止が決定した。角間ダムは一時中止の段階となり, 方針は決定されなかった。

101) 筆者による自民党県議団幹事長の本郷一彦県議, 創志会幹事長の髙見澤敏光県議, 改革・緑新県議団幹事長の竹内久幸県議への聞き取り調査, 2011年2月2日, および長野県建設部河川課職員への聞き取り調査, 2011年2月4日。

102) 筆者による竹内久幸県議会議員への聞き取り調査。

103) そのほかの事業をめぐっては, 予算案の修正という形で拒否権を行使している。例えば, 2005年度予算案をめぐっては, スキー客誘客イベント「スキー王国NAGANO構築事業費」を全額削除するなど, 5件の減額修正を行った。『朝日新聞』(長野東北信) 2005年3月24日付, 31面。

104) 日本ダム協会『ダム年鑑2000』。

105) 『朝日新聞』(埼玉) 1997年8月27日付。

106) 「足踏みダム」とは, 1998年度に最低限必要な基礎的調査以外に工事や調査を進めることができないダム事業のことを指す。

107) 『朝日新聞』(埼玉) 1997年12月2日付, 掲載面不明。

108) 『朝日新聞』(埼玉) 1997年8月27日付, 掲載面不明。

109) 『朝日新聞』(埼玉) 1998年11月5日付, 掲載面不明。

110） 1998年度の再評価では，建設省・農水省などの補助事業のうち，10年以上続いているものや，事業採択から5年以上経っているのに，着手されていないものを対象としている。『朝日新聞』（埼玉）1998年11月5日付，掲載面不明。
111） 埼玉県『平成10年度第1回埼玉県公共事業評価監視委員会会議録』。
112） 埼玉県『平成12年度第1回埼玉県公共事業評価監視委員会会議録』。
113） 『朝日新聞』（埼玉）1992年6月22日付，掲載面不明。
114） 『朝日新聞』（埼玉）1992年6月25日付，掲載面不明。
115） 『朝日新聞』（埼玉）1996年6月24日付，掲載面不明。
116） 土屋知事は2000年8月3日の県議会における答弁において「平成十二年度の当初予算の編成におきまして，例えば，大野ダムの休止を決断し，担当の方へ伝えましたところ，目を白黒しておりましたが，私はあえて断行いたしました」という旨の発言を行っている（埼玉県『埼玉県議会会議録』2000年8月3日）。
117） 『読売新聞』（埼玉）2000年2月19日付，35面。
118） 『朝日新聞』（埼玉）2000年2月16日付，31面。
119） 『朝日新聞』（埼玉）2000年2月17日付，31面。
120） 『読売新聞』（埼玉）2000年2月19日付，35面。
121） 筆者による埼玉県県土整備部河川砂防課職員への聞き取り調査，2008年8月29日。
122） 埼玉県『平成12年度第1回埼玉県公共事業評価監視委員会会議録』。
123） 『埼玉新聞』2000年7月26日付，1面。
124） 『朝日新聞』（埼玉）2000年6月27日付，35面。
125） 『朝日新聞』（埼玉）2003年7月13日付，37面。
126） 『日本経済新聞』（東京）2000年9月2日付，15面（地方経済面）。
127） 筆者による埼玉県県土整備部河川砂防課職員への聞き取り調査，2008年8月29日。
128） 作業部会には，総合政策部土地水政策課（事務局），県土整備部河川砂防課，環境防災部水環境課，健康福祉部生活衛生課，労働商工部地域産業課，農林部農村整備課，企業局水道業務課・水道計画課・水道施設課の職員が参加した。
129） 筆者による埼玉県企画財政部土地水政策課職員および保健医療部生活衛生課職員への聞き取り調査，2009年5月29日。
130） 2002年2月に策定された埼玉県の総合計画である「彩の国5か年計画21」（計画期間：2002～2006年度）において人口見通しが下方修正された。埼玉県において，人口見通しが下方修正されたのは初めてのことであった。
131） 筆者による埼玉県企画財政部土地水政策課職員および保健医療部生活衛生課職員への聞き取り調査，2009年5月29日。
132） 筆者による埼玉県県土整備部河川砂防課職員および企画財政部土地水政策課職員への聞き取り調査，2008年8月29日。
133） 戸倉ダム事業は，埼玉県や東京都などの利水者が撤退したことを受けて，2003年度に廃止された。
134） 筆者による埼玉県県土整備部河川砂防課職員への聞き取り調査および埼玉県『平成16年度第1回埼玉県公共事業評価監視委員会会議録』。なお，ダム事業を所管していたダム砂防課の名称が2001年度から河川砂防課に変更されている。
135） 『朝日新聞』（埼玉）2003年9月7日付，33面。

136） 筆者による埼玉県県土整備部河川砂防課職員および企画財政部土地水政策課職員への聞き取り調査，2008年8月29日。
137） 埼玉県『平成16年度第1回埼玉県公共事業評価監視委員会会議録』。
138） 埼玉県『平成16年度第3回埼玉県公共事業評価監視委員会会議録』。
139） 埼玉県『県政ニュース』2005年2月1日。
140） 筆者による埼玉県庁県土整備部河川砂防課職員への聞き取り調査，2008年8月29日。
141） 同上。
142） 2009年度の河川総合開発事業一覧表および治水ダム建設事業一覧表が掲載されている日本ダム協会『ダム年鑑2010』を参照した。
143） 見直し検討と廃止県の有無に関する質問文は，「平成22年度以降に，都道府県庁内で下記の都道府県営ダム事業の見直しが組織的に検討されたことがありますか（平成21年度以前からの継続的な検討も含む）。また，見直しの際に，当該ダムの中止が選択肢の一つとして組織的に検討されたことがありますか（平成21年度以前からの継続的な検討も含む）。結果的にダム中止が決定されなかった場合についても，検討がなされた場合には『1. ある』とお答えください」である。見直し検討の有無と中止検討の有無に関する2つの解答欄を設けている。解答欄はいずれも「ある」と「なし」の二択である。また，質問文の下に「本調査では，ダム事業の休止・一時停止は『中止』に含みません」という但し書きを付記した。
144） 質問文は「誰が提案したために，都道府県庁内で中止についての組織的な検討がなされることになったのでしょうか。当てはまるものすべての番号に○をつけてください」であった。回答の選択肢は，ダム事業所管部署職員，行政改革所管部署職員，審議会委員，知事，議会議員，市町村，国，その他である。
145） 朝日新聞のオンライン記事データベース『聞蔵Ⅱ』による検索を行った。ダム名で検索をし，ヒットした記事を読んで市民団体による組織化された反対運動がある場合には反対運動があり，確認できなかった場合にはなしとしている。検索期間は，2000年1月から2014年8月までである。新聞記事で確認できなかったとしても反対運動が存在することはあり得る。ただし，マスメディアはダム建設をめぐる環境運動の原動力となることが指摘されており（帯谷 2004），新聞報道されるだけの組織化された反対運動が起こっているかどうかを把握するためには，新聞記事検索が適当である。
146） 利水目的の有無については，2009年度の河川総合開発事業一覧表および治水ダム建設事業一覧表が掲載されている日本ダム協会『ダム年鑑2010』を参照した。治水目的（洪水調節・農地防災，不特定用水，河川維持用水）のみの場合は，利水目的なしとしている。
147） 着工されていないダムについては，2009年から10年にかけて国から再検証の要請を受けている。
148） アンケート調査において，ダム事業所管部署に各事業で「ダム利水者の撤退や水需要予測の引き下げが行われましたか」を質問している。なお，アンケート調査では，ダム事業所管部署が「ダム利水者の撤退や水需要予測の引き下げ」をいつ把握したかについても尋ねている。把握した時期については，「ダム利水者の撤退や水需要予測の引き下げ」が行われたすべての事例で，2000年以降となっている。2000年までに国による全国的な見直しが行われているが，それ以降に新たな外部環境の変動が生じていることがわかる。

149) 本節の分析では，論理的残余について，着工済みの場合は結果を0と想定した。これは着工がないという条件が必要条件となっているため，着工済みの場合は廃止を検討しないと想定したためである。また，～支持基盤変化の場合も0と想定した。これは，支持基盤変化がない場合には，廃止を検討しない傾向にあるためである。その他の組み合わせは1と想定した。なお，本分析では，複雑解と簡潔解も中間解と同じ論理式であった。

150) 固有被覆度は，複数の項で重複している事例を除いた割合となる。

151) 論理的残余については，利水目的ありの分析と同様の想定を行った。本分析でも，複雑解と簡潔解も中間解と同じ論理式であった。

152) 質問文は，「誰が提案したために，都道府県庁内で中止についての組織的な検討がなされたのでしょうか。当てはまるものすべての番号に○をつけてください」と「都道府県庁内における検討過程において，どのようなアクターがダム事業の存続を主張していましたか。当てはまるものすべての番号に○をつけてください」である。回答の選択肢はいずれも，ダム事業所管部署職員，行政改革所管部署職員，審議会委員，知事，その他，主張したアクターはいないである。

153) 国の提案がなく廃止が議題に上った事例においても，審議会委員が存続を主張した事例があるが，この事例では審議会委員は同時に廃止も主張している（審議会内で意見が分かれている）。

154) 質問文は，「中止を主張したアクターは，以下の事項について政策知識に基づいた主張を行いましたか。当てはまるものがある場合には，当てはまるものすべての記号に○をつけて，その主張を行ったアクターの番号を記してください（ex. ダム事業所管部署職員の場合には「1」)。政策知識とは，中止の根拠となる理論や情報（データ）が示されているものを指します。政策知識に基づいた主張がない場合には記入しないでください」である。回答の選択肢としては，治水面での必要性が減少，利水面での必要性が減少，その他の政策知識に基づいた主張を示した。存続を主張するアクターによる政策等の存在理由の提示の有無を判断する際にも，同様の質問を行った。

155) 簡潔解と複雑解も同様の同じ論理式である。本節の分析では，論理的残余に関して，廃止主張の存在理由提示×～存続主張の存在理由提示の組み合わせについては1を，存続主張の存在理由提示×～廃止主張の存在理由提示の組み合わせについては0を想定した。～廃止主張の存在理由提示×～存続主張の存在理由提示の組み合わせについては，支持基盤変化がある場合には1，ない場合には0を想定した。廃止主張の存在理由提示×存続主張の存在理由提示の組み合わせについては，知事提案がある場合に1，ない場合には0を想定した。これらの論理的残余は，現実に存在した条件組み合わせから想定した。

156) 今本は，こうした手法に対して河川環境への配慮がないとして批判的である。また，そうした政策知識の基盤となる職員の技術力についても，コンサルタントへの委託が増えて，低下している（中村 2003；高橋 2009)。ダム事業所管部署には治水は基本高水に応じて，利水は水需要に応じてという一貫した論理の体系があるが，基本高水の計測などの基本的技術については外部に依存している。

終章　不利益の分配過程

1　政策廃止の過程

本書で示した二重の入れ子モデルは，政策廃止過程に関する4つの問いに答えるものであった。それは，前決定過程において，RQ1-1「誰が廃止を議題に上げるのか」，RQ1-2「どのような要因が廃止を議題に上げる際に影響するのか」，決定過程において，RQ2-1「どのようなアクター間関係となるのか」，RQ2-2「どのような要因が廃止を決定する際に影響するのか」という問いであり，前決定過程と決定過程に分かれている。二重の入れ子モデルでは，これらの問いにどのような答えを予想していて，本書の分析によってどのような答えが示されたかを確認していく。

▶ 誰が廃止を議題に上げるのか

二重の入れ子モデルでは，外部環境の変動を受けて行政改革所管部署職員，審議会委員，首長，議会議員が廃止を提案することにより議題に上ると予想していた。その際，アクターに影響を及ぼす外部環境の変動はアクターごとに異なる。社会経済状況の変化や国や他の地方自治体の廃止決定を受けて，行政改革所管部署職員や審議会委員が廃止を提案する。また，有権者の態度変化により首長や議会議員が廃止を提案する。外部環境の変動とは，社会経済状況の変化，国や他の地方自治体の廃止決定，有権者の態度変化のことである。本書で取り上げた土地開発公社，自治体病院，ダム事業では，これらの外部環境の変動のいずれかが生じていた。

アンケート調査の結果，一部の事例における政策所管部署職員と廃止対象となる組織の職員の行動を除いて，事前に予想したアクターが廃止を提案していた。本書で取り上げた政策では，社会経済状況の変化や国や他の地方自治体による廃止決定という外部環境の変動が生じており，行政改革所管部署職員や審議会委員が廃止を提案していた。ただし，ダム事業の見直しは行政改革の一環として行われる傾向になく，行政改革所管部署職員が廃止を議題に上げることはなかった。また，アンケート調査を実施した時期には，ダム事業に関して国による再検証の要請がなされており，国が廃止を議題に上げたとするアンケート結果が多かった。なお，分析で取り上げた土地開発公社，自治体病院，ダム事業というすべての政策において，事前の想定とは異なり，政策所管部署職員と廃止対象となる組織の職員が廃止を提案したという事例が存在した。

このように，例外はあるものの，多くの場合は，行政改革所管部署職員や政策所管部署職員，審議会委員が廃止を提案したことにより議題に上っていた。政治家には廃止を行う政治的なインセンティブが生じないことが指摘されているが（Bardach 1976：128-130），行政職員や審議会委員が提案して廃止が議題に上るのである。ただし，一般有権者が政策廃止に肯定的となるような態度変化が生じた政策については，政治家が廃止を提案して廃止が議題に上ることもある。一般有権者が廃止に肯定的となり，利益団体が存在しない土地開発公社では，知事や議会議員が廃止を提案した事例があった。一般有権者が廃止に肯定的であるが，利益団体が存在するダム事業でも，知事が廃止を提案した事例があった。

▶ どのような要因が廃止を議題に上げる際に影響するのか

前決定過程では，政治状況と政策の性質が廃止を議題に上げることの十分条件になると予想していた。日本の地方自治体では，新規政策は比較的容易に議題に上ることが明らかとされている（伊藤 2001，2002）。しかし，既存政策を廃止する際，アクターは廃止の実現に失敗すると自らの評価を下げることになるため，実現可能性が高い場合に議題に上げると考えた。

実際に，前決定過程においては政治状況と政策の性質が十分条件となっていた。廃止が起こりやすい政治状況や政策の性質である場合に，廃止が議題に上る傾向にあった。前決定過程で，廃止の実現可能性が高い場合に廃止を議題に上げていることがわかる。土地開発公社やダム事業では，質的比較分析において，廃止が起こりやすい政治状況や政策の性質が十分条件となっていた。廃止の実現可能性が高い場合に廃止を議題に上げるため，首長も議会も廃止に否定的であることが想定される自治体病院はそもそも廃止が議題に上らず，そのために質的比較分析を行うことができないほど廃止が議題に上る割合が低かった。政治的アクターの影響力が非決定権力として廃止の前決定過程で行使されていることがうかがえる。もっとも，自治体病院であっても廃止が議題に上る事例も存在する。そうした事例では，議会状況が安定しているという廃止が議題に上りやすい政治状況であったが，こうした政治状況の事例であっても議題に上る割合は低い。自治体病院において廃止が議題に上った事例では，審議会委員や行政改革所管部署職員，政策所管部署職員による提案を契機に廃止が議題に上り，他のアクターが説得されていった。

同じ政治状況であっても，廃止が議題に上る場合と上らない場合があるのは，同じ状況下にあっても，すべてのアクターが同じ行動をとるわけではないからである。土地開発公社やダム事業でも同様に，廃止が起こりやすい政治状況や政策の性質である場合に，廃止が起こりやすい傾向を確認できたが，あくまでも確率論によるものである。そのため，政治状況と政策の性質は決定過程における必要条件とは必ずしもなっていない。

また，ダム事業の前決定過程は中央地方関係という観点からも興味深い結果が出ている。ダム事業では民主党政権による再検証の対象となった事業が存在する。2009-12 年の民主党政権は，本体工事が未着工の補助ダムについて廃止も選択肢として再検証するよう要請した。この本体工事の未着工とは，分析で取り上げた政策の性質となる。しかし，前決定過程における組み合わせが政策の性質と政治状況が組み合わさっていることからわかるように，再検証の対象となったすべての事業で廃止が議題に上ったわけではない。国が廃止を議題に上げるように要請しても，自治体の政治状況から廃止が議題に上りにくい場合には，廃止が議題に上っていない。自治体内の政治状況が前決定過程に影響していることがみてとれる。

このように，廃止に関する前決定過程では政治状況が十分条件となる傾向がみられたが，これは政策の見直しの場合とは異なる。前決定過程の質的比較分析を行った際には，廃止だけではなく，見直しが議題に上る十分条件についても明らかにした。見直しの場合には，廃止が起こりやすい政治状況が含まれない条件組み合わせであっても検討がなされていた。つまり，政策の見直しは外部環境の変動や政策の性質に応じて議題に上るが，廃止については，そうした原因条件に加えて廃止が起こりやすい政治状況にならないと検討されないことを意味している。廃止が議題に上るには，見直しの際よりも多くの条件が必要となるのである。

▶ 決定過程ではどのようなアクター間関係となるのか

決定過程のアクター間関係は，外部環境の変動と利益団体の有無に応じて異なるアクター間関係となることを想定していた。本書で分析対象とした土地開発公社は，有権者の態度変化が起こり，利益団体が存在せず，社会経済状況の変化が生じている組織であるため，首長と議会議員，行政改革所管部署職員，審議会委員が廃止に賛成し，政策所管部署職員，廃止対象となる組織の職員が廃止に反対する類型である。自治体病院は，有権者の態度変化が起こらず，利益団体が存在し，社会経済状況の変化が生じている事業であるため，行政改革所管部署と審議会委員が廃止に賛成し，首長と議会議員，政策所管部署職員が廃止に反対する類型である。ダム事業は，有権者の態度変化が起こり，利益団体が存在し，社会経済状況の変化と国と他の地方自治体の廃止決定が起こった事業であるため，首長と行政改革所管部署職員，審議会委員が廃止に賛成し，議会議員と政策所管部署職員が廃止に反対する類型である。

アンケート調査の結果，前決定過程と同様に，一部の事例における政策所管部署職員と廃止対象となる組織の職員の行動を除いて，事前に予想したアクター間関係となった。土地開発公社，自治体病院，ダム事業というすべての政策において，事前の想定とは異なり，一部の事例で政策所管部署職員と廃止対象となる組織の職員が廃止を主張することがあった。もっとも，これらの職員が事前の想定通り存続を主張する事例も多い。前決定過程においても，一部の事例で政策所管部署職員と廃止対象となる組織の職員が事前の想定とは異なり，廃止を提案もしくは主張した理由としては，2つの可能性がある。

一つは，政策所管部署職員が他のアクターから説得された可能性である。アンケート調査では，前決定過程で廃止を議題に上げたアクターと決定過程で廃止を主張したアクターを尋ねているが，いずれも複数回答が可能な設問である。事例過程分析で明らかになったように，当初は廃止に反対していた政策所管部署職員が行政改革所管部署職員や審議会委員から政策知識を基に説得されて，廃止に積極的となることがある。アンケート調査は複数回答が可能な選択肢であったため，最初に廃止を提案もしくは主張したアクター以外に，そうしたアクターから説得されて廃止を提案もしくは主張するようになった部署の職員も廃止を提案もしくは主張したアクターとみなした可能性がある。

もう一つは，当初想定していたセクショナリズムがそれほど強くなかったという可能性である。なぜなら，最初に示した可能性だけでは政策所管部署職員の行動は説明できない。これは，アンケート調査で政策所管部署職員のみが廃止を提案したり，廃止を主張したりしたと回答した事例があるためである。事例過程分析でも政策所管部署が主体的に廃止に向けて動いていた事例がみられた。政策所管部署職員が廃止に反対することを予想していたのは，官僚制におけるセクショナリズムの先行研究から，組織存続を利益とする行政職員が帰属意識をもつのが自治体内の各部署と想定していたためである。しかし，地方自治体においては，3-10年のサイクルで職員の異動を行う（稲継 2010：127)。省庁間の人事異動が少ない中央省庁と比べてセクショナリズムが弱く，政策所管部署職員が自らの部署の利益を殊更に主張しなかった可能性がある。

▶ どのような要因が廃止を決定する際に影響するのか

決定過程では，政策の存在理由の提示が十分条件となる。政策の存在理由が影響を及ぼすのは，アクターは公式のルールだけではなく，非公式のルールの制約下で行動しているためである。地方政治家が政策廃止を実現もしくは阻止する際に，政策の存在理由の有無という「建前」を行政職員や審議会から入手して有権者にアピールすることができなかったために，当初に示していた政策選好に沿った行動ができないことがある。

事例比較分析では，政策の存在理由が十分条件となった。土地開発公社では，政策の存在理由という原因条件の有無が帰結を左右していた。廃止を主張するアクターと存続を主張するアクターの双方が存在理由の有無を提示する場合には，廃止を主張するアクターが行政職員による存在理由の欠如も提示することができるかどうかが重要となっていた。自治体病院事業においても，政策の存在理由の有無の提示が重要であった。ダム事業でも，廃止が起こりやすい政治状況だけではなく，政策の存在理由の有無の提示という原因条件を十分条件とすることで廃止が起こることが明らかとなった。

こうした事態は，政治的アクターは政治的議論の場においては公益に従った議論を行うという規範があるためである。具体的には，廃止の是非について議論がある場合には，地方政治家は表面的には政策の存在理由がなくなったと主張したり，まだ存在すると主張したりして，自らの主張が正当なものであると打ち出す必要があるという非公式のルールの影響を受けている。実際に，各章における廃止決定過程の分析では，廃止が起こりにくい政治状況でも，廃止を主張するアクターが存在理由の欠如を示したときに廃止が実現したり，廃止が起こりやすい政治状況でも，存続を主張するアクターによって存在理由の存在が提示されたときに存続となったりしていた。

非公式のルールが，どのようにしてアクターを拘束しているかは可視化しにくい。第1章で論じたように，地方政治家が一般有権者が納得するような政策の存在理由を示すことができなかった場合には，マスメディアやより多くの有権者からの反発や態度変化が予想され，結局は再選するために不利益となるために，非公式のルールは地方政治家を拘束する。地方政治家がルールに従っている限り，このメカニズムは可視化されず，観察できるのは，政策の存在理由があることが示された場合には存続に同意し，政策の存在理由の欠如が示された場合には廃止に同意するという地方政治家の行動だけである。

ただし，非公式のルールに反した行動をとろうとする地方政治家が登場すると，メカニズムは可視化される。長野県のダム事業廃止をめぐる事例において，当初は知事と議会多数派の双方が一般有権者の納得するダム事業の存在理由の有無を示していると考えて，対立に至った。しかし，両者の対立がマスメディアにおいて大々的に報道され，有権者の多くが知事によって事業の存在理由の欠如が示されていると判断し，事業廃止を支持した。それによって，議会議員は自らが再選するためにもダム事業廃止への反対を主張しなくなった。また，いったんは一般有権者に支持された田中知事も，浅川ダムをめぐる迷走の間に，浅川ダム事業の存在理由がないことを示していないと一般有権者に判断され，落選という制裁を科せられるに至った。

こうした現象は，非公式のルールへの着目なしには説明ができないものである。非公式のルールという概念を用いなくても，政治家の再選可能性の最大化という観点から，この現象を説明できるという見解もありうる。しかし，なぜ政治家の再選可能性を最大化するために，政策の存在理由の有無を政治家が示さなくてはいけないのだろうか。これを説明するためには，廃止の是非について議論がある場合には，地方政治家は表面的には政策の存在理由がなくなったと主張したり，まだ存在すると主張したりして，自らの主張が正当なものだと打ち出す必要があるという非公式のルールに着目しなくてはいけない。この規範は有権者にも共有されているため，政治家が規範から逸脱した行動をとると，選挙において落選という制裁を科せられることになるのである。単に再選という政治家の利益に着目するのではなく，その利益を追求するために政治家がどのようなルールの制約のもとで行動しているかにも着目することによって，政治過程を包括に理解することができる。

▶ 政策間の比較

本書では，アクター間関係の違いにより，土地開発公社，自治体病院事業，ダム事業を選択し，アクター間関係の違いとアクターに影響を与える要因の関連性を明らかにしようとした。政策廃止はこれまでアクターに提供していた行政サービスを廃止するという形で，その行政サービスの利害関係者に対して，不利益を分配する。土地開発公社の廃止に伴って不利益を被るのは公社の職員や公社の所管部署職員であり，その範囲は狭い。ダム事業の廃止に伴って不利益を被るのはダム建設にかかわる建設業界等であり，不利益を被る範囲は広くなる。自治体病院事業の廃止によって不利益を被るアクターの範囲はより広くなり，地域住民や病院職員が不利益を被る。不利益を被るアクターの範囲の違いにより，アクター間関係も異なる。

アンケート調査の結果を政策別に比較したものが，表終-1である。アンケート調査で挙げられていたアクター，アンケート調査を基にした質的比較分析によって明らかとなった必要条件，そして十分条件として示された条件組み合わせをまとめている。

アクターについてみると，概ね当初に予想していた通り，政策によって異なる行動をとっていた。土地開発公社では，知事と議会議員の双方が廃止に積極的であった。自治体病院事業では，知事と議会議員の双方が廃止に積極的ではなかった。ダム事業では，廃止に積極的な知事がいる一方で，廃止に積極的ではない議会議員が存在した。行政職員については二重の入れ子モデルとは異なる行動をとっていたアクターも存在していたものの，政治家は予想通りの行動をとっていた。

政策ごとにアクターに影響を与える要因も異なっていた。二重の入れ子モデルでは，アクターに影響を与える要因として，政治状況，政策の性質，政策の存在理由を想定しており，それぞれについて政策間で比較する。

まず，政治状況について政策間で比較する。土地開発公社は，前決定過程において知事交代と無党派知事が十分条件となっていたが，政治的に廃止を議題に上げやすいため，これらの要因が存在しなくても廃止を議題に上げる事例が存在していた。外部環境の変動を受けて，廃止のコストが低い場合には，廃止が容易に議題に上るのである。一方で，廃止が議題に上りにくいのが自治体病院事業である。廃止事例が少なかったため，廃止が起こった事例の割合が65%を超える条件組み合わせが存在せず，質的比較分析ができなかった。必要条件をみると，知事交代と知事与党多数という政治状況となっているが，こうした廃止が議題に上りやすい政治状況であったとしても，廃止が議題に上る事例はごく限られている。政策廃止過程に現れるアクターをみても，土地開発公社には首長や議会といった政治的アクターが現れるのに対して，自治体病院事業には現れていない。広範囲のアクターが不利益を被る自治体病院の廃止過程には，極力かかわろうとはしない政治家の行動がみてとれる。知事と議会の政策

表終-1　土地開発公社，自治体病院事業，ダム事業の比較

		土地開発公社	自治体病院事業	ダム事業
前決定	廃止を議題に上げるアクター	首長，議会，行政改革所管，審議会，政策所管，公社	政策所管，審議会，市町村	首長，政策所管，利水者，国
	必要条件	外部，性質	外部，交代，与党	性質
	十分条件	交代×無党派×性質×外部	分析できず	性質×変化 性質×多数×無党派×外部
決定	廃止を主張するアクター	議会，行政改革所管 審議会，政策所管，公社	行政改革所管，審議会 政策所管	審議会，政策所管，利水者，住民
	存続を主張するアクター	政策所管，公社	審議会	政策所管，行政改革所管，審議会，首長，住民
	必要条件	外部，性質	外部，交代，与党，性質，理由	性質
	十分条件	提案×理由 理由 理由×行政による理由	理由	理由 提案×理由 変化×理由

［注］　アクターに関して，行政改革所管部署職員は「行政改革所管」，政策所管部署職員は「政策所管」，公社職員は「公社」，審議会委員は「審議会」と表記している。条件に関して，外部環境の変動は「外部」，政策の性質は「性質」，政策の存在理由に関する条件は「理由」，政治状況の知事交代は「交代」，支持基盤変化は「変化」，無党派知事は「無党派」，知事による廃止提案は「提案」，知事与党多数は「与党」と表記している。

選好が異なるダム事業については，前決定過程で２つの条件組み合わせが十分条件となっている。１つ目の組み合わせでは支持基盤の変化，２つ目の組み合わせでは知事与党多数という要因が含まれている。廃止が議題に上るかどうかに，知事と議会の関係性が影響を及ぼしていることがわかる。

次に，政策の性質について政策間で比較する。土地開発公社とダム事業の双方で，政策の性質が十分条件と必要条件となっている。廃止が起こりにくい政策の性質を有する事例では，廃止が議題に上った事例は存在しない。土地開発公社ではすべての廃止が議題に上った事例で土地保有額が少なく，ダム事業ではすべての廃止が議題に上った事例が本体工事に着工していない。これに対し

て，自治体病院事業では，職員数が多い病院でも廃止が議題に上った事例が存在する。決定過程で廃止がなされた事例は職員数が少ないものの，前決定過程では職員数が多い場合は必ず廃止が議題に上らないというわけではない。自治体病院は事業であるが，廃止する際にはそこで働く職員の処遇が問題となる。ただし，医師や看護師といった病院職員のように労働市場における需要が高い職種については，事務職員と比較すると廃止を議題に上げることを妨げないものと推測できる。

最後に，政策の存在理由を政策間で比較する。いずれの政策でも，決定過程で政策の存在理由の有無が影響している。ただし，土地開発公社という組織廃止に際しては，行政職員によって存在理由の欠如が示されるかどうかが影響を及ぼしていた。組織改革はどのようにして政策を実施するかに関する問題であり，行政職員が有する経験的知識が重要となることが示された。

2　本書の貢献と課題

▶ 本書の貢献

このように，どのようにして廃止が行われているかを明らかにすることによって，本書は大きく２つの貢献をした。１つ目は，前決定過程を含めて政策廃止の過程を包括的に明らかにしたことである。先行研究で明らかとなっていなかった，政策廃止におけるアクター間関係とアクターに影響を与える要因の関連性と，廃止の段階とアクターに影響を与える要因の関連性を明らかとした。また，質的比較分析という手法を用いることで，先行研究で見落とされていた政策の存在理由の重要性や廃止という結果が生じる複数のパターンがあることを示した。２つ目は，行政職員が有する専門性と政治家が代表する民意の関係を明らかにしたことである。先行研究とは異なり，政策の前決定過程においても民意が影響するとともに，決定過程に専門性が影響を与えているという知見を示した。

⑴ 政策廃止の包括的研究

１つ目の貢献として，政策廃止がどのようにして行われているかを包括的に明らかにした。廃止は政策過程の段階モデルにおいては，最終段階に当たることが指摘されている。G. ブルワーは政策過程を，開始（問題の認知），判断（開始段階で出てきた選択肢の比較），選択，実行，評価，廃止とみなしている（Brewer 1974：240）。西尾勝は，政策過程を課題設定，政策立案，政策決定，政策実施，政策評価としたうえで，政策評価によって必要に応じて，その継続・修正・転換・廃止が決められ，課題設定へとフィードバックされるとする（西尾 2001：249）。また，ダニエルズも，廃止は政策過程の最終段階に当たることを述べている（Daniels 1997a：2045）。課題設定，立案，決定，実施，評価といった他の段階の研究が多くの研究者によって取り組まれてきたのに対して，この最終段階については，まだ十分に取り組まれていなかった。

本書で新たに明らかにしたことは，一つは政策廃止におけるアクター間関係とアクターに影響を与える要因の関連性であり，もう一つは廃止の段階とアクターに影響を与える要因の関連性である。

アクター間関係とアクターに影響を与える要因の関連性を分析するために，本書では3つのアクター間関係を分析の対象にした。一概に不利益の分配といっても，誰にとって不利益となるかは政策によって異なり，不利益の分配過程のアクター間関係も異なるものとなる。第2章で取り上げた土地開発公社は，土地開発公社職員や公社所管部署職員という一部の行政職員にとって不利益となる政策廃止であった。第3章で取り上げた自治体病院は，自治体病院職員だけではなく，地域住民にとっても不利益となる政策廃止であった。第4章で取り上げたダム事業は，建設業者という利益団体にとって不利益となる政策廃止であった。これらの本書で取り上げた政策廃止は，それぞれ異なるアクターに不利益を分配するものであり，アクター間関係も異なるものである。

アクター間関係の違いにより，どのような要因が影響を及ぼすかは異なっていた。本書の分析では，土地開発公社のように首長も議会も廃止に肯定的な組織であれば，議会側の政治的要因は影響を及ぼさないことがわかった。他方で，自治体病院事業やダム事業のように，議会が廃止に否定的な事業であれば議会側の政治的要因が影響を及ぼしていた。政策内容が政策に関係するアクターを規定し，その後の政策過程を規定するのである。

廃止の段階とアクターに影響を与える要因の関連性を明らかにするために，

先行研究とは異なり，前決定過程と決定過程を分けて分析した。分析の結果，前決定過程では政治状況と政策の性質が影響する傾向にあり，決定過程では政策の存在理由が影響を及ぼしていた。廃止の段階ごとに，どの要因が重要となるかが異なっていた。

さらに，前決定過程において，廃止が議題に上る要因と見直しが議題に上る要因を比較した。見直しとは，廃止だけではなく修正や転換も含めた概念である。比較の結果，廃止が議題に上る割合は見直しのときと比べると低く，結果が生じる原因条件が多いこともわかった。先行研究で，廃止と見直しを比較したものはなく，廃止がその他の政策転換の形態よりも容易には議題に上らないことが浮き彫りとなった。

また，本書で質的比較分析を用いることによって，先行研究で見落とされていた政策の存在理由の重要性や廃止という結果が生じる複数のパターンがあることを示した。質的比較分析の強みの一つとして，社会現象の多様性と因果関係の複雑性を分析できるという点がある（レイガン 1993：172–175；鹿又ほか 2001：5；石田 2010：93）。この強みを活かすことにより，1つの事例のみを分析する事例研究や，計量分析では明らかとならなかった政策の存在理由の重要性と廃止の要因の多様性を示すことができた。

まず，先行研究で等閑視されていた政策の存在理由の重要性を示した。先行研究では，政治状況と政策の性質の重要性を強調した研究が主流であった。本書の分析でも，前決定過程において，これらの要因が影響を及ぼす傾向が確認できた。しかし，これは確率論によるものであり，廃止が起こりにくい政治状況や政策の性質を有していても，廃止が議題に上ることがある。こうした場合，決定過程において廃止を左右する要因が政策の存在理由の有無である。政治状況や政策の性質だけでは説明ができない廃止がなぜ起こるかを，政策の存在理由に着目することで明らかにし，政策廃止の過程を包括的に示した。

質的比較分析を用いることによって，廃止が議題に上るという結果や廃止が決定するという結果が生じる条件組み合わせが複数存在することも示すこともできた。表終-1に示したように，ダム事業の前決定過程と，土地開発公社とダム事業の決定過程について行った質的比較分析では，結果が生じる複数の条件組み合わせがあることが明らかとなった。

⑵ 民意と専門性

2つ目の貢献として，政策廃止という不利益の分配過程における，行政職員が有する専門性と政治家が代表する民意の関係を明らかにした。現代国家は，政治家が担う民主制と，官僚や行政職員が担う官僚制という2つの支配原理により構成されている（金井 2018：35）。行政職員が有する専門性は，行政職員の影響力の源泉とみなされており（ウェーバー 1970：29；大嶽 1996；加藤 1995），政治家と共有されることによって政策決定に影響力を及ぼす（加藤 1995）。政治家に代表される民意は前決定過程で影響し，専門性は決定過程で政治家と共有されることによって，廃止を左右する。政策廃止という両者の政策選好が異なることがありうる政策過程を分析する中で，この両者の関係性を明らかにすることができた。

専門性を有する行政職員は，前決定過程において政治家に代表される民意を考慮した行動をとる。行政職員は，廃止を議題に上げる際に，知事の交代や支持基盤の変化，知事与党多数かといった政治状況を考慮する。政治状況から考えて廃止の実現性が低い場合には，廃止を議題に上げないのである。日本の地方自治体では，前決定過程では行政職員が影響力を発揮し，決定過程では首長や議会が影響力を発揮するということが示されていたが（久保 2010），前決定段階で，すでにこうした間接的な民意が影響を及ぼしていることがわかる[1)]。

ただし，前決定過程で市民運動という直接的な民意は政策廃止に影響を与えない。第4章のダム事業の分析で明らかとなったように，ダム建設に反対する市民運動は議題設定に影響を与えていない。前決定段階で影響を与えるのは市民運動のような直接的な民意の表出ではなく，政治家を媒介した間接的な民意となる。これは，前決定過程において影響力を有する政府内のアクターは，市民運動を民意として解釈していないためであろうと考えられる。前田幸男は，「民意」というキーワードが新聞記事でどのように用いられているかを分析し，選挙という法的制度を通じて明らかになるものや，世論調査の結果を民意としていることを示した。他方で，非制度的で統計理論的な代表性の裏付けがあるわけではない示威行動は，どれだけ多くの人々を動員しようとも，政治家や新聞記者にとっては「民意」として解釈しにくい対象であろうと推察する（前田 2014：30-31）。

政策廃止の決定過程では，専門性が影響する。前決定過程で間接的な民意が優先する傾向にあるとしても，廃止が議題に上ることもある。その場合は，非公式のルールの影響により政治家が専門性を調達することができるかが帰結を左右する。ルールは，アクターを制約するだけではなく，アクターに力を与える（Lowndes and Roberts 2013）。非公式のルールは行政職員に力を与える機能を有しており，行政職員が有する専門性が政治家にも共有されることになる。政治家は専門性に沿った行動をすることで，後の選挙で有権者から評価されようとするのである。

この知見は，日本の地方政治を説明することにもつながる。日本の都道府県では，1960年代からは革新知事が多く現れ，90年代以降は無党派知事が多く現れるなど，都道府県議会の多数を占める政党とは異なる支持集団をもつ首長が誕生することはめずらしくない。ただし，こうした分割政府においても，多くの場合，県政は順調に運営されている。もし，首長と議会議員がそれぞれの支持集団の意向に従って目的合理的に行動するとすれば，両者が政策決定に参加することが制度的に保証されている二元代表制のもとで県政は混乱をきたすであろう。しかし，前決定過程ではこうした政治状況を考慮した議題設定を行うとともに，決定過程では非公式のルールが存在することによって政治家も自らの支持集団の利益を過度に表出することを抑えるので，大きな混乱をきたすことなく県政は運営されるのである。このことは，支持集団の利益が特に表出する政策廃止という局面であってもいえることが本書の分析から確認できた[2)]。

▶ 本書の課題

こうして，いくつかの貢献をしたものの，課題もある。1点目が，本書で提示した二重の入れ子モデルが他の国や政府レベルに適用できるかという点である。2点目が，政策の存在理由の内容について詳細な分析がなされていないという点である。3点目が，有権者がどのように政策の存在理由を認識するかを明らかにしていないという点である。

1点目として，二重の入れ子モデルは他国や国レベルの政策廃止にも適用できると考えているが，検証はできていない。このモデルでは，公式・非公式のルール下で目的合理的に行動するアクター間関係の帰結として政策廃止が起こると考える。政策廃止過程において，前決定過程で政治状況や政策の性質が，決定過程で政策の存在理由の有無が影響する。二重の入れ子モデルは，日本の地方自治体のみならず，他国や国レベルを対象とした先行研究を参照しながら構築したものであり，一般化できるモデルと考えている。ただし，本書は日本の地方自治体における政策廃止を分析したものであり，検証はできていない。

また，モデル自体は一般化できるものの，アクターの具体的な行動については違いもあるだろう。例えば，日本の国レベルにおける政策廃止を考えると，行政職員の行動や政策知識の有無については差異があることが予想される。本書の分析からは，廃止の対象となる政策を所管する部署の職員が廃止を提案したり，主張したりすることがあることがわかった。しかし，国においては基本的には省庁内で人事異動を行うため，セクショナリズムは地方自治体よりも強いと考える。政策を所管する部署が廃止を提案したり，主張したりすることは，地方自治体よりも少なくなるだろう。また，地方自治体の政治家は政策知識を有していないことが多かった。そのため，地方政治家が廃止に反対していたとしても，その根拠となる政策知識を示すことができずに，廃止を容認することが多かった。これに対して，国会議員には官僚と同等の政策知識を有している者もいる。自民党長期政権下において登場した族議員には，自民党政府調査会での活動を通じて，官僚と同等の政策知識を有するに至った者も少なくない（佐藤・松崎 1986；猪口・岩井 1987)。そのため，決定過程でも政治家は政策知識に基づいた主張に対して反論せずに容認するのではなく，自らも政策知識に基づいた主張を行い，反論することが考えられる。長野県のダム事業の事例のように，こうした事態は地方自治体でも起こりうるが，国ではより多く起こるであろう。

2点目に，政策の存在理由の内容については詳細な分析はできていない。二重の入れ子モデルを提示する際には，政策の存在理由の有無を裏づける政策知識は，理論的知識と経験的知識の双方が備わっていると説得力が増すことを示した。実際に，土地開発公社の廃止過程を分析した際には，行政職員が提示する政策の存在理由の有無が大きく影響していることを明らかにして，組織廃止の場合は行政職員が有する経験的知識が帰結を左右することを指摘した。ただし，本書の質的比較分析に際しては，政策の存在理由を理論的知識と経験的知識に分けて分析していない。日本において政策知識を用いた研究においては，政策知識の内容を複数に分類できることが指摘されている（秋吉 2008；木寺 2012)。つまり，政策の存在理由の有無を裏づける政策知識には，その組み合わせは多様であることが予想されるが，本書の質的比較分析に際しては，存在するかしないかの2値をとっている。これは，質的比較分析で検証する際の操作化が困難であったためであり，本書で詳しく分析できていない点となる。

3点目に，本書では，有権者が政策の存在理由の有無をどのように評価するかは直接には検証していない。決定過程において政策の存在理由の有無が重要となるのは，政策の存在理由の有無を示すことによって自らの主張が正当なものだと打ち出す必要があるという規範を破ると，選挙制度を介して地方政治家に制裁を科せられるためであると考えている。しかし，有権者が政策の存在理由の有無をどのように評価しているかという点は，本書では直接検証していない。また，本書で明らかとなったように，多くの場合は政策廃止過程において廃止を主張する側か存続を主張する側かのどちらかのみが，政策の存在理由の有無を示し，政策的帰結が生じていた。しかし，前述したように双方が政策の存在理由の有無を示すことがある。廃止を主張する側と存続を主張する側の双方が政策の存在理由の有無を示したときに，有権者が何を基準として制裁を科す側を決めるのかについても検証できていない。高瀬淳一は，不利益分配の政治に先鞭をつけた政治家として小泉純一郎を挙げて，「言葉」でもって国民の意識を変えて，支持を動員してきたことを指摘する（高瀬 2005，2006)。政策廃止を主張する側もしくは政策存続を主張する側が，どのような主張をしたときに，有権者がそのアクターが公益に沿った行動をとっていると考えているかを明らかにすることは今後の課題となる。

3　不利益の分配への含意

本書の分析において，政策廃止過程で政策の性質，政策の存在理由，政治状況という要因が，どのようにしてアクターに影響を及ぼしているかが明らかとなった。この発見は，いくつかの政策的含意を有する。

▶ 政策の性質の影響を緩和する

まず，政策廃止の際には，政策の性質の影響を緩和する必要がある。廃止の前決定過程では，政策の性質が影響を及ぼしていることが明らかとなった。自治体病院事業では廃止検討数が少なかったため，事例比較分析を行えなかったが，土地開発公社では土地保有額が，ダム事業では本体工事の着工の有無が影響を及ぼしていることが事例比較分析で確認できた。廃止が起こりやすい性質の場合に廃止が議題に上る傾向があったのである。そのため，政策廃止を議題に上げるためには，政策の性質からの影響を緩和する方策をとらなくてはならない。

政策廃止に影響を及ぼす政策の性質とは，廃止のコスト，政策の形態や存続期間である。例えば，組織である土地開発公社の場合は土地保有額が多額であると廃止が議題に上らないが，これは解散の際に必要な土地購入資金を地方自治体が用意できないためである。土地保有額が多額であるほど，用意すべき資金も多額になるため，地方自治体が公社を解散させようにも解散できない。

廃止を行う際には，廃止のコストを低減する方策を活用することが必要となる。国は，時限措置として第三セクター等改革推進債を創設した。この改革推進債については，起債条件が厳しすぎるという評価も存在するものの（赤川 2011：511），組織廃止を行う際には，こうした廃止のコストを低減する方策を活用することによって，政策の性質の影響を抑えることができる。事業廃止を行う際にも，事業の形態や存続期間が影響を及ぼす。ダム事業に関しても，本体工事が着工されていると利害関係者の範囲が広がるため，廃止がなされていなかった。福祉国家改革の分析において，不利益を分配する戦略として，非難回避のために利害関係者に補償することが指摘されている（Pierson 1994）[3)]。日本の政策廃止研究でも，議員年金改革に際して，現職議員が一定の年金を受け取る権利を確保した経過措置が反対を抑える効果をもったことが指摘されている（岡本 2012）。利害関係者への補償は，政策の性質の影響を抑えて，不利益分配を実現する効果を有する。

▶ 政策知識を調達する

次に，政策の存在理由の有無を示す際の政策知識を調達する必要がある。不利益の分配過程では，財政状況が悪化しているため，経済的利益の分配による不利益を被る人の説得は難しい。経済的利益を与えることができないのであれば，政策廃止を正当化して説得することが必要となる。逆に，廃止に反対する側も自らの主張を裏づける政策知識を調達しなくてはならない。

政治過程において，政治的アクターが主張する際には，単に民意を盾にするのではなく，政策知識を基にした主張を行う必要がある。例えば，一般有権者が廃止に肯定的な政策であれば，首長が民意を盾に廃止を主張することがある。しかし，本書で明らかとなったように，単に一般有権者の意向を背景とするだけでは，かえって公益に反した行動をとっていると一般有権者に判断され，廃止が実現しない場合がある。これは，地方政治に特有の現象ではなく，国政においてもいえる。2011 年 7 月 13 日に，菅直人首相は，首相官邸における記者会見で「将来は原発がなくてもやっていける社会を実現していく」と述べて，「脱原発」社会をめざすことを表明した[4)]。この方針は，脱原発を志向する一般有権者の意向に沿うものであったが[5)]，具体策がないとして産業界や野党，マスメディア，さらには与党内部からも批判され[6)]，15 日の閣僚懇談会で首相は，「脱原発」発言は内閣の方針ではなく，自分の考えを述べただけだと発言を後退させるに至った[7)]。

つまり，政治家が民意を背景として，政策転換を打ち出したとしても，それが政策知識に裏づけられていない場合は，「思いつき」で政策を打ち出しており公益に反する行動をとっていると，マスメディア等の他のアクター，ひいては有権者からも批判されて政策転換を実現できない。日本の地方自治体では，首長と議会という政治的アクターが重要であるが，これらのアクターはどのようにして政策知識を調達すればよいのであろうか。

首長の政策知識の調達先としては，審議会委員という行政外部のアクターが存在する。一般的に，政策知識は政策所管部署が有しているが，所管部署の政策選好が首長と常に一致するわけではない。本書の事例過程分析では，知事と異なる政策選好を有する政策所管部署が知事を説得した事例が確認できた。ただし，公共政策に唯一の正解があるわけではなく，政策所管部署が有する政策知識は唯一のものでもない。例えば，ダム事業において，事業所管部署は「治水では，一定限度の洪水（基本高水）を河道とダムに配分するという基本方針が踏襲され，利水でも，水需要に応じて水資源を開発するという手法が踏襲され」（今本 2009：5）ているが，基本高水については，雨の降り方などの計算の基礎となる条件次第で流量に幅が出るとして，唯一解ではないという批判もある（大熊 2004 など）。この場合に，政策知識の調達先として考えられるのが，審議会等の行政外部のアクターである。

ただし，現状では審議会だけから調達するのでは，政策所管部署が有する理論的知識と経験的知識に対抗できない場合が多い。土地開発公社改革という，組織を運営するうえでの経験的知識が重要となる事例では，行政職員によって政策の存在理由がなくなっていることを示せるかどうかが重要であった[8)]。その場合は，行政改革所管部署職員といった行政内部のアクターが調達先となる。地方自治体の行政職員は，本書の分析で明らかになったように，例外はあるにせよ，自らが所属する部署の利益に沿って行動することが多い。例えば，政策所管部署に属していたときには当該部署の利益に沿って行動していたとしても，行政改革所管部署に異動したときには行政改革所管部署の利益に沿って，これまでとは異なる行動をとる。そこで，首長としては，審議会などの行政外部から政策知識を調達するとともに，行政改革所管部署などの内部のアクターを活用することによって，廃止がより実現しやすくなると考える。

議会は，自らが有する資源を活用して，政策知識を調達する必要がある。議会は利益団体が存在する政策に関しては，廃止に反対するアクターであったが，決定過程における存在感は弱い。近年では，地方議会が二元代表制という制度の下で自らの支持集団の意向に沿った行動をし，影響力を行使していることを実証した研究が多い（曽我・待鳥 2007；砂原 2011 など）。本書は，それらの研究を否定するものではないが，決定過程では自らの支持集団の意向に沿った行動をとることができない局面が存在していることを明らかにした。本書の事例をみると，議会議員は，当初は廃止に反対していても，廃止を推進するアクターが政策知識に基づいて自らの主張の正当性を述べたとき，自らの主張を正当化する政策知識を調達するような動きをみせないまま，廃止推進アクターに説得されていた。また，政策知識を調達するにしても行政から調達していた。つまり戦う前から負けているのである。

それでは，どのようにすれば，議会は自らの主張を政策的帰結に反映させることができるのだろうか。政策知識をあまり有していない議会議員は，外部から自らの主張を裏づける政策知識を調達しなくては，廃止に反対する制度的な権限はあったとしても，実際に行使できないことになる。議会議員には政務活動費が支給されており，政策分野に関する有識者を呼んで勉強会を行うことができる。また，2006年の地方自治法改正によって，議会は学識経験を有する者等に専門的事項にかかわる調査をさせることができると明文化された（地方自治法100条の2）。議会議員が自らの主張を政策的帰結に反映させるためには，これらの資源を活用して政策知識を調達する必要があるだろう。また，議員が個人で活動している限り，政策知識を調達することは困難でもある。近年では，政党が地方議会における多数派形成の基礎となるべきであることが主張され，そのために選挙制度を変更することが提案されている（砂原 2015など）。議員の活動が組織化されることで政策知識の調達も容易になるだろう。

▶ 政治状況を打開する――いかにして不利益分配を社会で合意するか

政治状況により，廃止が議題に上らないという事態を打開するためには，情報公開の徹底や，不利益分配を社会で合意することが必要となる。本書の分析からは，在任中に政策の状況が悪化した政策に関しては，首長は廃止を議題に上げず，一般有権者が廃止に否定的な政策に関しては，首長も議会も廃止に否定的となり廃止が議題に上らない傾向が明らかとなった。前者については，情報公開や公文書管理の徹底を制度的に進めることによって，首長が公にしたくなくとも公にする仕組みをつくることが必要となる。後者については，前決定過程から民意と専門性が融合し，民意が変わる必要がある。

まず，政治状況によっては，政策に関する問題が表面化しないことがある。土地開発公社に関する分析からは，首長の交代によって，廃止が議題に上ることがわかった。首長の在任中に公社の状況が悪化した場合，責任問題を回避するためにも，当該首長の在任中は抜本的な改革が先送りされていることが示唆される。2017年に朝日新聞が総務省のデータを基に調査した結果によると，全国の自治体の第三セクター等の実質的な財務状況は，約14％が債務超過かその恐れがあり，約51％が不明であった。両者を合わせた856法人を設立目的別にみると，土地開発公社などの「地域・都市開発」関係が418と半分近くを占めている。実質的な財務状況を明らかにしないことにより，損失が表面化することを防いでいるのである[9]。しかし，これは負担を将来世代に回しているだけであり，その負担は時の経過とともに膨らんでいく。夕張市でも，赤字が表面化しないような会計処理を行うことによって，抜本的な改革を先送りし，財政破綻（はたん）という結果がもたらされた。

そこで，政治状況による抜本的な改革の先送りを防ぐには，政策の問題点を表に出さざるをえなくなる仕組みが必要となる。近年では，情報公開条例がほぼすべての地方自治体で導入されるなど，情報公開の制度的枠組みがつくられているが（柳 2010），情報公開の範囲を広げるなどして，制度的枠組みをより充実させることが必要となる。また，情報の作成・保管を義務づける公文書管理制度も徹底する必要があるであろう。これは，公開すると都合が悪い情報を作成しなかったり，廃棄したりすることを未然に防ぐために必要となる（金井 2018：365-366）。

次に，一般有権者が廃止に否定的な政策廃止を議題に上げるためには，民意そのものが変わる必要がある。本書の分析では，政治状況が前決定過程において影響を及ぼし，自治体病院という，首長も議会も廃止に否定的となる政策では，そもそも廃止が議題に上らないという傾向が明らかとなった。民主主義国家において，住民にとっての不利益分配を進めようとするのであれば，住民自身が不利益分配に合意していないと進まないのである。

財政難と人口減少を背景として，住民にとっては不利益分配であっても，廃止を検討しなくてはならない事例が増加していくだろう。例えば，多くの地方自治体で公共施設の老朽化が問題となり，財政難と人口減少によって施設の統廃合が進められようとしている。総務省は，2014 年 4 月に地方自治体に老朽化対策として，公共施設等の最適配置を実現する「公共施設等総合管理計画」を策定するよう要請した。

ただし，こうした公共施設の統廃合は，自治体病院事業と同様に廃止が議題に上りにくい。これは，公共施設の統廃合は総論賛成，各論反対となりやすいためである。日本政策投資銀行が 2013 年 12 月に実施した調査によると，現在ある公共施設の総量を見直すことには 8 割が賛成するものの，具体的な施設名を挙げて質問をすると，減らすべきとする回答は 1-4 割程度と低くなる[10]。実際に廃止を進めるとなると，多くの住民が廃止に反対をすることが予想されるため，そもそも廃止が議題に上らないこととなるだろう。

このような局面で不利益の分配を進めていくには，社会で不利益分配を合意する必要が出てくる。本書の分析では，政策廃止は主に行政職員，知事，議会議員といった地方自治体内部のアクターによって意思決定がなされていることが明らかとなった。この際に，住民が出てくる場面は少なく，自治体病院などでも廃止の方針が固まってから住民説明会を行うぐらいであった。つまり，前決定までの過程で専門的な見地から廃止の必要性について住民に働きかける機会はなく，住民の直接的な民意と専門性が融合することはない。こうした場合，住民は廃止に否定的なままであるため，このような民意を代表する政治家も廃止に否定的となり，廃止は議題に上らないであろう。また，民意に反して廃止を議題に上げることがあれば，有権者は自らの意向が政策に反映されていないと考え，代議制民主主義への不満は高まるであろう。有権者が事後的に政治家を評価するといっても，有権者に対する説明責任が果たされなければならない（待鳥 2015：252）。

そうであれば，前決定の過程から住民を巻き込んだ合意形成を行い，不利益の分配について合意する必要がある。齋藤純一は，低成長と財政難により政府が利益の分配をできなくなった局面において，市民の私生活志向には2つの方向性が考えられるとする。一つは，従来と同様に政府に要求はするが，市民としての負担は回避しようとする方向性である。この場合は，債務がさらに増加するとともに，負担が交渉力の弱い社会層や将来の世代に課せられることとなる。もう一つは，これまでの私生活主義から方向を転じ，政府の政策形成に積極的に関与する方向性である。この場合には，自らの利益を保持するという観点からではなく，そうした利益主体としての自分自身をも説得しうる公共的理由を協働で探求することになる。齋藤は，そうした理由が共有されなければ，負担増を伴いうる制度の再編は受け入れられないと指摘する（齋藤 2017：132-133）。

後者のような行政と住民の協働による不利益分配は，一部の地方自治体では，すでに起こっている。例えば，岩手県矢巾（やはば）町では，水道管の老朽化に際して，説明を行うとともに，住民の意見を直接反映させるミーティングを繰り返し行い，水道料金の値上げや水道管更新の優先順位を決めた[11)]。どのような場合に不利益の分配を合意することができるかは，今後の研究課題となる。

本書では，政策の廃止という不利益の分配がどのようにして行われているかを明らかとしてきた。廃止の前決定過程では政治家に代表される間接的な民意が廃止に影響する傾向にあった。廃止が議題に上る場合は，専門性によって帰結が左右される。今回，明らかとなった政策廃止過程においては，主に政府内のアクター間関係の帰結として，廃止や存続という結果が生じていた。前決定過程でも決定過程でも，アクターが住民に働きかけることはほとんどなく，前決定過程で間接的な民意からの影響を受けることによって，有権者が廃止に否定的な政策廃止は議題に上らない傾向にある。膨大な財政赤字や人口減少を背景として，今後の日本では多くの人にとって痛みとなるような不利益分配が迫られる可能性がある。それが実現するかどうかは，前決定過程から民意と専門性が融合し，社会で不利益分配を合意することができるかどうかにかかっている。

1）アクターの影響力について先行研究とは異なる知見が導かれた背景には，影響力を測る方法論の違いも考えられる。日本において影響力の構造を明らかにする研究は，有力者に誰が影響力を有しているかを尋ねる評判（声価）法を用いた研究が多い（中澤 1999：113）。地方自治体の影響力構造を明らかにする近年の研究においても，同様の手法がとられることが多い（小林ほか 2008；山本英弘 2010；久保 2010 など）。この方法を用いる場合は，日常的な影響力構造が明らかとなる。日常的な政策過程においては，政治家と行政職員の政策選好に違いがなく，前決定過程においても政治家が非決定権力を行使することなく，行政職員のみが影響力を有しているようにみえる可能性がある。これに対して，本書では政治家と行政職員の政策選好が異なりうる争点を取り上げて，その政策過程を分析した（争点法）。両者の政策選好が異なる場合は，前決定過程においても政治家の影響力が行使されたために，政治状況が前決定過程から影響したことが考えられる。

2）これに対しては，知事が強大な権力を有しており，議会側が知事に擦り寄っていったために県政が混乱をきたすことなく運営されたと主張することも可能ではある。しかし，本書では，議会議員が野党の立場を堅持している場合であっても，政策廃止に反対しないことを明らかにしている。

3）福祉国家における非難回避政治については，西岡（2013）を参照。

4）『朝日新聞』2011 年 7 月 14 日付，1 面。

5) 直近の7月9・10日に行われた朝日新聞の世論調査では，脱原発への賛成は77％に達していた。『朝日新聞』2011年7月12日付，3面。

6) 『朝日新聞』2011年7月14日付，2・12面。

7) 『朝日新聞』2011年7月15日付（夕刊），1面。

8) もっとも，行政改革所管部署が常に政策に関する政策知識を有しているわけではない。群馬県の土地開発公社の事例のように，行政改革所管部署が廃止したい政策について徹底的に調べたり，廃止したい政策に関する政策知識を有した職員を行政改革所管部署に異動させたりする必要がある。

9) 『朝日新聞』2017年7月24日付，1-2面。

10) 日本政策投資銀行による『公共施設に関する住民意識調査―住民8割が老朽化に伴う総量見直しに賛成。特に60代が積極的』。この調査はインターネットを用いた調査方法を採用し，20-69歳の男女で日本全国の市または東京23区の在住者（株式会社マクロミルの登録モニター）を調査対象としている。有効回答数は1054。調査において，減らすべきと回答された施設は，公営住宅は35.2％，学校は30.1％と比較的高いが，福祉施設は8.3％，子育て支援施設は7.6％と1割弱となる。

11) 矢巾町上下水道課（2015）およびNHK『クローズアップ現代』「押し寄せる老朽化――水道クライシス（2014年10月16日放送）」（http://www.nhk.or.jp/gendai/articles/3566/1.html，2018年2月16日最終閲覧）。

あとがき

「備えよ常に」。これは筆者が子どものころに参加していたボーイスカウトのモットーである。今後の日本で私たちが生活していくうえで，どのような研究をすることが「備え」になるのかと考えながら，政策の廃止や市民社会組織の政策参加について研究をしている。

筆者の問題関心は，財政難や人口減少に直面する日本において，どのようにすれば持続的に公共サービスが提供されるのかという点にある。公共サービスは，人々が生活するうえで欠かせないことが多い。政府が提供している公共サービスが廃止されれば，不利益を被る人が現れるであろう。不利益は分配しないに越したことがない。しかし，日本の財政難や人口減少，少子高齢化といった現状を考えると，政府が提供する政策の一部を廃止しないと，持続的な公共サービスの供給が難しくなる事態が生じるかもしれない。かつて政策廃止の研究が少なかった理由の一つとして，ドレオンは廃止にはネガティブなイメージがあり，人々は不快な思いをすることについて考えたがらないと指摘した（deLeon 1978：372-373)。不利益の分配は起こってほしくないと思うが，今後起こりうる現実を直視して，最悪の状況に備えておく必要がある。そのためにも，まずは政策廃止がどのように行われているのか，実態を明らかにしようと試みたのが本書である。

こうした思いを抱えながら研究者の道を歩み始めたが，その歩みは「備えよ常に」というモットーとは裏腹の行き当たりばったりのものであった。曲がりなりにも研究者として活動できているのは，多くの方々のご指導と支えのおかげである。筆者は学部生のころは政治学を専門に学んでおらず，政治学の研究をしようと考えたのは学部卒業直前となってからであった。運よく筑波大学大学院に入学でき，多くの先生方のご指導ご鞭撻を受けながら，本書の原型となる博士論文を書き上げた。

本書は，2012年に筑波大学大学院人文社会科学研究科に提出した博士学位論文「地方自治体における政策・組織廃止の実証研究——二重の制度下のアクター間関係に着目して」を原型とし，『年報行政研究』，『季刊行政管理研究』，『公共政策研究』，『政策科学・国際関係論集』に掲載された下記の論文の内容を含んでいる。ただし，本書の出版に際しては大幅に修正を加えている。

第 1 章　「政策の存在理由が地方政治家の行動に与える影響——地方自治体における政策・組織廃止を事例にして」『年報行政研究』49 号，2014 年。

第 2 章　「地方自治体における組織廃止の過程——関東 6 県の土地開発公社改革を事例にして」『季刊行政管理研究』134 号，2011 年。

第 3 章　「自治体病院事業はどのようにして廃止されたか」『公共政策研究』12 号，2012 年。

第 4 章　「首長と議会の対立を抑制するもの——地方自治体におけるダム事業を事例にして」『政策科学・国際関係論集』16 号，2014 年。

本書の出版に際してまず感謝したいのが，筆者の指導教員であった伊藤修一郎先生である。院試を受ける前に，伊藤先生の本を読んでみようと思い，先生が執筆された『自治体政策過程の動態——政策イノベーションと波及』（慶應義塾大学出版会，2002 年）を読んだ。勉強不足であったため理解できなかったことも多かったものの，研究の問いを明らかにするためには何でもやるのだというその熱量に圧倒された。入学してみると，伊藤先生は物静かで紳士的な先生であったが，研究に関してはやはり熱く，妥協をしない先生であった。政治学における研究の作法を知らなかった筆者に対して，研究に取り組む姿勢や論文の書き方を一から教えていただいた。伊藤先生のご指導なくしては今の私はいないであろう。本書の草稿についても，厳しくもまた温かいコメントをいただくとともに，有斐閣への紹介の労をとっていただいた。

筑波大学では，博士論文の副査として，辻中豊先生，竹中佳彦先生，近藤康史先生にもご指導いただいた。辻中先生には，大所高所から温かくご指導いただいた。また，辻中先生が率いる市民社会組織に関する大規模なプロジェクトにも加えていただき，新たな研究手法や視点を学ぶことができた。竹中先生には，第 2 の指導教員のような形で綿密かつ親身にご指導いただいた。大学院修了後の進路など公私にわたって心配してくださり，お世話になった。近藤先生からは透徹した視点から本研究の意義についてご指導いただいた。副査の先生方の中では年齢が近いこともあってか，気さくに接していただいた。主査であった伊藤先生だけでなく，副査の先生方からも懇切丁寧にご指導いただいたことに感謝している。

その他にも筑波大学では，大学院の講義や辻中先生のプロジェクトにかかわる形で，多くの先生方からご指導いただいたことに感謝している。特に，北村亘，坂本治也，鈴木創，崔宰栄，森裕城，山本英弘，横山麻季子，ジョセフ・ガラスキウィッツ，ロバート・ペッカネンといった諸先生方にはさまざまな形でご指導いただいた。

また，同時期に大学院に在籍していた大学院生の皆さんからも大きな刺激を受けた。とりわけ筆者と同じく日本政治を対象とした研究をしていた新井利民，桶本秀和，久保慶明，濱本真輔の諸氏には研究についてよく相談させていただいた。中でも筆者のロールモデルであったのが濱本氏であり，大学院における研究生活について親身に相談にのっていただいた。

筑波大学以外でも多くの研究者の方々からご助言いただいたことに感謝している。本書のテーマである政策廃止研究の第一人者である岡本哲和先生に修士論文を送付したところ，面識もない大学院生に対して，研究の意義を認める温かいコメントとともに，研究手法についてご助言いただいた。砂原庸介先生からも，ご自身が明らかとした知見やデータを惜しみなくご教示いただいた。さらに，本書の草稿も読んでくださり，本書の意義や可読性を向上させる的確なご助言をいただいた。また，本研究をするうえで，曽我謙悟先生と待鳥聡史先生による地方議会データを活用させていただいた。データの利用をご快諾いただいたことに感謝している。

その他にも，大学院修了後から現在に至るまで，多くの先生方から研究・教育を進めるうえでお世話になった。とりわけ青木栄一，秋吉貴雄，伊藤正次，伊藤光利，稲垣浩，今井亮佑，遠藤晶久，大倉沙江，大西裕，金井利之，上川龍之進，木寺元，黄媚，小橋洋平，佐藤学，島袋純，本田哲也，松井望，箕輪允智，ジョウ・ウィリーといった諸先生方には，研究会や合同ゼミ等でお世話になったことに感謝している。

また，本書は行政職員や政治家の方々の協力なしには完成しなかった。研究に際し，本書で取り上げなかった事例も含めて多くの方々に聞き取り調査を行った。さらに，土地開発公社，自治体病院事業，ダム事業を有する全都道府県を対象とした調査に，多くの職員の方々が協力してくださった。今後は，そうした実務家の方々にとっても有益となる研究ができればと思う。

筆者は2012年10月から琉球大学に赴任したが，琉球大学の教職員や学生の皆さんにも感謝している。地方国立大学をめぐる環境は悪化する一方であるが，そうした中でも研究を行えるのは，大学関係者の皆さんのご尽力のおかげである。特に筆者が所属する人文社会学部国際法政学科の政治・国際関係学プログラムの同僚の皆さんにはお世話になっている。元同僚の菅野聡美，塩出浩之，宗前清貞，現同僚である阿部小涼，我部政明，金成浩，久保慶明，波平恒男，二宮元，星野英一の諸氏に感謝したい。宗前氏には，筆者が大学院生の頃から多くの先生に紹介していただき，研究者の世界を広げていただいた。同僚であったのは短い期間であったが，筆者が琉球大学に早く慣れるようにとお気遣いいただいた。久保氏とは大学院生時代からの付き合いであるが，昔からバイタリティに溢れ，さまざまなテーマに精通した研究者である。普段から公私にわたってお世話になっている。本書の草稿も読んでいただき，研究の射程について的確なご助言をいただいた。

本書の出版を引き受けてくださった有斐閣の皆さんにも感謝している。編集者の岩田拓也氏は本書の企画を後押しし，巧みなエディターシップにより本書の出版を実現してくださった。打ち合わせ時の岩田氏との雑談は出版業界を垣間みることができる楽しいものであった。また，本書のタイトルについては最後まで悩んだが，最終的に岩田氏が提案してくださったタイトルとした。重ねて感謝したい。

なお，本書を出版するにあたり，日本学術振興会（JSPS）科学研究費補助金（科研費）（課題番号：JP18HP5142）の出版助成を受けた。また，本書は，JSPS科研費（JP10J00402，JP15K16981，JP18K12704）および琉球大学若手研究者支援研究費から研究助成を受けて行った研究成果の一部である。記して感謝したい。

最後に，常に私を支えてくれる家族に感謝する。長い学生生活から今に至るまで，研究者として活動することができているのは，両親と妹，義両親，そして妻と子供たちの支えと理解があってのことである。家族の支えと理解こそが何よりの私の「備え」となる。温かく見守ってくれている家族に心より感謝する。

2018年8月

柳　　至

引用・参考文献

▶ 行政刊行資料・公文書・その他資料（国）

建設省河川局河川総務課（1998）「河川行政 50 年のあゆみ」『河川』623 号，45-50 頁。

厚生省人口問題研究所『都道府県別将来推計人口（昭和 62 年 1 月推計）』。

国土交通省『国土交通省所管公共事業の再評価実施要領』。

国土交通省『日本の水資源』。

国土交通省『目で見るダム事業 2007』（http://www.mlit.go.jp/river/pamphlet_jirei/dam/gaiyou/panf/dam2007/index.html　最終閲覧日 2018 年 2 月 16 日）。

国土交通省『ダム事業の検証に係る検討に関する再評価実施要領細目』（http://www.mlit.go.jp/river/basic_info/seisaku_hyouka/gaiyou/hyouka/pdf/kasen_04_saimoku.pdf　最終閲覧日 2018 年 2 月 16 日）。

国土庁（1978）『長期水需給計画』。

国土庁（1987）『全国総合水資源計画――ウォータープラン 2000』。

国土庁（1999）『新しい全国総合水資源計画――ウォータープラン 21』（http://www.mlit.go.jp/tochimizushigen/mizsei/d_plan/waterplan21/wp21.pdf　最終閲覧日 2018 年 2 月 16 日）。

自治省，総務省『地方公営企業年鑑』。

全国都道府県議会議長会『全国都道府県議会便覧』。

総務省『各道府県土地開発公社データ』（総務省自治行政局地域振興室提供）。

総務省『第三セクター等の状況に関する調査結果』。

総務省『地方議会について（追加提出資料）』（http://www.soumu.go.jp/main_sosiki/singi/chihou_seido/singi/pdf/No29_senmon_5_si3.pdf　最終閲覧日 2018 年 2 月 16 日）。

総務省『土地開発公社事業実績調査結果概要』。

総務省『公立病院改革ガイドライン』（http://www.soumu.go.jp/main_sosiki/c-zaisei/hospital/pdf/071224_zenbun.pdf　最終閲覧日 2018 年 2 月 16 日）。

総理府「少子化に関する世論調査（平成 11 年 2 月）」（http://survey.gov-online.go.jp/h10/syousika.html　最終閲覧日 2018 年 2 月 16 日）。

総理府，内閣府『国民生活に関する世論調査』。

総理府，内閣府『全国世論調査の現況』。

地域政策研究会，地域企業経営研究会『地方公社総覧』ぎょうせい。

地方公共団体定員管理研究会『地方公共団体における適正な定員管理の推進について

――集中改革プランの取組を踏まえて』(http://www.soumu.go.jp/main_sosiki/jichi_gyousei/c-gyousei/teiin/pdf/kanri_kenkyu_h22.pdf　2018年2月16日最終閲覧)。
地方自治総合研究所『全国首長名簿』。
土地情報センター『都道府県地価調査標準価格一覧』住宅新報社。
日本政策投資銀行『公共施設に関する住民意識調査～住民8割が老朽化に伴う総量見直しに賛成。特に60代が積極的～』(http://www.dbj.jp/pdf/investigate/etc/pdf/book1402_01.pdf　2018年2月16日最終閲覧)。
日本ダム協会『ダム年鑑』。

▶ 行政刊行資料・公文書・その他資料(地方自治体)

各都道府県選挙管理委員会『選挙公報』。

(1) 夕張市

夕張市『人口・世帯数(住民基本台帳ベース・月別)』(https://www.city.yubari.lg.jp/gyoseijoho/tokeidata/jinkosuii/suiijyuki.files/tsuki.xls　最終閲覧日2018年2月16日)。
夕張市『夕張市財政再建の基本的枠組み案について』(https://www.city.yubari.lg.jp/gyoseijoho/zaisei/zaiseiayumi/zaiseisaiken.files/3_SAIKEN_2006_11_14.pdf　最終閲覧日2018年2月16日)。
夕張市『夕張市のこれまでの取組みについて』(https://www.city.yubari.lg.jp/gyoseijoho/shisakukeikaku/saiseihosaku/kentoiinkai271127.files/shiryo02.pdf　最終閲覧日2018年2月16日)。

(2) 神奈川県

神奈川県『神奈川県議会会議録』。
神奈川県土地開発公社史編纂委員会編(2006)『38年の足跡――神奈川県土地開発公社史』。
神奈川県県土木整備部用地課(2007)「神奈川県土地開発公社の解散の経緯と清算業務」『地方財務』636号,68-76頁。

(3) 群馬県

群馬県『群馬県議会会議録』(電子検索による)。
群馬県『群馬県土地開発公社に係るデータ』(群馬県県土整備部用地課提供)。

(4) 埼玉県

埼玉県『埼玉県議会会議録』(電子検索による)。

＊ダム事業

埼玉県『県政ニュース』。
埼玉県『平成10年度 第1回埼玉県公共事業評価監視委員会会議録』。
埼玉県『平成12年度 第1回埼玉県公共事業評価監視委員会会議録』。
埼玉県『平成16年度 第1回埼玉県公共事業評価監視委員会会議録』。

埼玉県『平成 16 年度 第 3 回埼玉県公共事業評価監視委員会会議録』。
　　＊土地開発公社
埼玉県『埼玉県公共事業評価監視委員会会議録』。
埼玉県『指定出資法人改革プログラム』(http://www.pref.saitama.lg.jp/uploaded/attachment/369425.pdf　最終閲覧日 2011 年 12 月 5 日)。
埼玉県『埼玉県出資法人あり方検討委員会議事録』。
埼玉県『平成 16 年度 予算編成及び施策に関する各政党からの要望事項（出資法人関連)』。
埼玉県出資あり方検討委員会『指定出資法人のあり方に関する報告書』(http://www.pref.saitama.lg.jp/A02/BE00/SHAI/houjin.html　最終閲覧日 2008 年 8 月 15 日)。
埼玉県土地開発公社『埼玉県土地開発公社に係るデータ』(埼玉県土地開発公社提供)。
清友会（2007)「上田きよしレポート特集号」(http://ueda-kiyoshi.com/home/modules/tinyd0/seisaku-saitamawokaeta.pdf　最終閲覧日 2018 年 2 月 16 日)。

(5) 長野県

長野県『長野県議会会議録』(電子検索による)。
長野県『平成 15 年度 第 3 回長野県公共事業評価監視委員会議事録』。
長野県世論調査協会『2006 年知事選報告書』(http://www.nagano-yoron.or.jp/ 最終閲覧日 2018 年 2 月 16 日)。

(6) 京都府

京都府『京都府議会会議録』(電子検索による)。
京都府『京都府議会厚生労働常任委員会会議記録』。
『京都府公報』号外第 20 号（2005 年 4 月 28 日)。
京都府『府立病院あり方検討委員会議事録』。
京都府「知事の発言『顧客（＝府民）第一の行政経営をめざして』」(http://www.pref.kyoto.jp/chiji/c_hatugen_060116.html　最終閲覧日 2018 年 2 月 16 日)。

(7) 福岡県

福岡県『福岡県議会会議録』(電子検索による)。
福岡県『県立病院小委員会議事録』(平田輝昭氏，県立病院改革の審議内容に関する資料提供)。
福岡県行政改革審議会『福岡県行政改革審議会第二次答申（福岡県立病院改革に関する答申）』(http://www.pref.fukuoka.lg.jp/uploaded/life/281558_52837685_misc.pdf　最終閲覧日 2018 年 2 月 16 日)。
福岡県保健福祉部県立病院課（2007)『県立病院課 35 年の歩み』。

▶ 日本語文献

赤川彰彦（2011)『土地開発公社の実態分析と今後の展開』東洋経済新報社。

秋吉貴雄（2008）「知識と政策転換――第二次航空規制改革における『知識の政治』」『公共政策研究』8号，87-98頁。
秋吉貴雄（2010a）「公共政策とは何か，公共政策学とは何か――社会の問題を解決するための考え方」秋吉貴雄・伊藤修一郎・北山俊哉『公共政策学の基礎』有斐閣，3-21頁。
秋吉貴雄（2010b）「政策決定とアイディア――理念と知識は政策にどのように影響を及ぼすか？」秋吉ほか同上書，182-200頁。
秋吉貴雄（2017）『入門　公共政策学――社会問題を解決する「新しい知」』中央公論新社。
秋吉貴雄・伊藤修一郎・北山俊哉（2015）『公共政策学の基礎〔新版〕』有斐閣。
飽戸弘・佐藤誠三郎（1986）「政治指標と財政支出―― 647市の計量分析」大森彌・佐藤誠三郎編『日本の地方政府』東京大学出版会，141-179頁。
阿部齊（1991）『概説 現代政治の理論』東京大学出版会。
猪飼周平（2010）『病院の世紀の理論』有斐閣。
池上直己＝ジョン・キャンベル（1996）『日本の医療――統制とバランス感覚』中公新書。
石川真澄（1983）「『土建国家』ニッポン――政権再生産システムの安定と動揺」『世界』453号，50-61頁。
石坂千穂（2003）『女性県議さわやか奮戦記――脱ダム・教育・くらし優先を掲げて』高文研。
石田淳（2010）「テーマ別研究動向（質的比較分析研究〔QCA〕）」『社会学評論』61巻1号，90-99頁。
伊関友伸（2007）『まちの病院がなくなる!? ――地域医療の崩壊と再生』時事通信出版局。
磯崎初仁（2014）「まちづくりと公共事業」磯崎初仁・金井利之・伊藤正次『ホーンブック地方自治〔第三版〕』北樹出版，114-138頁。
磯崎陽輔（1997）「地方三公社」山下茂編『特別地方公共団体と地方公社・第三セクター・NPO』ぎょうせい，167-405頁。
伊藤修一郎（2001）「政策波及とアジェンダ設定」『レヴァイアサン』28号，9-45頁。
伊藤修一郎（2002）『自治体政策過程の動態――政策イノベーションと波及』慶應義塾大学出版会。
稲継裕昭（2010）「地方自治体の組織と地方公務員・人事行政」村松岐夫編『テキストブック地方自治〔第2版〕』東洋経済新報社，113-136頁。
猪口孝・岩井奉信（1987）『「族議員」の研究――自民党政権を牛耳る主役たち』日本経済新聞社。
今村都南雄（2006）『官庁セクショナリズム』（行政学叢書1）東京大学出版会。
今本博健（2009）「これからの河川整備のあり方について」『都市問題』100巻12号，4-9頁。

ウェーバー，マックス（1970）『支配の諸類型』（世良晃志郎訳）創文社。
梅原英治（2009）「北海道夕張市の財政破綻と財政再建計画の検討（Ⅱ）」『大阪経大論集』60巻3号，27-48頁。
江藤俊昭（2009）「変わる地方議会――住民自治確立を目指して」日経グローカル編『地方議会改革マニフェスト』日本経済新聞出版社，129-178頁。
大熊孝（2004）「脱ダムを阻む『基本高水』――さまよい続ける日本の治水計画」『世界』731号，123-131頁。
大嶽秀夫（1996）『現代日本の政治権力経済権力〔増補新版〕』三一書房。
大村華子（2012）『日本のマクロ政体――現代日本における政治代表の動態分析』木鐸社。
大森彌（1998）「日本官僚制の分権改革」山脇直司・大沢真理・大森彌・松原隆一郎編『現代日本のパブリック・フィロソフィ』新生社，99-142頁。
大藪俊志（2007）「政策過程分析モデル」縣公一郎・藤井浩司編『コレーク政策研究』成文堂，195-220頁。
岡崎ひろし政策研究会編（2003）『行くに径に由らず――知事2期8年の軌跡』神奈川新聞社。
岡本哲和（1996）「政策終了理論に関する考察」『情報研究』5号，17-40頁。
岡本哲和（2003）「政策終了論――その困難さと今後の可能性」足立幸男・森脇俊雅編『公共政策学』ミネルヴァ書房，161-173頁。
岡本哲和（2012）「二つの終了をめぐる過程――国会議員年金と地方議員年金のケース」『公共政策研究』第12号，6-16頁。
長隆（2008）「自治体病院の経営形態の多様化と選択」『都市問題研究』60巻8号，3-15頁。
小野耕二（2009）「『構成主義的政治理論』の意義――決定論からの離脱」小野耕二編『構成主義的政治理論と比較政治』（MINERVA比較政治叢書②）ミネルヴァ書房，1-29頁。
帯谷博明（2004）『ダム建設をめぐる環境運動と地域再生――対立と協働のダイナミズム』昭和堂。
梶原健嗣（2014）『戦後河川行政とダム開発――利根川水系における治水・利水の構造転換』ミネルヴァ書房。
加藤淳子（1995）「政策知識と政官関係――一九八〇年代の公的年金制度改革，医療保険制度改革，税制改革をめぐって」日本政治学会編『現代日本政官関係の形成過程』（年報政治学1995）岩波書店，107-134頁。
加藤美穂子（2003）「地方財政における政治的要因の影響――地方歳出と地方の政治的特性に関する計量分析」『関西学院経済学研究』34号，261-285頁。
金井利之（2010）『実践自治体行政学――自治基本条例・総合計画・行政改革・行政評

価』第一法規。
金井利之（2018）『行政学講義――日本官僚制を解剖する』筑摩書房。
鹿又伸夫・野宮大志郎・長谷川計二編（2001）『質的比較分析』ミネルヴァ書房。
カルダー，ケント（1989）『自民党長期政権の研究――危機と補助金』（カルダー淑子訳）文藝春秋。
鎌塚正良・宮崎伸一・相川俊英（2002a）「脱『ダム』決戦で問われる県議の人脈・金脈・資質」『週刊ダイヤモンド』90 巻 24 号，126-131 頁。
鎌塚正良・宮崎伸一・相川俊英（2002b）「田中康夫再選――長野県政の行方」『週刊ダイヤモンド』90 巻 35 号，142-149 頁。
鎌塚正良・小出康成・相川俊英（2003）「カリスマ知事の誤算」『週刊ダイヤモンド』91 巻 20 号，106-113 頁。
上川龍之進（2005）『経済政策の政治学―― 90 年代経済危機をもたらした「制度配置」の解明』東洋経済新報社。
北原鉄也（2000）「地方行政改革の推進力とその内容」中郵章編『自治責任と地方行政改革』敬文堂，55-71 頁。
北村亘（2002）「地方税導入の政治過程」『甲南法学』42 巻 3・4 号，335-388 頁。
北村亘（2004）「都道府県の法定外税導入の分析」『レヴァイアサン』35 号，30-58 頁。
北村亘（2006）「中央官庁の地方自治観」村松岐夫・久米郁男編『日本政治変動の 30 年――政治家・官僚・団体調査に見る構造変容』東洋経済新報社，199-222 頁。
木寺元（2012）『地方分権改革の政治学――制度・アイディア・官僚制』有斐閣。
行政管理研究センター（2005）『政策評価の基礎用語』行政管理研究センター。
久保慶明（2009）「地方政治の対立軸と知事 - 議会間関係――神奈川県水源環境保全税を事例として」『選挙研究』25 巻 1 号，47-60 頁。
久保慶明（2010）「影響力構造の多元化と市民社会組織・審議会」辻中豊・伊藤修一郎編『ローカル・ガバナンス――地方政府と市民社会』木鐸社，59-76 頁。
河野勝（2009）「政策・政治システムと『専門知』」久米郁男編『専門知と政治』早稲田大学出版部，1-30 頁。
小林良彰・中谷美穂・金宗郁（2008）『地方分権時代の市民社会』慶應義塾大学出版会。
駒林良則（2006）「土地開発公社の今後のありかた――大規模自治体を中心に」『名城法学』55 巻 4 号，35-55 頁。
小山田惠（2006）「自治体病院の役割と改革」『都市問題』97 巻 2 号，59-66 頁。
近藤康史（2006）「比較政治学における『アイディアの政治』――政治変化と構成主義」日本政治学会編『政治学の新潮流―― 21 世紀の政治学へ向けて』（年報政治学 2006-Ⅱ）木鐸社，36-59 頁。
斎藤淳（2010）『自民党長期政権の政治経済学――利益誘導政治の自己矛盾』勁草書房。
齋藤純一（2017）『不平等を考える――政治理論入門』筑摩書房。

佐々木毅（1999）『政治学講義』東京大学出版会。
佐々木信夫（2009）『地方議員』PHP研究所。
佐藤竺（1962）「審議会のありかた」『エコノミスト』40巻15号，42-44頁。
佐藤誠三郎・松崎哲久（1986）『自民党政権』中央公論社。
嶋津暉之（2003）「水は誰のものか」『世界』712号，270-278頁。
下村太一（2011）『田中角栄と自民党政治――列島改造への道』有志舎。
シュミット，ヴィヴィアン（2009）「アイデアおよび言説を真摯に受け止める――第四の『新制度論』としての言説的制度論」小野耕二編『構成主義的政治理論と比較政治』（MINERVA比較政治叢書②）ミネルヴァ書房，75-110頁。
菅谷章（1985）「国公立病院・公的病院の沿革と使命――国公立病院および公的病院の位置と役割の変遷」石原信吾編『経営――国公立・公的病院』（明日の医療⑦）中央法規出版，2-40頁。
杉原佳尭（2001）「公共事業のありかたをめぐって――田中県政との歩みの中で」『月刊建設オピニオン』8巻5号，26-30頁。
杉元順子（2007）『自治体病院再生への挑戦――破綻寸前の苦悩の中で』中央経済社。
鈴木直道（2014）『夕張再生市長――課題先進地で見た「人口減少ニッポン」を生き抜くヒント』講談社。
鈴木基史（1996）「合理的選択新制度論による日本政治研究の批判的考察」『レヴァイアサン』19号，86-104頁。
砂原庸介（2006）「地方政府の政策選択――現状維持点（Status Quo）からの変化に注目して」『年報行政研究』41号，154-172頁。
砂原庸介（2011）『地方政府の民主主義――財政資源の制約と地方政府の政策選択』有斐閣。
砂原庸介（2015）『民主主義の条件』東洋経済新報社。
仙石脩策・松浦八洲雄（1976）「各種基本指標に基づく水需要予測の一例」『水道協会雑誌』499号，27-37頁。
宗前清貞（2005）「政策過程における専門情報の強度――公立病院改革を題材に」『政策科学・国際関係論集』7号，195-242頁。
宗前清貞（2009）「医療政策における専門知の形成と機能」久米郁男編『専門知と政治』早稲田大学出版部，149-176頁。
曽我謙悟（2016）『現代日本の官僚制』東京大学出版会。
曽我謙悟・待鳥聡史（2001）「革新自治体の終焉と政策変化――都道府県レヴェルにおける首長要因と議会要因」『年報行政研究』36号，156-176頁。
曽我謙悟・待鳥聡史（2005）「無党派知事下の地方政府における政策選択―― 1990年代以降における知事要因と議会要因」日本政治学会編『市民社会における政策過程と政策情報』（年報政治学2005-Ⅱ）木鐸社，25-46頁。

曽我謙悟・待鳥聡史（2007）『日本の地方政治――二元代表制政府の政策選択』名古屋大学出版会。
高瀬淳一（2005）『武器としての〈言葉政治〉――不利益分配時代の政治手法』講談社。
高瀬淳一（2006）『「不利益分配」社会――個人と政治の新しい関係』筑摩書房。
高橋裕（2009）「地方分権と河川管理技術の継承」『都市問題』100巻2号，17-21頁。
竹内久幸（2001）『「脱ダム宣言」と治水への住民参加』ほおずき書籍。
竹村公太郎（2007）「日本の近代化における河川行政の変遷――特にダム建設と環境対策」『日本水産学会誌』73巻1号，103-107頁。
建林正彦（1999）「新しい制度論と日本官僚制研究」日本政治学会編『20世紀の政治学』（年報政治学1999）岩波書店，73-91頁。
建林正彦（2004）『議員行動の政治経済学――自民党支配の制度分析』有斐閣。
建林正彦・曽我謙悟・待鳥聡史（2008）『比較政治制度論』有斐閣。
田中豊治（1987）「地方自治体における組織変革のダイナミズム――推進力と抵抗力の拮抗関係」『社会学評論』37巻4号，426-442頁。
田中守（1971）「地方公共団体における審議会制度の意義と問題」『都市問題研究』23巻4号，15-31頁。
田中康夫（2002）『ナガノ革命638日――田中康夫の愛の大目玉』扶桑社。
ダム技術センター（1984）『日本のダム事業』ダム技術センター。
田村正紀（2015）『経営事例の質的比較分析――スモールデータで因果を探る』白桃書房。
築山宏樹（2014）「地方議員の立法活動――議員提出議案の実証分析」日本政治学会編『政治学におけるガバナンス論の現在』（年報政治学2014-Ⅱ）木鐸社，185-210頁。
築山宏樹（2015）「地方政府の立法的生産性――知事提出議案の実証分析」『公共選択』64号，6-29頁。
辻陽（2002）「日本の地方制度における首長と議会との関係についての一考察（一）（二）」『法学論叢』151巻6号，99-119頁；152巻2号，107-135頁。
辻陽（2015）『戦後日本地方政治史論――二元代表制の立体的分析』木鐸社。
辻中豊（1988）『利益集団』（現代政治学叢書14）東京大学出版会。
辻中豊（1999）「審議会等の透明化・公開の政治学的意義」『都市問題研究』51巻11号，57-69頁。
富樫幸一（2007）「人口減少時代の水道事業と水資源政策――名古屋市のダム事業参加継続と他都市における見直しを対比して」『水資源・環境研究』20号，147-158頁。
戸矢哲朗（2003）『金融ビッグバンの政治経済学――金融と公共政策策定における制度変化』東洋経済新報社。
豊田高司編，岡野眞久ほか著（2006）『にっぽんダム物語』山海堂。
永井陽之助（1965）「政治学とは何か」篠原一・永井陽之助編『現代政治学入門』有斐

閣，1-22頁。
中澤秀雄（1999）「日本都市政治における『レジーム』分析のために――地域権力構造（CPS）研究からの示唆」『年報 社会学論集』12号，108-118頁。
中谷美穂（2005）『日本における新しい市民意識――ニュー・ポリティカル・カルチャーの台頭』慶應義塾大学出版会。
永利満雄・藤本文朗・渋谷光美（2009）「京都東山の洛東病院の歴史を探る――語られなかった歴史的事実にせまる」『いのちとくらし研究所報』28号，38-47頁。
中村徳三（2003）「公務技術者の専門的力量について」『国土問題』64号，50-54頁。
中村実（2006）「京都府立病院で経営改善に取り組む」『月刊マーク』17巻7号，31-33頁。
名取良太（2003）「補助金改革と地方の政治過程」『レヴァイアサン』33号，77-110頁。
新川達郎（1997）「審議会・懇談会と自治体政策形成」『都市問題』88巻1号，63-78頁。
西尾勝（2001）『行政学〔新版〕』有斐閣。
西岡晋（2012）「シュミットの言説的制度論」岩崎正洋編『政策過程の理論分析』三和書籍，133-148頁。
西岡晋（2013）「福祉国家改革の非難回避政治――日英公的扶助制度改革の比較事例分析」日本比較政治学会編『事例比較からみる福祉政治』（日本比較政治学会年報 第15号）ミネルヴァ書房，69-105頁。
ノース，ダグラス・C.（1994）『制度・制度変化・経済成果』（竹下公視訳）晃洋書房。
萩原淳司（2009）「自治体病院の経営形態――地方公営企業法の適用から民間譲渡まで」『地方自治職員研修』42巻9号，242-260頁。
橋口泰資（2002）「『県立病院全てを民間移譲』に住民・市町村とともに反撃する」『住民と自治』476号，28-31頁。
橋本信之（2003）「政策決定論」足立幸男・森脇俊雅編『公共政策学』ミネルヴァ書房，131-144頁。
橋本将志（2009）「制度改革期の政策過程分析に向けて――政策終了論の再検討」『早稲田政治公法研究』90号，45-59頁。
早川誠（2014）『代表制という思想』（選書〈風のビブリオ〉1）風行社。
林宜嗣（2008）『地方財政〔新版〕』有斐閣。
広本政幸（1996-97）「厚生行政と建設行政の中央地方関係――性質とその要因(1)～(3)」『大阪市立大学法学雑誌』43巻1号，99-127頁；43巻2号，239-267頁；43巻3号，494-526頁。
藤田由紀子（2008）『公務員制度と専門性――技術系行政官の日英比較』専修大学出版局。
北海道新聞取材班（2009）『追跡・「夕張」問題――財政破綻と再起への苦闘』講談社。
前田幸男（2014）「『民意』の語られ方」日本政治学会編『民意』（年報政治学2014-Ⅰ）

木鐸社，12-36 頁。
待鳥聡史（2002）「経済学的新制度論」河野勝・岩崎正洋編『アクセス比較政治学』日本経済評論社，128-146 頁。
待鳥聡史（2015）『代議制民主主義――「民意」と「政治家」を問い直す』中央公論新社。
松田憲忠（2005）「イシュー・セイリアンスと政策変化――ゲーム理論的パースペクティブの有用性」日本政治学会編『市民社会における政策過程と政策情報』（年報政治学 2005-Ⅱ）木鐸社，105-126 頁。
松並潤（2005）「地方公社の統廃合と知事の交代」『レヴァイアサン』37 号，185-195 頁。
真渕勝（1994）『大蔵省統制の政治経済学』中央公論新社。
馬渡剛（2010）『戦後日本の地方議会―― 1955 ～ 2008』ミネルヴァ書房。
三田妃路佳（2001）「公共事業中止の政治力学――自民党を中心とした公共事業見直しを事例として」『法学政治学論究』51 号，399-432 頁。
三田妃路佳（2009）「地方分権時代の河川事業休止と首長――川辺川ダム事業を事例として」『社会とマネジメント』6 巻 2 号，107-143 頁。
三田妃路佳（2012）「政策終了における制度の相互連関の影響――道路特定財源制度廃止を事例として」『公共政策研究』第 12 号，32-47 頁。
光家康夫（2001）「敗軍の将，兵を語る 光家康夫氏（前長野県土木部長）田中知事のやり方は極端，ダムは必要だ」『日経ビジネス』1091 号，143-146 頁。
宮川公男（2002）『政策科学入門〔第 2 版〕』東洋経済新報社。
三輪正（1972）『議論と価値』法律文化社。
村松岐夫（1988）『地方自治』（現代政治学叢書 15）東京大学出版会。
村松岐夫（2001）『行政学教科書――現代行政の政治分析〔第 2 版〕』有斐閣。
村松岐夫・伊藤光利（1986）『地方議員の研究――「日本的政治風土」の主役たち』日本経済新聞社。
目貫誠（2008）「自治体病院の改革について」『都市問題研究』60 巻 8 号，66-84 頁。
森大輔（2016）「判例研究への質的比較分析（QCA）の応用の可能性――米国の弁護人依頼権に関する判例の分析を例に」『熊本法学』136 号，262-318 頁。
森裕之（2004）「地方財政の『時限爆弾』――土地開発公社が抱える自治体の『隠れ借金』」『世界』730 号，142-151 頁。
森下慎一（2011）「想定内の『ダム中止』――既定路線に落ち着く再検証作業」『日経コンストラクション』530 号，52-58 頁。
森脇俊雅（1984）「地方議員の日常活動」黒田展之編『現代日本の地方政治家――地方議員の背景と行動』法律文化社，41-67 頁。
安章浩（2006）「公共政策論序説――その成立背景・研究領域・展望」上條末夫編『政策課題』北樹出版，59-117 頁。

安田充（2003）「自治体立病院の現状と課題について」『病院』62 巻 3 号，182-188 頁。
安原茂（1978）「審議会の委員構成をめぐる若干の問題」『地域開発』161 号，33-37 頁。
柳至（2010）「参加制度の導入と市民社会組織の政策参加」辻中豊・伊藤修一郎編『ローカル・ガバナンス――地方政府と市民社会』木鐸社，95-110 頁。
柳至（2011）「地方自治体における組織廃止の過程――関東 6 県の土地開発公社改革を事例にして」『季刊行政管理研究』134 号，19-32 頁。
矢巾町上下水道課（2015）「社会的ジレンマを乗り越えた住民参加型水道事業ビジョン策定とフューチャーデザイン」『水道協会雑誌』84 巻，10 号，巻頭 3 頁。
山内一夫（1985）「諮問機関の機能と地方自治」『都市問題』76 巻 7 号，21-31 頁。
山川雄巳（1983）「政策研究の課題と方法」日本政治学会編『近代日本の国家像』（年報政治学 1983）岩波書店，3-32 頁。
山本節子（1999）『土地開発公社――塩漬け用地と自治体の不良資産』築地書館。
山本英弘（2010）「ガバナンス概観――政策過程における多様な主体の参加と影響力」辻中豊・伊藤修一郎編『ローカル・ガバナンス――地方政府と市民社会』木鐸社，39-57 頁。
山本祐（2010）「地域医療再生と自治体病院――新たな情勢のもとで」金川佳弘・藤田和恵・山本祐『地域医療再生と自治体病院――「公立病院改革」を検証する』自治体研究社，7-41 頁。
洛東病院の廃止反対，整備・拡充を求める会（2005）『洛東病院物語』洛東病院の廃止反対，整備・拡充を求める会。
リード，スティーブン＝坂本隆幸（1996）「合理的選択論――合意点を求めて」『レヴァイアサン』19 号，105-125 頁。
レイガン，チャールズ・C.（1993）『社会科学における比較研究――質的分析と計量的分析の統合に向けて』（鹿又伸夫監訳）ミネルヴァ書房。

▶ 外国語文献

Adam, Christian., Michael W. Bauer, Christoph Knill and Philipp Studinger（2007）“The Termination of Public Organizations : Theoretical Perspectives to Revitalize a Promisng Research Area”, *Public Organization Review*, No.7, pp.221-236.
Azari, Julia R. and Jennifer K. Smith（2012）“Unwritten Rules : Informal Institutions in Established Democracies,” *Perspectives on Politics*, Vol.10, No.1, pp.37-55.
Bachrach, Peter, and Morton S. Baratz（1962）“Two Faces of Power,” *American Political Science Review*, Vol.56, No.4, pp.947-952.
Bachrach, Peter, and Morton S. Baratz（1963）“Decisions and Nondecisions : An Analytical Framework,” *American Political Science Review*, Vol.57, No.3, pp.632-642.
Bardach, Eugene（1976）“Policy Termination as a Political Process,” *Policy Sciences*, Vol.7,

No.2, pp.123–131.
Baumgartner, Frank R. and Bryan D. Jones (1993) *Agendas and Instability in American Politics*, University of Chicago Press.
Berry, Christopher R., Barry C. Burden and William G. Howell (2010) "After Enactment : The Lives and Deaths of Federal Programs," *American Journal of Political Science*, Vol.54, No.1, pp.1–17.
Blyth, Mark (2002) *Great Transformations : Economic Ideas and Institutional Change in the Twentieth Century*, Cambridge University Press.
Boin, Arjen, Sanneke Kuipers and Marco Steenbergen (2010) "The Life and Death of Public Organizations : A Question of Institutional Design?" *Governance : An International Journal of Policy, Administration, and Institutions*, Vol.23, No.3, pp.385–410.
Bouden, Raymond (2003) "Beyond Rational Choice Theory," *Annual Review of Sociology*, Vol.29, pp.1–21.
Brewer, Garry D. (1974) "The Policy Sciences Emerge : To Nurture and Structure a Discipline," *Policy Sciences*, Vol.5, No.3, pp.239–244.
Brinks, Daniel M. (2003) "Informal Institutions and the Rule of Law : The Judicial Response to State Killings in Buenos Aires and São Paulo in the 1990s," *Comparative Politics*, Vol.36, No.1, pp.1–19.
Carpenter, Daniel P. and David E. Lewis (2004) "Political Learning from Rare Events : Poisson Inference, Fiscal Constraints, and the Lifetime of Bureaus," *Political Analysis*, Vol.12, No.3, pp.201–232.
Cobb, Roger W. and Charles D. Elder (1972) *Participation in American Politics : The Dynamics of Agenda-Building*, Johns Hopkins University Press.
Cohen, Michael D., James G. March, and Johan P. Olsen (1972) "A Garbage Can Model of Organizational Choice," *Administrative Science Quarterly*, Vol.17, No.1, pp.1–25.
Corder, Kevin J. (2004) "Are Federal Programs Immortal? : Estimating the Hazard of Program Termination," *American Politics Research*, Vol.32, No.1, pp.3–25.
Daniels, Mark R. (1995) "Organizational Termination and Policy Continuation : Closing the Oklahoma Public Training Schools," *Policy Sciences*, Vol.28, No.3, pp.301–316.
Daniels, Mark R. (1997a) "Symposium : Public Policy and Organization Termination : Introduction," *International Journal of Public Administration*, Vol.20, No.12, pp.2043–2066.
Daniels, Mark R. (1997b) *Terminating Public Programs : An American Political Paradox*, M.E.Sharp.
Daniels, Mark R. (2001) "Policy and Organizational Termination," *International Journal of Public Administration*, Vol.24, No.3, pp.249–262.
deLeon, Peter (1978) "Public Policy Termination : An End and a Beginning," *Policy*

Analysis, Vol.4, No.3, pp.369-392.
deLeon, Peter (1987) "Policy Termination as a Political Phenomenon," in Dennis Palumbo ed., *The Politics of Program Evaluation*, Sage, pp.173-199.
De Meur, Gisèle, Benoît Rihoux, Sakura Yamasaki (2009) "Addressing the Critiques of QCA" in Rihoux, Benoît and Charles C. Ragin ed., *Configurational Comparative Methods : Qualitative Comparative Analysis (QCA) and Related Techniques*, Sage, pp.147-165.
Eckstein, Harry (1975) "Case Study and Theory in Political Science," in Fred I. Greenstein and Nelson W. Polsby eds., *Strategies of Inquiry*, Addison-Wesley, pp.79-137.
Elster, Jon (1989) *The Cement of Society : A Survey of Social Order*, Cambridge University Press.
Elster, Jon (2000) "Rational Choice History : A Case of Excessive Ambition," *American Political Science Review*, Vol.94, No.3, pp.685-695.
Fenno, Richard F., Jr., (1973) *Congressmen in Committees*, Little Brown.
Frantz, Janet E. (1992) "Reviving and Revising a Termination Model," *Policy Sciences*, Vol.25, No.2, pp.175-189.
Frantz, Janet E. (2002) "Political Resources for Policy Terminators," *Policy Studies Journal*, Vol.30, No.1, pp.11-28.
Geva-May, Iris (2004) "Riding the Wave of Opportunity : Termination in Public Policy," *Journal of Public Administration Research and Theory*, Vol.14, No.3, pp.309-333.
Goldstein, Judith (1993) *Ideas, Interests, and American Trade Policy*, Cornell University Press.
Goldstein, Judith and Robert O. Keohane (1993) "Ideas and Foreign Policy : An Analytical Framework," in Goldstein, Judith and Robert O. Keohane eds., *Ideas and Foreign Policy : Belief, Institutions, and Political Change*, Cornell University Press.
Graddy, Elizabeth A., and Ke Ye (2008) "When Do We 'Just Say No'? Policy Termination Decisions in Local Hospital Services," *Policy Studies Journal*, Vol.36, No.2, pp. 219-242.
Hall, Peter and Rosemary C. R. Taylor (1994) "Political Science and the Three New Institutionalism," *Political Studies*, Vol. 44, No.5, pp.936-957.
Haselswerdt, Jake (2014) "The Lifespan of a Tax Break : Comparing the Durability of Tax Expenditures and Spending Programs," *American Politics Research*, Vol.42, No.5, pp.731-759.
Helmke, Gretchen and Steven Levitsky (2004) "Informal Institutions and Comparative Politics : A Research Agenda," *Perspectives on Politics*, Vol.2, No.4, pp.725-740.
Hindmoor, Andrew (2011) "Major Combat Operations Have Ended? Arguing about Rational Choice," *British Journal of Political Science*, Vol. 41, No.1, pp.191-210.
Jacobi, Tonja (2005) "The Senatorial Courtesy Game : Explaining the Norm of Informal

Vetoes in Advice and Consent Nominations," *Legislative Studies Quarterly*, Vol.30, No.2, pp.193–217.

James, Oliver, Nicolai Petrovsky, Alice Moseley and George A. Boyne (2015) "The Politics of Agency Death : Ministers and the Survival of Government Agencies in a Parliamentary System," *British Journal of Political Science*, Vol. 46, No.4, pp.763–784.

Kaufman, Herbert (1991) *Time, Chance, and Organizations*, 2nd ed., Chatham House Publishers.

Kingdon, John W. (2003) *Agendas, Alternatives, and Public Policies*, 2nd ed., Longman. (＝2017，笠京子訳『アジェンダ・選択肢・公共政策——政策はどのように決まるのか』〈ポリティカル・サイエンス・クラシックス 12〉勁草書房)

Kirkpatrick, Susan E., James P. Lester and Mark R. Peterson (1999) "The Policy Termination Process : A Conceptual Framework and Application to Revenue Sharing," *Policy Studies Review*, Vol.16, No.1, pp.209–236.

Krause, Rachel M., Hongtao Yi and Richard C. Feiock (2016) "Applying Policy Termination Theory to the Abandonment of Climate Protection Initiatives by U.S. Local Governments," *Policy Studies Journal*, Vol.44, No.2, pp.176–195.

Lewis, David E. (2002) "The Politics of Agency Termination : Confronting the Myth of Agency Immortality," *Journal of Politics*, Vol.64, No.1, pp.89–107.

Lewis, David E. (2003) *Presidents and the Politics of Agency Design : Political Insulation in the United States Government Bureaucracy, 1946–1997*, Stanford University Press.

Little, Daniel (1991) "Rational-Choice Models and Asian Studies," *The Journal of Asian Studies*, Vol.50, No.1, pp.35–52.

Lowi, Theodore J. (1964) "American Business, Public Policy, Case-Studies, and Political Theory," *World Politics*, Vol.16, No.4, pp.677–715.

Lowi, Theodore J. (1970) "Decision Making vs. Policy Making : Toward an Antidote for Technocracy," *Public Administration Review*, Vol.30, No.3, pp.314–325.

Lowi, Theodore J. (1972) "Four Systems of Policy, Politics, and Choice," *Public Administration Review*, Vol.32, No.4, pp.298–310.

Lowndes, Vivien and Mark Roberts (2013) *Why Institutions Matter : The New Institutionalism in Political Science*, Palgrave Macmillan.

Mansbridge, Jane (2003) "Rethinking Representation," *American Political Science Review*, Vol.97, No.4, pp.515–528.

March, James G. and Johan P. Olsen (1984) "The New Institutionalism : Organizational Factors in Political Life," *American Political Science Review*, Vol.78, No.3, pp.734–749.

Moe, Terry M. (1984) "The New Economics of Organization," *American Journal of Political Science*, Vol.28, No.4, pp.739–777.

Moe, Terry M.（1990）“Political Institutions : The Neglected Side of the Story,” *Journal of Law, Economics, and Organization*, Vol.6, Special Issue, pp.213–253.

Nowlin, Matthew C.（2011）“Theories of the Policy Process : State of the Research and Emerging Trends,” *The Policy Studies Journal*, Vol.39, No.S1, pp.41–60.

Pierson, Paul（1994）*Dismantling the Welfare State? : Reagan, Thatcher and the Politics of Retrenchment*, Cambridge University Press.

Radnitz, Scott（2011）“Informal Politics and the State,” *Comparative Politics*, Vol.43, No.3, pp.351–371.

Ragin, Charles C.（2000）*Fuzzy-Set Social Science*, University of Chicago Press.

Rhodes, R.A.W.（1986）*The National World of Local Government*, Allen & Unwin.

Rihoux, Benoît and Charles C. Ragin ed.（2009）*Configurational Comparative Methods : Qualitative Comparative Analysis（QCA）and Related Techniques*, Sage（＝2016, 石田淳・齊藤圭介監訳『質的比較分析（QCA）と関連手法入門』晃洋書房）.

Sabatier, Paul A.（1988）“An Advocacy Coalition Framework of Policy Change and the Role of Policy-oriented Learning Therein,” *Policy Sciences*, Vol.21, No.2/3, pp.129–168.

Sabatier, Paul A. and Hank C. Jenkins-Smith eds.（1993）*Policy Change and Learning : An Advocacy Coalition Approach*, Westview Press.

Sabatier, Paul A. and Chiristopher M. Weible（2007）“The Advocacy Coalition Framework : Innovations and Clarifications,” in Paul A. Sabatier ed., *Theories of the Policy Process*, 2nd ed., Westview, pp.189–220.

Sato, Hajime（2002）“Abolition of Leprosy Isolation Policy in Japan : Policy Termination through Leadership,” *Policy Studies Journal*, Vol.30, No.1, pp.29–46.

Sato, Hajime and Janet E. Frantz（2005）“Termination of the Leprosy Isolation Policy in the US and Japan : Science, Policy Changes, and the Garbage Can Model,” *BMC International Health and Human Right*, Vol.5, No.3（http://www.biomedcentral.com/1472-698X/5/3/ 最終閲覧日 2018 年 2 月 16 日）.

Schmidt, Vivien A.（2010）“Taking Ideas and Discourse Seriously : Explaining Change through Discursive Institutionalism as the fourth ‘New Institutionalism’,” *European Political Science Review*, Vol.2, No.1, pp.1–25.

Schmidt, Vivien A.（2011）“Reconciling Ideas and Institutions through Discursive Institutionalism,” in Daniel Béland and Robert Henry Cox eds., *Ideas and Politics in Social Science Research*, Oxford University Press, pp.47–64.

Schneider, Carsten Q. and Claudius Wagemann（2012）*Set-Theoretic Methods for the Social Sciences : A Guide to Qualitative Comparative Analysis*, Cambridge University Press.

Shepsle, Kenneth A.（1986）“Institutional Equilibrium and Equilibrium Institutions,” in Herbert F. Weisberg ed., *The Science of Politics*, Agathon, pp.51–81.

Shulsky, Abram N.（1976）"Abolishing the District of Columbia Motorcycle Squad," *Policy Sciences*, Vol.7, No.2, pp.183–197.

Thelen, Kathleen and Sven Steinmo（1992）"Historical Institutionalism in Comparative Politics," in Sven Steinmo, Kathleen Thelen and Frank Longstreth eds., *Structuring Politics : Historical Institutionalism in Comparative Analysis*, Cambridge University Press, pp.1–32.

Thrower, Sharece（2017）"To Revoke or Not Revoke? The Political Determinants of Executive Order Longevity," *American Journal of Political Science*, Vol.61, No.3, pp.642–656.

True, James L., Bryan D. Jones, and Frank R. Baumgartner（2007）"Punctuated-Equilibrium Theory : Explaining Stability and Change in Public Policymaking," in Sabatier Paul A. ed., *Theories of the Policy Process*, 2nd ed., Westview, pp.155–187.

Turnhout, Esther（2009）"The Rise and Fall of a Policy : Policy Succession and the Attempted Termination of Ecological Corridors Policy in the Netherlands," *Policy Sciences*, Vol.42, No.1, pp.57–72.

Weyland, Kurt（2002）"Limitations of Rational-Choice Institutionalism for the Study of Latin American Politics," *Studies in Comparative International Development*, Vol.37, No.1, pp.57–85.

Ye, Ke（2007）*Policy Termination : A Conceptual Framework and Application to the Local Public Hospital Context*, Ph. D. Thesis, University of Southern California.

Zahariadis, Nikolaos（2007）"The Multiple Streams Framework : Structure, Limitations, Prospects," in Sabatier, Paul A. ed., *Theories of the Policy Process*, 2nd ed., Westview, pp.65–92.

事項索引

▶ あ　行

▶ か　行

▶ さ　行

▶ た　行

▸ な　行

▸ は　行

▸ ま　行

▸ や　行

▸ ら　行

人名索引

▸ あ 行

▸ か 行

▸ さ 行

▶た　行

▶な　行

▶は　行

▶ま　行

▶や　行

▶ら　行

◆著者紹介

柳　　至（やなぎ　いたる）

1983年，山口県に生まれる。

2007年，東京大学法学部卒業。

2012年，筑波大学大学院人文社会科学研究科修了，筑波大学人文社会系特任研究員等を経て，

現　在，琉球大学人文社会学部准教授。博士（政治学）。

専攻は，行政学・地方自治論。

主な著作に，「参加制度の導入と市民社会組織の政策参加」辻中豊・伊藤修一郎編『ローカル・ガバナンス――地方政府と市民社会』（現代市民社会叢書3）（木鐸社，2010年），「自治体病院事業はどのようにして廃止されたか」『公共政策研究』第12号（2012年），「政策の存在理由が地方政治家の行動に与える影響――地方自治体における政策・組織廃止を事例にして」『年報行政研究』第49号（2014年），など。

不利益分配の政治学――地方自治体における政策廃止
Politics of Policy Termination: The Case of Japanese Local Government

2018年9月20日　初版第1刷発行

著者　柳　　至
発行者　江草貞治
発行所　株式会社　有斐閣
郵便番号 101-0051
東京都千代田区神田神保町2-17
電話 (03) 3264-1315〔編集〕
(03) 3265-6811〔営業〕
http://www.yuhikaku.co.jp/

印刷・萩原印刷株式会社／製本・牧製本印刷株式会社

ISBN 978-4-641-14926-7